合同的税法评价

魏高兵◎著

立信会计出版社
LIXIN ACCOUNTING PUBLISHING HOUSE

图书在版编目(CIP)数据

合同的税法评价/魏高兵著. —上海:立信会计出版社，2014.9

ISBN 978-7-5429-4268-5

Ⅰ. ①合… Ⅱ. ①魏… Ⅲ. ①合同法—研究—中国②税法—研究—中国 Ⅳ. ①D923.604②D922.220.4

中国版本图书馆 CIP 数据核字(2014)第 219334 号

策划编辑　方士华
责任编辑　方士华　宋　娟
封面设计　周崇文

合同的税法评价

出版发行	立信会计出版社		
地　　址	上海市中山西路 2230 号	邮政编码	200235
电　　话	(021)64411389	传　　真	(021)64411325
网　　址	www.lixinaph.com	电子邮箱	lxaph@sh163.net
网上书店	www.shlx.net	电　　话	(021)64411071
经　　销	各地新华书店		

印　　刷	上海天地海设计印刷有限公司		
开　　本	787 毫米×960 毫米	1/16	
印　　张	17.25	插　　页	1
字　　数	316 千字		
版　　次	2014 年 9 月第 1 版		
印　　次	2014 年 9 月第 1 次		
印　　数	1—6 100		
书　　号	ISBN 978-7-5429-4268-5/D		
定　　价	35.00 元		

序

近年来我国税法理论研究获得了长足的发展，税收问题的法治视角分析越发引起理论界和实务界的广泛关注，形成了大量的研究成果。魏高兵同志的新著《合同的税法评价》，以其独特的视角、严谨的分析、务实的探索，呈现在读者面前。

魏高兵同志长期在税收征管一线工作，历经征收、管理、稽查等各个工作岗位，同时在学术研究领域怀抱梦想，一直致力于将税务基层实践工作与税法理论研究有机融合，并历经十余年不间断的探索和思考积累成书。作者不仅从形而下的实务中不断向上寻道，而且也从形而上的理论中不断向下求证，这正是本书充满泥土气息的特质所在：

其一，本书选择以合同作为税法研究的视角和平台具有独创性。税法的征税对象始于纳税人发生了应税行为，应税行为的法律形式通常表现为经济合同，因此税法关注与把握的应税行为往往就是合同行为。在众多的税法实务中纳税人与税务机关发生争议的焦点也是体现在合同方面。税制要素无不与合同要素发生各种交集与互动的关系。合同要素到底是否符合税法要素，不仅取决于合同法如何对自身要素的评价，更取决于税法的再评价；税法的评价需要建筑在合同法自身的评价基础上，也不可能完全脱离合同法的评价。本书探讨了纳税人合同行为转化为应税行为的法律路径，在转化过程中税法基本立场和价值取向是对合同的尊重与借鉴；税法保持了对合同的限制，即确认、干预与反制。本书从具体领域分析了合同效力、合同变动、合同责任、第三人介入与税法之间交集及修正的关系；从方法论上探讨合同担保、合同解释与合同类推对税法的借鉴意义。

合同成为征纳双方联系的纽带。当纳税人与税务机关共同面临合同的法律评价时，应如何把握彼此的权利与义务，如何平衡双方利益，如何保持彼此的独立与尊重；纳税人如何利用合同提高税法遵从度、提升税法筹划和防范税法风险；税务机关如何通过合同管理提高依法征税、加强税收风险管理、强化稽查处理和依法应对行政复议与行政诉讼等。全面阐述合同的税法评价，这也是本书所追求的重要价值取向。

其二，本书在合同行为基础上构建了"应税行为"这个税法概念，彰显制度建设中的人文本色。传统课税要素中"课税客体"这个概念,在学术表达与法律表达的语境中呈现出静止性、不平等性,是从国家征收与管理的角度强调了一种被凝固的被动的客观事实,淹没了创造财富的主体,没有凸显纳税人的主体性与创造性,没有突出课税客体的来源性,好像任何客观事物都能够成为课税客体,好像课税客体能够脱离纳税人而单独存在,缺少人文关怀的精神在内。

将"课税客体"修正为"应税行为",不仅仅是一种立法语言的技术处理,更符合现代税法重心向纳税人转移的要求,理念上体现先进性和民主性。彰显创造税收价值的主体性,是尊重纳税人的表现。"客体"修改为"行为",实现了从静态向动态的飞跃,让人们首先想到的不是物,而是主体,是纳税人,是人的行为。

其三,本书构建了应税行为的定性、定量与归属的系列分析,是对税法法定的内容、层次与顺序的重新整合,为解决税法实践问题提供独特的分析视角。将传统的税法要素调整为应税行为的定性、定人、定量和定程序四个方面内容并依次确定顺序。税法活动的起点体现在:确定是否发生了应税行为,确定其有无与性质,从而决定征税范围的边界与客体的存在。落实课税法定的关键是,如何对应税行为定性与确定其归属,不仅需要对每一个税种的税法进行单独分析,更需要从整体法律体系考量各种法律与税法之间的衔接与协调。

其四,将合同管理纳入现代税收治理的核心地位,具有一定的实践价值。涉税信息在推动现代税收征管制度发展中发挥着重要作用的地位已成为共识,但是在诸多的涉税信息中什么种类的信息具有最基础的地位,一直是各个国家都在探寻的重大税收征管实践问题。本书论证了合同是涉税信息体系中的基础信息,合同是"税收信息资源的矿山",合同要素与税法要素互动之间产生积极的"裂变"效应,爆发出巨大的支撑"信息管税"的正能量。提出在全国建立合同信息税收管理系统,为提高税务管理核心竞争力和防范税收风险探索了新的参考途径,这也是本书实践价值的反映。

从本书的出版,我们看到了一个税法实务工作者的理性思考和对实践问题的不懈探寻,不仅为税法学术研究者们展现了生动新鲜和独具魅力的研究视角,也为税收征管的改革创新和税收治理现代化提供了全新的发展路径。

但愿本书的学术价值和实践作用得以充分彰显!

李万甫*

2014年9月于北京

* 李万甫,国家税务总局税收科学研究所所长,北京大学等院校兼职教授、硕士生导师。

目　录

导 论

一、研究意义

我国国情常常让人产生公法大于私法的感觉，在税法领域表现尤甚，由于存在皇粮国税天经地义的传统价值理念，因此造成税法高于民法的法律观。税法研究依旧故步自封于行政法的传统桎梏内，被置于由国家利益至上从而导致权力至上的公法领域。税务部门比纳税人拥有更多法律上的话语权。其实从税法发展上看，情况恰恰相反，税法一直借助私法的概念和制度去发展自身的体系，税法的每一次突破都是借鉴私法的立法资源，甚至在解决税收疑难案件方面，单纯依靠税法无路可走时，最终也得寻找私法的解释完成税法定论。

以合同法与税法关系为视角，探讨税法如何借助私法以及如何约束合同自由，是税法发展的重要线索之一。税法各种要素，如何确定纳税人、征税范围、计税依据、纳税义务发生时间、法律责任、减免税等，无不借助关于合同的有关规定。从税法视角研究合同制度的必要性，源于其引领税法发展方向的价值。

随着市场经济的转变和发展、政府职能的扩张，税法转而更加注重实质正义的实现。合同在企业所得税法、营业税条例中大量出现，这不是一种个别性制度安排，这种制度安排显然具有普适性，其所蕴含的基本法理与实践精髓堪称现代税法的典范。诚如诺斯所言："制度存在的目的是减少人类互动过程中的不确定性。"在税法中引入合同法与合同制度，正是减少国家与纳税人互动过程中的不确定性的良好路径。

秩序与正义是法学问题的核心，法学研究注重人类的基本信仰和价值取向。因此，税法借助合同征收合同当事人的税收，必然产生利益分配的对立现象，合同与税法通过充分的博弈达到均衡，也是本书深入研究的突破口。

税法领域的研究缺憾在"合同"论题上的表现有过之而无不及：税法研究被置于权力至上的公法领域，或者被矫枉过正地归入私法的范畴。税法理论研究既未摆脱经济学、财政学、税收学等传统思路，也未超越行政法等传统部门法的固化观念。有鉴于此，论及税法与合同法的论文著述数量很少，其中有法学理论深度的更少。从税法法学角度讨论合同法的著述寥寥可数，这固然反映了税法研究缺乏法理深度的共性，也反映出其尚未得到税法研究者青睐的窘境。

本书注意吸收合同法研究的成果，坚持马克思主义法学的研究立场，尝试运用马克思主义唯物辩证法分析税法视角下的合同解读。本书立足中国国情，并适当借鉴国外具体实践案例，努力避免出现“遮蔽、无视或忽略关于中国人究竟应当生活在何种性质的社会秩序之中”的税法问题，尝试建构“中国税法理想图景”下的合同解读。不同学科的特定问题说明其特定研究状况，决定并要求特定的求解方法。将合同法与税法关系作为税法与民法关系研究的深入之处，求取其互动精细，正是本书的特质所在。

二、国内相关著作综述

（一）《合同的税法考量》（杨小强、叶金育著）①

作者将视角深入税法与合同法的交叉领域，对合同运行中的税法问题进行了细致深入的考量，具有较高的学术性和实用性。

伴随法学学科的发展，法学教育和研究中的知识割裂却愈演愈烈，其结果是，法科学生长期缺乏法律分析的整体观，面对复杂的经济交易，总难作出综合与完全的法律判断，企业更是难以找到法学知识整体化的法律工作者，大大增加了企业运作成本。通过《合同的税法考量》的研究，作者希望打破法学学科矩阵，注重事件的整体性存在，寻求法律的全面性因应。在签订合同时，不仅要注意合同法上的游戏规则，更要通盘考虑税法上的效果。

《合同的税法考量》共分 12 个专题，涉及签订合同时要注意的税法问题以及对合同征税的法律适用规则。书中讨论的许多问题，为国内领先研究，更是作者近年在德国、荷兰和英国从事研究的体会。杨小强在《后记》中写道：“我们选择去研究合同的税法考量，在合同法与税法之间寻求思维的联结。用税法的视角，去考察合同变动中，其法定成本的税收的变动，看到了合同法与税法在彼此依赖与保持独立之间相交错。我们在合同法与税法上勤劳积累的知识自信，使我们有底气去彻底掰开这两个制度的核心镶嵌层，而不只是停留于外围的呻吟。也许结论还需要进一步论证，我们的见解也值得更多的商榷，但我们欣慰自己能长足地推进知识生产。”

但由于税法的繁琐及其法理零乱，导致《合同的税法考量》从许多案例分析中得出的一般结论与税法实际规定是抵触的。比如该书第 89 页认为，“合同不完全履行中，价款或报酬的减少实质上构成纳税人超过应纳税额缴纳税款，自无适用上的障碍”，在该书第 89 页提到“从合同法之契约自由和契约公平之必然延续，从而

① 杨小强、叶金育：《合同的税法考量》，山东人民出版社 2007 年版。

共同实现整个法系统内的公正、公平”。这里该书忽略了在合同不完全履行的情况下不同税种之间的法理不同，忽略了同一税种在合同不完全履行的不同情况下的不同处理。从中看到的，并不是该书的缺点，而是税法的硬伤，就是这么规定的，乱不乱不由你。

由于作者税收专业背景，导致该书对具体税法未能全面掌握，存在一些错误推断。比如该书第 91 页认为《中华人民共和国增值税暂行条例实施细则》第 11 条的规定，“实为法律公然对小规模纳税人的歧视，违背宪法上法律面前人人平等原则和税法上量能课税、实质课税和公平课税原则；显然属于不公正之规定”，其实它忽略了《中华人民共和国增值税暂行条例实施细则》第 31 条规定的“小规模纳税人因销售货物退回或者折让退还给购买方的销售额，应从发生销售货物退回或者折让当期的销售额中扣减”。诸如此类的失误源于对税法的细节把握不到位，但无损于该书对合同法与税法进行比较分析的完美架构。

此外，由于该书选择的案例都极其简单明了，对我国税法的立法和执法实践缺乏系统梳理，对现实中复杂案例缺少第一手资料和应有的关注，因此看不到税法与合同法彼此激烈的纠结与对立。在实际税收工作中，税企之间许多的严重分歧，不是会计与税务处理方法的差异，而是税法与合同法对同一经济行为的差异评价彼此冲突。这正是我们理论探讨的实践意义。

无论如何，笔者从该书中获得的收益很大，长期以来在税收实际工作产生的许多疑问，虽然没有得到全部或正确的回答，但一直要寻找的视角，正是该书展现出来的视角，这为笔者的学习与工作提供了清晰的思考路径，能够从整体架构上思考税法与合同法的差异与联系。

(二)《税收与民商法》(王东山著)①

作者在《序言》写道：力图把税法与民商法融会在一起。税法按法律部门的划分属于经济法的范畴。税收管理的对象是经济活动和经济行为，而民商法调整的对象主要是具有财产内容的民商事法律关系。民商事活动是人类最基本的实践活动，民商事法律关系是最基本的社会关系，也是其他社会关系产生和发展的基础。民(商)法是万法之母，也是理解其他法律的基础和钥匙。民商法规定的民商事法律关系的主体、物权和债权制度、交易的性质和规则，对确认纳税主体、确认纳税义务发生的时间、确定计税依据都具有十分重要的作用。税收与民商事法律问题的研究成为税收相关法律问题最基础、最难沟通的部分。

该书内容包括税收与公司企业法、税收与物权法、税收与合同法、税收优先权、

① 王东山：《税收与民商法》，中国市场出版社 2009 年版。

代位权、撤销权的制度规定与具体适用、税收与企业破产法、税收强制执行与民事执行制度等。

王东山是一名省国税局领导，写作背景就是他及其同事对复杂税务问题的处理，但总是跳不出税法这个小圈子。而司法工作者精通其他部门法律，但对税法总觉得难以把握。

《税收与民商法》专章讨论了税收与合同法的联系与区别。该书内容太广泛，所以该书揭示的重点更多是税收上的一些要素与合同的简单联系，对税法与合同法缺少整体性、系统性思考。

但是作者在《序言》中揭示的思路是今后税收法制工作展开研究与深入发展的重要路径；作者的亲身感受，即税务法律者"跳不出税法这个小圈子"，其他法律工作者也"跳不进税法这个小圈子"，税法处于围城困境，值得法律界思考，是一个沉重又严肃的课题。

三、研究方法

（1）价值分析方法。法律技术的存在离不开法律上价值的追求。法律有正义、安全、效率、灵活、简练等价值取向，价值分析方法使法学研究产生实质内容。价值分析方法有利于培养社会共同的法律理念。而理念的提炼会为合同法与税法的沟通、协调奠定坚实的理论根基。在私法契约自由和公法法定的价值下，公平与效率的折中平衡构成支撑合同法与税法沟通的法律理念。

（2）案例分析方法。案例分析方法是将重心放在法律现象的真实、有用、肯定、精确状况下的研究思路。案例研究应当具有一定的批评精神，需要用敏锐的学术眼光掌握必不可少的材料并进行合理分析。因为我国关于税务的行政诉讼案件不足，信息公开度不够，进行案例研究的难度很大。与之形成对比鲜明的是基层实践中拥有许多案例，因为种种现实原因无法上升为司法案例，但甚具研究价值。本书案例既考虑选取少量的公开的案例进行分析，又更多针对实际工作中具体税法文件所关注的争议合同事实。由于现实原因，它们虽然没有通过司法或复议程序成为典型案例，但是不失其存在的案例价值，其中蕴藏着极其丰富的税法资源，这也是我国国情决定的。税法研究既要基于相关的法律，又不能忽视相关的政策，才能做到避免出现"遮蔽、无视或忽略关于中国人究竟应当生活在何种性质的社会秩序之中"的税法现实问题。

（3）利益分析方法。该方法致力于揭示上层建筑与经济基础的关系。经济分析方法的核心是利益，即以利益极大化的方式分配和使用资源。运用经济分析方法评价合同在税法借用中的功能和效果，可以有效利用制度资源，最大限度地增加社会财富。对合同制度进行税法分析，应当着力于分析税法如何通过合同的安排与限制达到税收执行的目的。

(4) 博弈分析方法。在法学研究中引入博弈论,不仅仅是为了解释法律,更重要的是确定立法具有的价值。政府必须依法尽可能多征税,纳税人想要尽可能少纳税,这就构成了税收征纳过程中,税收征纳各方进行利益博弈的必要。税收征纳各方必须通过充分的博弈,才能达成合同有效设计效果,有利于开展税收征纳合作,改变合同缔结前的税收利益分配格局。

(5) 规范分析方法。规范分析方法建立在由语言文字构筑的实在法律上,这种方法注重对规范的分析,即通过分析语言的要素、结构、语源、语境,进而澄清语义上的混乱,求得法内之理。规范分析方法通过实在法来评价法律,而不依赖某种先验的价值准则,强调价值判断,力求论证"合同在税法中占有什么地位"的问题,或者说致力于回答"税法为什么选择合同作为不二法门"的疑问。

本书遵循从理念到制度、从实体到程序、从立法、守法、执法到司法、从遵从到争议的研究思路。本书之所以定位"税法视角下的合同解读"的原因,一是采用"税法"这个描述性定语在于强调税法的角度,也预示本书虽然处处围绕"合同"展开论述,但结论最终是为税法立法、执法、守法与司法服务的;二是笔者是一名长期浸润于税法实践的实务工作者,缺乏深厚的理论素养,不能从合同法角度反观税法,却擅长从税法角度把握合同。由此得出的结论可能缺少法律整体观。

四、研究逻辑结构和基本结论

本书沿着这样思路不断推进:首先,揭示一个熟视无睹但又显而易见的事实前提:税法的征税对象是纳税人的应税行为,在现代市场经济环境之中,从流转税与所得税主体税种分析,纳税人的应税行为的法律形式就是经济合同,税法关注与把握的应税行为就是合同行为,因此合同是税法理论研究与税务实践中无法回避且不得不面对的课题。其次,在这个事实前提里存在双重法律评价问题。合同成立与生效的基本要素是双方愿意表达真实、自由;但是税法产生效力的必要条件是合同要素必须与课税要素相符,因此一项征税行为成立要面临两种法律的评价:合同法与税法的独立评价与彼此交集评价。合同要素到底是否符合税法要素,不仅取决于合同法对自身要素的评价,更取决于税法的再评价;同时,税法的评价也不可能完全脱离合同法的评价。

在这样两个前提下,决定本书探讨的逻辑结构共分三部分:

第一部分共分三章。第一章讨论为什么税法首先面对的应税行为实际就是合同行为,纳税人合同行为转化成应税行为的法律路径,在转化过程中合同法与税法的彼此交集状态。第二章讨论税法对合同的尊重与借鉴。在合同行为向应税行为的转化过程中,税法基本立场和价值取向应该尊重合同行为,这是由合同自由、平等的本质决定的，合同行为不仅为合同主体创造了属于自身的财产、权利与义务，同时也为国家创造了属于公共的财产、权利与义务；合同履行实现了自身的追求的同时像隐形的翅膀带动公共利益的腾飞。合同行为始终是应税行为的永恒源泉；合同行为的优良法律品质，就是其独立价值的体现。第三章讨论税法对合同的干预与反制。在合同行为向应税行为转化过程中，税法不是无所作为的，它的作用主要体现在三个方面：确认、干预与反制。确认是指税法认可合同法的评价，按照合同法的定性与定价征税；干预是指税法不否定合同法的评价，按照税法对合同行为的定性与定价征税；反制是指税法从根本上否定合同法的评价，按照税法对合同行为的定性与定量征税。

第二部分共分七章。第四章到第七章从具体合同领域依次分析了合同效力、合同变动、合同责任、第三人介入与税法之间彼此交集与修正的关系，进一步从具体领域证明前面部分的结论。第八章到第十章主要从方法论角度探讨税法对合同担保、合同解释与合同类推的借鉴意义，换角度讨论税法与合同法的彼此关系，引出税法应该借鉴合同法的部分规定。

第三部分共分两章。一切理论研究归根到底是为了实践，上述两个部分的探讨是为税务机关与纳税人服务的。参与合同行为向应税行为转化的主体通常是纳税人和税务机关，以上探讨了转化原理和过程，但是在具体转化过程中纳税人与税务机关应该如何把握彼此的权利与义务，如何平衡双方利益，如何保持彼此的独立与尊重，是一个非常严肃的课题。第十一章从纳税人角度探讨如何利用合同管理提高税法遵从度、提升税法筹划和防范税法风险。第十二章从税务机关角度探讨如何利用合同管理依法征税，加强税收风险管理，强化稽查定性处理，依法行政复议与应对行政诉讼等。

本书得出的基本结论如下：

税收法定主义原则中的法，不仅是税法之法，而是整体之法，是整个法的体系在支撑税收法定主义。

立合同人的合同行为在向应税行为转化过程中，一般需要经历两次法律评价，有的甚至两次以上。在转化过程中，合同主体同时获得纳税人主体资格，同时增加了新的纳税权利与纳税义务。“合同主张本身就是一种财产”，这种财产的权利不是绝对的，总是伴随着合同义务和社会义务，纳税就是合同财产的责任。合同是交易的法律形式，税收不过是交易中的成本。

合同行为能否有效转化为应税行为，关键看税法评价；税法设计的课税要素是否能够在合同行为中找到对应的位置（定性与定量）。税法评价不能随意否定与超越合同法评价。税法应当对合同行为保持高度的尊重与谦虚，这是对合同自由与价值的尊重，这是因为应税行为归根到底是来源于合同行为。彰显税法独立性的范围被限制在比较小的层次。比如,税法从立法技术上需要堵住一些合同行为的避税漏洞;需要打击一些不具有商业目的,仅仅为了逃税、骗税、偷税等违法的合同行为。这些体现税法独立性的调整,同时也得到合同法的认可,因为合同法将不损害公共利益作为合同成立与生效的重要条件。

从权力制衡和利益博弈均衡分析税法,必须引进合同法的一些规定与制度。本书的理论研究归根到底是为了完善我国税法立法、执法、守法与司法等税法制度的构建;在这个完善过程中必须充分重视合同法的规定,在税制要素的设计中不断引入合同元素作为税法改良的新鲜血液,这种引入不仅是一种简单的法律移植,而且体现国家对纳税人权利的尊重,体现合同工具在市场经济中的价值,平衡国家征税权与纳税人义务。从制度设计上制约税务机关扩张的解释权,为纳税人在签订合同时提供法律上确定的纳税责任;合同作为财产性工具,为纳税人创造私人财富的同时也为国家创造财政收入,还为保护合同权利提供法律工具。

对合同形式的借助是基于宪法视角下的合同法与税法的综合考量。合同行为向应税行为转化的最高视角与根本理由在于宪法关于税的规定,如何协调税法与合同法彼此交集关系的根本标准在于宪法关于基本权利与基本义务的规定,宪法统一了税法与合同法的根本价值取向。

税法更加注重整体利益的均衡,不关注合同主体之间的利益失衡。

税法对合同的反制源于合同法本身的规定。

税法对合同解释与合同类推的借鉴。我国在税法解释与税法类推方面存在严重不足,税法为什么单单要借鉴合同法中相关规定?这是因为应税行为来源于应税合同,如果要对应税行为进行准确认定,首要前提就是对应税合同进行准确认定,对应税合同进行解释和类推是借助合同法的相关成熟观点来揭开税法需要的事实真相。同时,本书将它作为税法的方法论进行研究,并关注到合同解释、合同类推与税法解释、税法类推这些特定的联系和相互区别。

涉税信息在推动现代税收征管制度发展中的基础地位已经取得世界各国的共识,但是在海量的涉税信息中什么种类的信息具有基础地位呢?目前没有一个国家的税收征管实践或理论提出这个问题或回答这个问题。只有合同才是涉税信息体系中的基础信息,市场经济决定合同是“税收信息资源的矿山”,合同与课税要素的密切联系决定了合同在税法执法与司法中处于基础地位。

第一章　合同行为向应税行为的转化

第一节　问题的导人

【案例 1-1】　房地产开发公司与购房者签订的《商品房销售合同》，因按揭未得到银行批准，双方解除原签订的《商品房销售合同》，购房者退房，对已缴纳契税的购房单位和个人，是否退还已纳契税、印花税？房地产开发公司取得购房者首付款是否退还已纳营业税、城建税、土地增值税和印花税？

【案例 1-2】　房地产开发公司与购房者签订《商品房销售合同》，经人民法院确认原签订的《商品房销售合同》无效，购房者退房，对已缴纳契税的购房单位和个人，是否退还已纳契税、印花税？房地产开发公司退还购房款时是否退还已纳营业税、城建税、土地增值税和印花税？

【案例 1-3】　房地产开发公司与购房者签订《商品房销售合同》、《商品房租赁合同》，房地产开发公司承诺 5 年包租，并用 5 年租金抵扣购房款，购房者按抵扣租金后的余额缴纳房款。购房者按多少金额缴纳契税、印花税、个人所得税、营业税、房产税？房地产开发公司按多少金额缴纳企业所得税、营业税、城建税、土地增值税和印花税？

如果要对上述案例进行详细、准确的分析，仅仅根据税法是难以到位的。比如，根据税法规定[案例 1-1]中购房者可能退还已纳契税，也可能不退还已纳契税，是否退还已纳契税的标准在于购房者是否办理房屋权属变更登记。根据《中华人民共和国契税暂行条例》(以下简称《契税暂行条例》)及其细则和财税[2011]32 号的规定，对购房单位和个人办理退房有关契税问题明确如下：对已缴纳契税的购房单位和个人，对未办理房屋权属变更登记前退房的，退还已纳契税；对办理房屋权属变更登记后退房的，不予退还已纳契税。我们是否根据[案例 1-1]就可以分析[案例 1-2]，对已缴纳契税的购房单位和个人，是否退还已纳契税？回答是否定的。因为[案例 1-2]中房地产开发公司与购房者签订《商品房销售合同》，经人民法院确认原签订的《商品房销售合同》无效，无效的合同开始就无效，因此[案例 1-2]的购房者退房，对已缴纳契税的购房单位和个人，必须退还已纳契税(注：参见国税函[2008]438 号规定)。那么是否是无效的合同，税法就放弃评价征收呢？回答又是否定的，那么合同法的评价在税法中到底起到什么作用？作为公法的税法与私法的合同法是如何彼此竞合与协调的？

我们暂时不回答上面的疑问，也不对上述案例进行全面分析，因为无论如何分析以上案例，最终的启发是，我们对税法运用的分析必须坚持整体观。所谓整体观，其一必须把握事件的整体性，不是抓住事件的一方面来分析；其二必须把握法律的整体性，不能仅仅依靠税法来分析税法所寻找的答案。比如，退房行为的涉税问题，我们既要从整体上看行为前后因果，而不能局限在退房一个行为上；又要从合同法上分析评价退房行为，评价合同的成立、有效、无效、解除的法律效果，而不能局限在税法上分析行为。

因为经济行为是征税的基础，经济行为的载体大部分是合同，总是以整体性的面貌展示在税务机关和纳税人面前。而税务机关与纳税人往往因立场的不同和法学知识的偏科导致对经济行为的分析缺少整体观，表现在税务机关过度依靠税法来分析问题，纳税人过度依靠合同法来分析问题，两者常常导致偏激与片面的对立结论。法学学科的精细化分工与发展，固然是现代社会发展的必然要求，但解决现实问题仍然需要整体观。本书就是要在合同法与税法之间找到彼此的不同分工，找到彼此的冲突与否定，更要找到彼此的联系和协调。

以往的税务实践经验表明，税务管理过多的力量和视角集中在企业财务会计方面，《中华人民共和国税收征收管理法》(以下简称《税收征收管理法》)要求财务会计制度备案、每月提供申报财务会计资料、纳税评估数据模型的建立基础是财务会计、税务稽查的重点就是查财务会计账，甚至在偷税手段的定义中，无处不彰显财务会计在税务管理中的核心地位和重要作用；更多专家学者长期寻找、厘清会计与税务的差异。因此造成对企业的税收管理过度依赖于对财务会计的分析。企业也同样借助于财务会计的处理技巧达到税务筹划和避税的目的，认为会不会节税、避税全看财务会计的水平，把账务处理、报表修饰看成是应对税务的万能工具。各种会计舞弊手法、逃税和避税方案无不集中在科目、报表之间。

实际上，许多纠结在税企之间的严重分歧，许多深刻复杂的案例，都不是会计与税务处理方法的差异，而是税法与经济合同的彼此交集与冲突。会计和税法是对企业经济合同的观察、分析、处理的两种角度和方法，会计和税法从根本上是依托合同进行反映、研判和分析的。因此，只有在合同法与税法之间寻求、研读、厘清两者之间的差异，看到合同法与税法在彼此依赖与保持独立之间互相交错，弄清税法与经济合同的关系，才能使我们真正洞察经济本质，从整体观和法际整合角度把握税法的适用。

站在法律的角度，税法与民法、商法、刑法、行政法、会计法及会计制度等有着不可分割的种种联系，但是本书最终选择了将税法与合同法之间的联系作为全书的主线与探讨问题的视角，是深切地感到唯有合同法与税法的联系才能真正代表私法与公法之间的联系，两者之间的联系在广度与深度上超越了其他任何法律与税法之间的联系。本书的阐述，仅仅是开始，是源于实践的探索、迷茫和彻悟，源于梦想撬开合同法与税法两个制度的核心，为我国税制建设提供新的思路，为税务机关管理提供新的视角，为纳税人遵从税法寻找新的路径。

第二节　应税行为概念的提出

一、课税要素中的重中之重的要素的学术表达与法律表达

目前，税法理论界一般将课税要素确认为纳税主体、课税客体（或税收客体、征税客体等）、归属、征税标准与税率五类①。但是《税收征收管理法》在法律表达上将课税要素进行相应扩大，课税要素是指纳税主体（纳税人、扣缴义务人、纳税担保人）、征税对象、征税范围、减税免税及退税、税率、计税依据、纳税环节、纳税期限、纳税地点以及税款征收方式。它对税制要素的描述具体细致，存在需要概括的要求，主要从纳税人与税务机关在纳税方面产生争议角度确定具体涉税行为的范围。从理论上分析，征税对象、征税范围与计税依据都是应税行为的不同法律表达，法律表达没有对征税对象、征税范围、计税依据进行区别。国内有的学术观点认为纳税环节与纳税期限、纳税地点不属于课税要素，因为这些因素虽然对纳税义务的发生产生作用，但仅仅是提供实现的条件。这种观念仅仅是从产生上来理解的，而离开具体时间、空间、存在方式的税收之债是难以想象的。

综合以上学术观点与税法法律表述，可以说征税对象（课税客体）是税制要素的核心组成部分。对于课税客体一般进行如下定义②："税收客体是发生税收债务所必需的物的要素，用于表明立法者对什么对象征税，通常人们也用课税对象、征税对象、征税客体等进行表达。一般情况下，为体现税收的公正，税收客体必须与表明纳税人税收负担能力的各种物或财产发生联系。比如，个人所得税的客体为个人所得，企业所得税的客体为企业所得，土地增值税的客体为房地产交易的增值，遗产税及赠与税的客体为遗产及赠与财产，房屋税的客体为房屋，车船税的客体为车船等。这些财产或所得与纳税人之间通常都有着直接的联系，因此适合作为税收的客体。"

从顺序上分析，税法首先关注的是课税客体，而不是纳税人；一旦确定课税客

① 参见刘剑文、熊伟：《税法基础理论》，北京大学出版社2004年版，第191页。

② 参见刘剑文、熊伟：《税法基础理论》，北京大学出版社2004年版，第192页。

体，明确征税对象，则与课税客体有关的纳税人随即确定。从国家征税角度分析，一般不直接规定谁是纳税人，让谁缴纳税款，总要通过分析意向中的纳税人主要具备哪些与其他主体不同行为，同时税法对具体纳税人也不感兴趣，只关注整体纳税人。比如，我国个人所得税，通过入库税款分布结构确定主要纳税人分布在工薪阶层，而不会关注张三、李四。税率是税制中的核心，但是在税法立法、执法、守法与司法体系中处于非常简单明了的地位，基本上条文只有一条；税务机关与纳税人也很少为适用税率争执。因此课税客体才是税制要素中的重中之重的要素。

本书认为"课税客体"这个概念在学术表达与税法法律表达的语境中呈现出局限性、落后性、静止性、不平等性，需要修改为"应税行为"。

课税客体没有突出纳税人的主体性与创造性。税收的根本来源是纳税人创造的经济或社会生活，课税客体是对纳税人创造的经济或社会生活的静态表达，在这个定义中看不到纳税人的活动性身影，体现不了纳税者的创造性与主体性。课税客体的表达，完全是从国家征收与管理的角度强调的一种被凝固的被动的客观事实，淹没了创造财富的主体。从这个定义看，征税客体是税务机关管理和解释的对象，而不是纳税人主动表达和先期解释的对象。在时空顺序上，课税客体后于纳税人的行为活动，但在税法理论上课税客体的表达，没有突出课税客体的来源性，好像任何客观事物都能够成为课税客体，好像课税客体能够脱离纳税人而单独存在，没有一点人文关怀的精神在内，完全是剥离人的价值之后冰冷的物体。课税客体的语境更多地反映出以国家或税务机关为中心的高高在上的感觉。

首先，将"课税客体"修正为"应税行为"，不仅仅是一种立法语言的技术处理，也将影响税务机关与纳税人对课税要素的分析，更能符合现代税法重心向纳税人转移的要求，理念上体现先进性和民主性。突出创造税收价值的主体性，是尊重纳税人的表现，也是人民群众创造历史的价值观反映。"客体"修改为"行为"，从静态向动态的飞跃，让人们首先想到的不是物，而是主体，是人，是人的行为。纳税人的活动或行为构成税收的来源，在创造财富、分配财富、享有财富的过程中产生了税款。

其次，"应税行为"，从"应税"上强化国家征税的效果，体现强制性、无偿性的一面，体现税法独立于其他法律的一面；从"行为"上更加关注纳税人权利保障的一面，为税法设计平衡双方利益提供理论素养，兼顾纳税人与国家之间权利和义务的平衡和制约，是纳税人与征税机关进行利益博弈的平衡因素，税法理论的发展重要一极就是寻找纳税人与国家之间的平衡。

再次，应税行为概念的提出，也是税法对整个私法上法律行为这个基础概念的呼应与承接，努力揭开笼罩在税法要素上的神秘面纱，为税法与私法互动提供最佳分析平台与沟通桥梁。

最后，纳税人合理表达的权利得到体现，“我的行为我做主”、“我的行为我负责”，第一，在遵从税法方面纳税人考虑的是自己的行为，有权对自己行为的真实意图进行充分表达，甚至进行不断修正与纠错。第二，纳税人明白自己要对自己的行为负责；不是税务机关“包办终身”，也不是税务机关“一言堂”，理解与执行税法的基础在自己的行为，承担责任的主体是自己，而不是任何他人与机关。第三，在与纳税期限、纳税环节之间的联系上，课税客体不如应税行为方便执行与理解。从课税客体上难以直接推断与牵连到纳税期限、纳税环节；但是如果将课税客体修正为应税行为，这项行为在哪个环节、哪个期限缴税，纳税人与税务机关都方便执行。比如，营业税规定合同约定应付款之日就是纳税义务发生之日，从合同双方行为上理解，这是非常明白的条文，有效解决课税客体与纳税环节的沟通问题。

将“课税客体”修正为“应税行为”在立法实践中已有初步应用。《中华人民共和国营业税暂行条例实施细则》（以下简称《营业税暂行条例实施细则》）对课税客体的表达采用“应税行为”这个概念，应税行为的具体含义是指有偿提供条例规定的劳务、有偿转让无形资产或者有偿转让不动产所有权的行为。其中应税劳务行为是指属于交通运输业、建筑业、金融保险业、邮电通信业、文化体育业、娱乐业、服务业税目征收范围的劳务；加工和修理、修配，不属于条例规定的劳务。单位或者个体工商户聘用的员工为本单位或者雇主提供条例规定的劳务，不包括在内。另外，营业税条例还规定了兼营行为、混合行为、自建行为、视同应税行为、应税行为发生过程中或者完成的税法意义等，是从行为的范围、含义、种类、外延、环节等进行不同的表述，紧紧围绕征税客体的通俗性、概括性与主体性进行规定。在企业所得税法中对应税行为的表述通常分散在对销售行为、转让行为、投资行为、借款行为等关于收入、费用的个别规定中。其他税法对“应税行为”的概念使用得比较少，通常对征税客体进行专业描述后不再用应税行为进行概括总结。比如，增值税条例将增值税应税行为划分为：销售货物和应税劳务；资源税条例将资源税应税行为划分为：开采或生产应税产品；消费税条例将消费税应税行为划分为：生产、委托加工和进口应税产品。“应税行为”与“应税所得”有着同样的法理结构。应税所得是企业所得税理论中的核心概念，“应税”是指税法评价，“所得”强调纳税人的会计核算，两者合一，就是企业所得税的应税行为、征税对象、课税客体，体现税法与纳税人两方面的统一。

再看应税行为与征税行为、纳税行为的区分。征税行为是有权税务机关对纳税人围绕税款征收采取的系列具体行政行为，突出主体是税务机关，行为性质是行政行为；纳税行为是纳税人按照税法规定进行申报缴纳税款的系列行为，突出主体是纳税人，目的是完成税法义务；应税行为是由纳税人产生的客观行为过程和后果的税法评价，纳税人行为多种多样，国家仅是将其中部分定性为应税行为。应税行为一旦发生，只能进行两件事：一是税务机关征税行为，二是纳税人纳税行为；或者两者混合（征税行为与纳税行为彼此交集）。应税行为的产生与确定决定税法的适用，包含税务机关征税行为与纳税人纳税行为；税法影响纳税人应税行为的选择与修正。

二、应税行为的分类与结构

按照一般分类方法，课税客体包括所得、财产、行为、流转额①。对于税收客体的类型，不同的学者有不同的归纳。日本学者金子宏认为，虽然立法者可以自由决定税收客体的种类，但通常不会走出表现税收负担能力的物、行为和事实三类。比如收益税和财产税的客体是以所得、收益、财产等表现的物；消费税中，酒税、物品税等间接消费税的客体也是各种消费物件；而入场税、娱乐设施利用税等直接消费税的客体则是消费行为。对于有价证券交易税、不动产取得税、印花税等流通税，金子宏认为其客体分别为有价证券之转让、不动产之取得、课税文书之制作，但他并没有清楚地表明这类客体究竟是行为还是事实。不过根据陈清秀的理解，此类流通税的客体也应分两类，有价证券交易税和不动产取得税的客体应当是买卖证券和取得不动产的法律行为，而印花税和使用牌照税的客体则为书立课税文书和持有交通工具的事实行为。

按德国学者 Tipke 的见解，只有经济上的所得或财产，才能表明一个人的税负能力。因此，税收客体只能是这种经济上的过程或状态，不能是纳税人的行为。一个人不能因为从事某种行为而被课税，只能因为可以归属于他的经济能力而被课税。针对这种观点，黄茂荣认为，所得、财产等经济过程或状态，虽然是比较理想的税收客体类型，但对于表现为行为的消费或销售来说，就很难具有概括力。因此，在法律上，所得、财产和行为可以并列成为税收客体的三个主要类型。其中，行为可兼指销售、移转、交易、营业等各种以行为为基础的经济过程或状态。根据这种划分标准，黄茂荣还认为，台湾现行的税收可以分为三类：①所得型，如企业所得税，土地增值税等。②财产型，如地价税、田赋、房屋税等。③消费型、交易型，如营业税、契税、关税、证券交易税等。

我国税收学界倾向将课税客体分为所得、财产和行为，本书将课税客体修改为应税行为后如何对应税行为进行分类？应税行为如何能够覆盖所得、财产、行为？现将应税行为按照行为的过程与结果进行分类，可以全部覆盖所有税种。应税行为发生阶段包括流转税、行为税，只要发生应税行为就必须申报流转税、行为税，理论上流转税与行为税可以归为一类；应税行为的结果阶段包括所得税、财产税，

① 刘剑文、熊伟：《税法基础理论》，北京大学出版社 2004 年版，第 193 页。

应税所得或财产是对应税行为结果的税法评价。因此所有税种本质上全部和纳税人应税行为直接相关，按照应税行为的发生、过程与后果划分税种，更加直观形象。

应税行为的特殊状态：①应税行为不仅是简单的一项行为，也不排除现实生活中发生多种应税行为彼此交集的现象，如增值税销售行为与营业税劳务行为组成的混合应税行为。②一项应税行为不仅对应一个税种，实际上往往也跨越多个税种，即多个税种往往也聚焦于一种应税行为上。因为这种行为可税性强，如销售不动产行为，涉及营业税、土地增值税、企业所得税、城市维护建设税、印花税、契税(购买方缴纳)等。③一般来说，一项应税行为必须进行细分才能适用税法，应税行为呈现高度集中性，如企业所得税法对经营所得征税，就是规定所有经营行为作为应税行为，此时应税行为就是一个高度集合体。

划分应税行为的种类与结构的重要意义：①划分征税范围与非税范围的标志，如营业税应税行为的要素组成：中国境内的有偿性的应税行为。②区别税种的重要标志。③一旦税种确立后，对应税行为还需要进一步细致划分，这对确定税目、征税范围、税率、计税依据都起到关键作用。比如，个人所得税法将所得划分为十一大类；企业所得税法对应税所得也是进行详细的细分，由所得细分为收入与扣除，再将收入细分成九类，每种收入内部又进行细分；营业税应税行为划分为三大类：应税劳务、转让无形资产和销售不动产；在应税劳务行为中进一步细分七种劳务销售；又对每种劳务(税目)进行解释并再次细分。由此证明税法把握应税行为的方法之一就是不断细分应税行为。④税法解释的一个重要路径就是对应税行为的细分定性，适用税法除明确税法本身条文外还必须对应税行为进行正确定性分析，让税法抽象性、概括性得到进一步形象化、具体化。比如，应税行为到底是转让无形资产、销售不动产行为还是投资行为；一项销售行为到底是正常销售行为还是融资行为；如果税法不对应税行为的性质进行细分与定性，那么税法将处于高度抽象状态，离纳税人经济行为的距离越来越遥远，税法执法与遵从都将受到消极影响。比如，国家税务总局公告(2010 年第 13 号)就融资性售后回租业务中承租方出售资产行为有关税收问题公告如下：融资性售后回租业务是指承租方以融资为目的将资产出售给经批准从事融资租赁业务的企业后，又将该项资产从该融资租赁企业租回的行为。融资性售后回租业务中承租方出售资产时，资产所有权以及与资产所有权有关的全部报酬和风险并未完全转移。根据现行增值税法和营业税法的有关规定，融资性售后回租业务中承租方出售资产的行为，不属于增值税和营业税的征收范围，不征收增值税和营业税。根据现行企业所得税法及有关收入确定规定，融资性售后回租业务中，承租人出售资产的行为，不确认为销售收入，对融资性租赁的资产，仍按承租人出售前原账面价值作为计税基础计提折旧。租赁期间，承租人支付的属于融资利息的部分，作为企业财务费用在税前扣除。该公告自2010年10月1日起施行。此前因与公告规定不一致而已征的税款予以退税。税法只有依靠对应税行为进行不断细分与定性才能实现自身法律价值。

如何理解财产税中的应税客体实质就是应税行为的结果？比如，房产税、土地使用税，明明是对房产与土地征税，怎么变成对应税行为的征税？从土地的来源看，只能是受让、转让环节获得的，在我国没有纳税人天然拥有土地；房产只能是外购或自建或委托他人建设。从来源行为上分析，土地房产仅是这些行为的结果；从纳税义务发生时间的税法规定看，税法非常强调应税行为发生的时间，如房屋权属转移、变更登记、房屋交付、自建完毕、办理验收等是房产土地税纳税义务发生时间的开始，也就是说应税行为的量化结果才是房产税与土地使用税的计税依据，仅仅是计税依据。

应税行为与税目、征税范围、计税依据的区分。税目与征税范围是应税行为的种类与性质的细分。税目与征税范围的不断发展决定国家征税范围的广度与深度，同时也是税法紧随时代发展、把握现实与时俱进的成长品行。比如，营业税条例出台后已经确定了应税行为、税目与征税范围，为什么仍要不断进行税目解释？不断补充新的应税行为进入征税范围，不断对应税行为进行新的定性，反映了国家征税的广度与深度，也是税法必须与时俱进的自身需要，税法确定的应税行为具有高度抽象性与概括性，税目与征税范围就是降低抽象性与概括性的具体举例，是一个永无止境的不断发展的过程。计税依据是应税行为的量化。税款等于计税依据乘以税率。计税依据等于应税行为的量化结果。税法上关于计税依据的表达总是停留在计算操作层次的，与填写纳税申报表是同样性质的实践事项。但是绝不能因为计税依据是计算层次的内容就不重要，事实恰恰相反，在税法层次关于应税行为、税目、征税范围的定性问题往往只是一两句话问题，而如何计算计税依据需要很大的篇幅，纳税人也十分关注操作层次的计税依据，尤其针对企业所得税的计税依据、出口减免退税等复杂业务的计算问题，是税法中的难点与重点。主要注意以下问题：第一，同样性质的应税行为，不同税种有着不同的计算方法与计算原则。第二，应税行为的结果是非货币化财物、劳务、权益，必须进行货币化计算，其计算原则与方法因税种不同而不同。第三，有的应税行为具有无偿性，如捐赠，也需要将无偿的行为转化为货币有偿性行为。第四，应税行为本身具备货币计量金额，但是税法认定此金额偏低或过高需要进行调整。第五，计算公式、计算顺序是计算中必须关注的重要节点。第六，税法要求的计算有时不是直接表现为对税款的计征，如关于亏损数字、减免税等计税依据同样需要计算出正确结果，而不要因为不交税就可以马虎计算。

三、通过应税行为概念把握与整合税收法定主义原则

税收法定主义原则，一般指课税要素和程序必须法定、明确，包括征纳主体、征税客体（征税范围、税目）、计税依据、税率、减免税和程序等。程序是履行税收债务的方式。税收债务的产生主要指课税要素。如何落实税收法定原则是党的十八届三中全会提出的重大课题。因此，对税收法定主义原则反省与整合的核心就是对课税要素进行反省与整合。应税行为概念的提出，是对税法法定主义原则的内容、层次与顺序的重新整合，为解决税法实践问题提供有力的分析工具。

对课税要素进行的反省与整合之一，是将征税客体（征税范围）改为应税行为。征税客体一般指所得、财产等，在观察征税对象上有一种静态的效果。纳税人无论从事什么活动，都是行为在先；行为过程与结果产生了所谓的收入、所得与财产等经济效果，也支配财产与所得的流转分配。因此，从动态的角度观察征税客体，宜将征税客体修正为应税行为，体现了纳税人创造税收价值的活动性和主动性等。这为解决各种税法实践问题提供新的分析视角。

对课税要素进行的反省与整合之二，是将征纳主体、征税客体（征税范围、税目）、计税依据与税率、减免税和程序等税法要素，调整为定性、定人、定量和定程序等四个方面与依次顺序。纳税人发生了一种事实行为或法律行为，首先，确定是否是应税行为，确定了其有无与性质，才能决定征税范围的边界与客体的存在；其次，再确定应税行为的归属，即纳税主体；再次，量化这个应税行为；最后，定性、定人、定量结束后才是定程序。这为解决各种税法实践问题提供新的分析顺序。

对课税要素进行的反省与整合之三，是将税法诸要素的地位重新排序，分出轻重。在诸要素地位上，确定是否发生了应税行为，确定其有无与性质，是最为关键，因此定性处于诸要素的核心地位。表面看定人处于主体地位，非常重要，实际上其处于从属地位，它是从应税行为的归属关系中推导出来的第二层次问题；与其说定人重要，不如说“定人的归属规则”重要，这个逻辑必须法定明确；这个规则法定了，纳税主体一定是法定的；这个规则如果缺少或模糊，纳税主体有时候就不一定是法定的，则在判断纳税人上出现纠结纷争。定量是指应税行为如何转化为计税依据，其指向的结果是量化，但其实质是指量化的方法与计算公式、计算过程等必须法定。与其说定量重要，不如说“定量的计算方法”重要。最后是定程序，是将前面三定成果从纳税人所有转化成国库收入的时间、步骤、方式等履行程序。

税法诸要素的地位重新排序，并更名为：法定应税行为（定性）、法定应税行为的归属规则（定规则）、法定应税行为的计算方法（定方法）和法定履行程序（定程序），这是第一层次的四个顺序；由法定应税行为的归属规则导出的纳税主体（定

人)、由法定应税行为的计算方法导出的计税依据(定量)是第一层次要素推导出来的,因此居于税法构建要素的第二层次。

课税要素法定分为两个层次:一是"什么是法定的",就是行为、归属、定量,居于税法立法层次。二是解决"如何法定",就是如何定性、如何归属、如何定量,表面上其居于税法适用层次,实质上应该将这个层次定位为需税法立法层次解决的重大问题。这为解决各种税法实践问题提供新的分析层次。行为确定后,就是如何确定归属问题。如何确定行为的归属是正确处理实践中税法案件的核心所在,恰恰在归属上我国税法立法上缺少具体明确规定。

对课税要素进行的反省与整合之四,在考察了诸法定要素关系后,会发现在四定要素中,定量因素松动的幅度最大,最明显的例证是税收定价谈判、核定征收、推定估税、划分成本费用等,其既有对税务机关的行政裁量授权,也赋予了纳税人一些自主的自由权利,表现为计税依据的计算方法上的灵活性与协商性。

对课税要素进行的反省与整合之五,是对于法定应税行为的归属规则(定规则)的研究。目前对于法定应税行为的归属规则(定规则)的研究主要有以下几个缺陷:

(1) 地位问题。忽视或轻待了对"纳税主体与应税行为"之间归属关系的把握与判断,没有将两者归属关系上升到税法法定要素的地位。在实践中,很少运用税法归属理论分析问题;在税法教材上经常忽略这个要素①。

(2) 范围问题。既有的理论研究通常将"纳税主体与应税行为"之间的归属关系局限在财产关系方面,没有延伸到应税行为与纳税主体之间的归属关系,典型代表为德国《税法通则》第 39 条规定"经济财产应归属于其所有权人",这是使用税法上所有权概念导致的结果;因为所有权经常与财产紧紧相关,实际上应税行为的责任归属的范围远远超过所有权概念。有些征税范围与财产没有必然关系,但是征税范围一定与应税行为发生必然关系,如劳务行为关系,所得实际上应该理解为一系列应税行为的经济结果,因此应税行为的发生及法律效力归属必须找到明确的法定的纳税主体承担。既有的理论分析导致财产、收入、所得与纳税人之间缺少法定联系的桥梁,如一个纳税人同时发生两种以上应税行为或者出现应税行为与非应税行为交集的复杂情况,财产、收入与所得必须在各种行为之间进行归集,此时,必将凸显应税行为在税法归属判断中的重要作用。

综上,归属具有层次性。首先,其强调应税行为的发生与主体之间的归属关系;其次,判断应税行为与财产、收入、所得之间的归属关系;最后,判断应税行为与

① 黄茂荣:《法学方法与现代税法》,北京大学出版社 2011 年版,第 215 页。

人员、财务、机构、业务等方面的归属关系。此点在税法上的重要性也被忽视了，如人员归属，纳税人是否已建立独立的劳动人事及工资管理制度，公司高级管理人员是否在关联单位担任行政职务和领取任何形式的薪酬和津贴，是按照人事关系还是按照提供职务关系确定人员归属。

（3）差异问题。目前，税法高度重视“财务会计与税法”之间差异的规定，但是缺少对税法上应税行为归属规则与私法上所有权归属规则的差异问题进行足够的梳理与分析。如何把握和判断税法上归属标准与转移标准？在不同税种之间和同一税种内部不同收入之间缺少统一的规定，甚至在某些方面制定了双重矛盾的标准。税法虽然承接了私法关于归属与变动的判断标准，但也有着自身的独特规定，因此在把握应税行为是否成立和应税收入是否实现上应依据税法的规定，特别注意税法与私法规定之间的差异，更不能以会计处理作为归属与变动的依据标准。

（4）权限问题。谁有权确定归属与转移的标准？目前，我国税法缺少完善的关于税法归属的规定，其法律表达也比较隐蔽与含蓄，零星分散在各个不同的法律法规中，没有统一完整表述，没有对税法与私法的差异协调作出明确规定。税务机关、法院和纳税人是否都有权站在自己的立场上选择归属与转移的标准？如果标准在税法与私法之间、在私法内部之间、在不同税种之间产生了差异，如何协调和定论？因为“从深层次看，它还涉及税法与民法的关系，涉及实质课税的可能与限度，其内容非常复杂”①。

（5）纳税人选择问题。如何解决资产或行为共有情况、权属或行为不清情况、权属或行为发生纠纷情况下主体归属问题。在城镇土地使用税和房产税上有了较为明确规定，如土地使用权共有的，由各方按其实际使用的土地面积占总面积的比例，分别计算缴纳城镇土地使用税。但是这在流转税与所得税上没有规定，反映了立法层次仅将归属原则局限在财产税领域的片面性。

对课税要素进行的反省与整合之六，税收法定主义原则的核心在于应税行为的定性，应税行为决定了征税范围，但是如何定性这个核心要素也存在以下非税法法定倾向：

（1）为税务机关定性权预留足够的缺口。比如，《营业税细则》第五条规定的视同应税行为，就是对营业税条例规定的应税行为的拟制；更厉害的拟制在于本条最后一款：“财政部、国家税务总局规定的其他情形”。这等于为应税行为的拟制开了无限大的缺口，课税的性质、范围和边界等于完全向主管税务机关敞开。又如，《企业所得税法》授权财政部、税务总局对收入、扣除与资产的具体处理权，这看似

① 刘剑文、熊伟：《税法基础理论》，北京大学出版社 2004 年版，第 196 页。

一个小范围的授权，其实对于所得税来说，其核心正是在于收入、扣除与资产的具体处理，因此这点授权看上去很小，但其映射范围极其广阔。

（2）立法上主动为税法之外的其他法律法规预留定性的缺口。比如，《企业所得税法》第21条规定了“在计算应纳税所得额时，财务会计与税收法律法规的规定不一致的，应当依照税收法律法规的规定计算”。这从表面上看，是税法定量范围的计算方法问题；但是进一步想，这在逻辑上存在一种空白地带，就是税收法律法规尚未进行规定的事项一旦发生，财务会计就享有优先定性与定量处理权，因为在进行应税行为的量化之前，必须对行为的性质进行处理才能决定计算公式、计算方法适用等。

（3）对应税行为的定性更多依赖的法律是私法，而不是税法本身。税法上实质原则的引入导致一种误解：认为税法更多强调经济本质，而私法更多强调形式。其实，“私法基本上还是以实质为基础认定法律关系之有无及其定性的”①。私法为了交易安全固然偏重于形式之规定，但也是强调对应税行为的目的与经济意义的本质的把握。税法仅需要对一些特殊行为的定性作出与私法有差异的规定。税法回归法学后，任何脱离法律（税法与私法）对经济本质的把握都是一种虚无缥缈的主观判断。因此，对应税行为的定性仍然需要从法律规定上去探究，税法只能对其内容进行局部调整。

（4）税法借助私法在应税行为的多种定性之间进行切换。比如，企业所得税中以资产出资行为，在税法上既被规定为视同转让资产行为，又被规定为资产重组行为，但是一项行为究竟何去何从，最后必须依据《公司法》上关于控制权的定性标准进行切换。

（5）除财政部、税务总局外，主管税务机关在行为事实的确定上是否享有定性判断之余地？现代税法追求应税行为定性的客观化，但是对于应税行为的定性中出现不确定性空间时，主管税务机关应享有定性判断之余地，典型表现为个案处理。

（6）纳税人与税务机关是否在行为事实的确定上存在定性协商和谈之可能。从法定主义原则理论上和逻辑上判断，应不存在应税行为定性问题被讨论、被谈判的可能性，因为征税范围如果被协商，整个税法基础必将动摇。但是在实践中存在有些新鲜或复杂行为不能被税务机关、纳税人和学术界等明确认识和定性，或在应税行为之外游移不定，或在应税行为之内存在多种选择的可能，此时就可能存在应税行为定性问题被讨论、被谈判的可能。但本书仍然主张将应税行为定

① 黄茂荣：《法学方法与现代民法》，北京大学出版社2007年版，第363页。

性的协商和谈限制在一个很小的范围之内，如在应税行为内部存在分歧，需要区别是哪种应税行为，这样才可以协商，而在应税行为与非应税行为之间是没有协商余地的。

(7) 在应税行为认定上，不能追求所谓的经济本质。我们反对通过经济本质去把握定性的方法，仍然主张通过法律方法把握定性。“在法言法”，在一个法治的经济社会里，没有脱离法律的经济交易和经济本质。

对课税要素进行反省与整合之七，注意应税行为的本质要素与形式要素之间的区分与联系。应税行为的本质要素是指合同行为链接到税法法定要素上，能够转化为应税行为的直接要素。比如，当事人签订房屋销售合同，发生了合同行为，同时符合营业税条例上规定的在我国境内、有偿、转让不动产所有权的行为，就构成了营业税的应税行为；同时也符合土地增值税、企业所得税等关于应税行为的要素规定。是否因此就可以得出结论，合同行为就可以转化为应税行为呢？此时必须继续考虑应税行为的形式要素。应税行为的形式要素是指应税行为的外在表现形式，主要通过会计核算、发票、合同等形式表现出来。这些形式要素有时被纳入税法法定要素中从而构成应税行为的法定形式要素，有时又被忽略，单纯作为一种与税法无关的表现形式。两者之间的关系有时是同一的，如当事人签订房屋销售合同，发生了合同行为，同时开具了销售不动产发票；有时是脱离的，各自独立发展，或缺少另外一方要素完美支撑，表现在应税行为的本质要素与形式要素之间发生有先后或空缺或不圆满上，如当事人签订房屋销售合同，发生了合同行为，但是在5年后才开具了销售不动产发票或一直没有开具发票或开具了不符合税法规定的发票；或者当事人先开具了销售不动产发票，在5年后才签订房屋销售合同，发生了合同行为或一直没有实际发生房屋销售行为。应税行为的本质要素与形式要素之间发生的差错对税法究竟产生什么样的效果，目前缺少深入研究，也是一个非常复杂的领域，牵涉到税收法定主义原则的深度与广度，从广度上需要回答法定要素是否应该包含形式要素，从深度上必然考虑到税收法定与征税技术手段之间关系（发票、账簿、合同等要素作为应税行为的表现形式，具有更多征税技术手段安排的背景）。此外，税法对某些形式要素的本身有着特别要求，如果这些形式不具备税法要求，可能直接导致影响到应税行为的本质定性和计税依据的计算量化，如发票开具先后、开具形式、合同签订、会计核算等，如有些税法规定先开具发票按照发票内容先征税，就是应税行为的形式要素先于本质要素产生的一种税法处理。如果先开具发票按照发票内容先征税后，后续没有应税行为的本质要素的产生，就是税法上虚开发票行为，又是一种税法处理。

以上论述表明了应税行为的定性与归属对于课税法定要素原则具有重要实践意义，是分析实务问题的起点与核心。

第三节　合同行为向应税行为的转化

一、应税行为与合同行为的同构性:财产性、交易性、趋同性、对称性

从内容上分析,合同行为是财产权利义务关系的集合,具有鲜明的财产性。税法确认的应税行为的核心标准就是针对合同行为的财产性内容,而不关注其他非财产性内容。应税行为与合同行为的目标与核心价值指向都是财产的权利义务内容。

财产关系基本分为两部分:一是财产归属和利用关系;二是财产的流转关系。纳税人主要通过合同行为实现财产的转让、权利让与、劳务提供等交易,交易关系是合同法调整的财产关系的核心内容,合同行为具有鲜明的交易性。税法上应税行为指向财产的流转关系,同时调整建立在财产流转关系基础之上的财产归属和利用关系。应税行为指向合同交易过程和交易的结果。应税行为和合同行为都具有调整交易关系的基本取向。

随着世界经济一体化的加快发展,合同行为具有相当多的国际性与趋同性。同时各国应税行为同样呈现国际性与趋同性。由此表明应税行为是紧紧追随合同行为进行同步发展和不断移植吸收的,合同行为的国际趋同导致应税行为的国际趋同。

合同行为的性质基本决定应税行为的性质。比如,销售合同性质决定应税销售行为性质,应税行为在定性上一般遵从合同行为的本质,仅仅在立法技术、反避税与打击违法范围里与合同行为定性产生偏差。合同行为的主体一般就是应税行为的主体,即签订合同人就是纳税人。合同行为的价款就是应税行为的计税依据,但是不排除税法对合同行为涉及价款进行调整的可能,但是这种调整也是建立在合同行为价款之上的,如价外收费、代收费用、合同违约赔偿等。合同行为的履行过程(如财物交付、劳务提供、权利让与、价款支付等)与应税行为的纳税义务发生时间的确定具有极大的关联性,应税行为纳税义务发生时间的确定标准往往依据合同行为的履行情况而定。另外,合同行为的变更、转让、终止与应税行为的变化、终止具有同质性。因此,合同行为与应税行为在主体、性质、价款、履行、变更等方面具有鲜明的对称性,也就是应税行为的组成要素与合同行为的组成要素之间具有同一性。

以上论述了合同行为与应税行为具有同构性。合同行为在转化过程中起到决

定性与基础性作用,但并不代表合同行为向应税行为转化是直接简单的模仿复制。从合同行为变为法律上应税行为,存在税法上考量与判断的修正。因为存在立法技术的需要(主要是防止避税)、公平税收负担、征收与缴纳的效率问题、各种社会政策需要等因素,所以决定合同行为转化为应税行为的过程是相对复杂的。对合同行为的定性与定量进行了一定的调整,使两种行为之间不能做到完全的对应,这正是税法独立性的核心所在。

二、合同行为向应税行为转化的内在性、正当性、合法性

合同行为是平等主体的自然人、法人或其他组织之间设立、变更、终止民事权利义务关系的法律行为,这种行为最大的特征是自由,最大目的在于财产权利义务的交流、互利与共赢,天然受到合同法的制约、指引和保护。为什么合同行为向应税行为的转化也是正当性、合法性与必然性?这是一个非常基础的前置问题。合同行为转化为应税行为是因为税法强制规定,这个回答是浅显的,仅是浮于表面的回答,具备形式上正当性、合法性与必然性,不具备理论上与实质上的正当性、合法性与必然性。

(一)合同财产权的法律性

合同行为的目的与内容就是财产,财产的流转、归属、用益不仅是依靠合同法,而且是依靠整体法律。税法是整体法律的重要组成部分,合同行为需要取得税法的支持与保护,就必须将合同行为转化为应税行为,这种转化不是强迫的,是源自合同行为的财产属性本身的内在要求。财产不是物质本身,也不是事实本身,而是法律关系的集合。“没有法律,财产就不存在”(边沁,英国哲学家)。合同法仅仅是合同财产得到保护与支持的一种法律,财产的确立最终离不开整个法律体系,而整个法律体系的主体是国家,由国家进行立法、执法、司法活动,构建由私法与公法组成的系列法律制度,支持与保护财产的取得、归属与用益。虽然财产的占有、使用、收益、转让、放弃、排他等权利主要通过私法进行,但是最终保护与确认的法律与后盾仍然是国家的整个法律体系。私法就是私与私之间的法律,一旦私与私之间产生矛盾,两个私就是公,就需要公的代表即国家使用公法进行调整与保护。公法的保护不是无偿的为人民服务,而是通过税收取得一定的经济利益,只有具备经济基础才能建立军队、警察、法院等国家机器,维护所有法律的运行。这是合同行为必须向应税行为转化的本质。

(二)合同财产权的义务性

合同本质就是一种财产权利,但是这种权利是建立在与之相应的义务之上的,因此合同财产权是相对的权利,意味着权利的行使与实现是受到约束的,是不得侵

害他人的自由和权益的，同时必须取得他人的支持、配合、交流。合同财产权的相对性，不仅表现为合同主体之间的相对性，更表现为在广阔的社会范围上合同权利的相对性。合同财产权的取得与实现依靠自身负担的义务，同时必须依靠整个社会资源的整合与支撑，必须对整个社会承担应尽的义务，也就是说合同行为一旦发生，其义务范围与对象不仅是合同中约定的个体，同时也承担对整个社会的一种义务；好比整体法律赋予合同行为权利的支撑与保护，同样整体法律也赋予合同行为必须承担的义务与责任。税法是整体法律中重要组成部分，也是整个社会中代表国家、政府要求具体合同财产权承担社会责任与公共义务。因此合同行为的财产权永远是相对的，是负担义务的，这种相对性与义务性也不是局限在合同对方主体上的，而是在社会范围内承担更广阔的责任与义务，税收仅是社会责任与义务的典型代表。通俗地说，纳税人的财产不完全属于纳税人，必须在完成财产权的社会责任后才可以完全拥有自己的财产；这个道理反映在利润上非常明显，即利润不是企业的所得，税后利润才是企业的所得。同样道理，合同行为财产权不是合同主体的所得，必须是税后财产权才是合同主体的所得。这个深层次道理不是因为税法的存在，而是因为任何财产权都是有义务性与相对性的，合同行为产生税款是合同行为承担社会义务与责任的一种重要表现而已。

（三）宪法规定是合同行为向应税行为转化的合法性标志

以上主要探讨合同行为向应税行为转化的内在必然性与合理正当性，真正实现这个转化必须依靠国家根本大法即宪法规定。《中华人民共和国宪法》(以下简称《宪法》)第 13 条规定公民的合法的私有财产不受侵犯。国家依照法律规定保护公民的私有财产权和继承权。这条规定阐释了合同财产权利必须依靠法律的保护。《宪法》第 33 条规定任何公民享有宪法和法律规定的权利，同时必须履行宪法和法律规定的义务；第 51 条规定中华人民共和国公民在行使自由和权利的时候，不得损害国家的、社会的、集体的利益和其他公民的合法的自由和权利。这两条充分阐释了合同财产权利的义务性与相对性。我国《宪法》第 56 条规定中华人民共和国公民有依照法律纳税的义务。这条规定仅仅是指明合同财产权利的一种义务即纳税义务，也赋予合同行为向应税行为转化的合法性。《宪法》第 15 条规定国家实行社会主义市场经济。国家加强经济立法，完善宏观调控。税法担负宏观经济调控任务，同样也是导致合同行为向应税行为转化的原因之一。

三、合同行为向应税行为转化的法理与空缺

以上探讨了合同行为向应税行为转化的理论分析，但是在实践中合同行为转化为应税行为是一个复杂的难题，其运行机理看似简单，但分析困难。从经济实践

与逻辑上看,合同行为是一个自由的、开放的、无限的经济行为,应税行为是由税收实体法预先规定的,因此应税行为是一个固定的、封闭的、类型化的、有限的法律行为。从推理角度看,只有一部分合同行为可能转化成为应税行为,有部分合同行为游离于应税行为之外,而且合同行为的主体在千方百计阻拦这个转化。对于追逐利润的经济人来说,这种转化是一种痛苦;对于税务机关与纳税人来说,这种转化是一种博弈;对于国家与纳税人来说,这种转化是一种利益再平衡。

两种行为之间如何建立了联系,或者说合同行为转化成为应税行为的基础是什么?界限是什么?标准是什么?合同行为转化成为应税行为的基础、界限、标准在于行为的性质,但是我们并不排除在性质之外数量也是税法行为与合同行为博弈的重要一面。只有合同行为的性质属于应税行为的性质,两者一致时,合同行为所产生的量化(价格)才能转换成为税法行为的计税依据,合同行为所产生的履行方式才能转换成为税法行为的申报期限,合同行为的本身方式才能转换成为税法行为的法律责任的证据。

合同行为向应税行为转化的过程如下:合同行为—应税行为—行为税法定性—行为税法定量—行为税法定时(收入确认时间与税款申报期限)—行为税法程序—行为税法责任。

应税行为在税法实体法上表达为课税事实,纳税人是否发生了课税事实,但是税法并没有对应税事实进行特别的定义与特征分析,而是留下了巨大的空白。这种空白的存在不是税法立法的疏漏,而是税法立法技术的有意承让;因为税法应税行为的源泉是合同行为,税法在潜意识上默认合同行为的性质就是税法行为的性质,这样才可能更好地征收税款。

《中华人民共和国营业税暂行条例》(以下简称《营业税暂行条例》)《中华人民共和国增值税暂行条例》(以下简称《增值税暂行条例》)《中华人民共和国企业所得税法》(以下简称《企业所得税法》)《中华人民共和国个人所得税法》(以下简称《个人所得税法》)中关于应税行为的定义基本上取决于合同行为的定义,对合同行为的性质的差异规定是一种例外。一项合同行为是否转化为应税行为,关键看合同法对合同行为的定性,因为税法并没有对合同行为进行特别定性。

税法在识别纳税人合同行为时,理论上并不是一定要借助合同法进行定性,但为什么实践中一定要借助合同法进行定性?是因为税法缺少对行为定性的技术工具,也就是说,合同法被税法当成征税之前使用的工具。税法在使用这种工具的同时,必然受到这种工具的限制与制约;也必然发现在处理一些特殊合同行为时,根据自己的目的与原则,发现合同法工具有所局限或不能达到税法目的,于是放弃或改装这种工具。从税法使用合同法工具角度出发,可以得出结论:合同行为并不是先于应税行为的发生；在行为发生时序上，合同关系并不能优先于税法关系[①]。之所以发生了合同行为向应税行为的转换，是因为首先使用了合同法的分析工具，使用工具的先后造成表面上关系发生的先后，只是一种分析的先后，而不是发生的先后。如果针对一种合同行为，税法有着独到的分析定义，就可以直接跳过合同法的分析，在这种情况下，就不存在表面的先后问题。

无论使用自身工具还是合同法工具，只有在定性上达成一致意见的情况下，税法征税与缴纳之过程才能开始。

依法课税原则的实质是依法性课税。除特殊情况外，只有在行为性质方面民法与税法达成一致情况下，才能开展其他申报缴纳与征税程序，才能衡量是否正义公平。在定性原则下，所谓量能课税原则的前提也是量性征税，只有性质相同的主体才能比较负担能力，而不是从经济结果来比较负担能力。比如，在毛利率相差悬殊的情况下，只要纳税人的合同行为与应税行为的性质彼此一致，就要按照同样的税率征税，税法不会考量纳税人的"穷富"，"穷富"只能是社会政策与立法时考量的因素。如果纳税人取得的收入与所得不是税法之性所能够包含的，税法也只能望洋兴叹。

所谓在税务机关无法查清应税行为时，可以与纳税人达成协议，进行核定征收，或进行协商和解。这些现象说明什么？核定与和解的前提是税务机关与纳税人在应税行为的性质上已经达成一致，仅是在应税行为的数量上无法查清而已。

但是从合同行为转化成为应税行为，是否一定依靠税法对行为定性？也有例外情形，如税法规定的一些征管因素等。比如发票的开具与取得就可能在为考虑行为定性之情况下仅依据形式进行课税。合同行为也可能因会计因素导入应税行为，因为企业所得税法在与会计协调时留下了一定的空间，容许在税法未能规定的情况下遵循会计处理的结果。

围绕税法定性，合同法与税法可以划分为四种关系：

（1）共享关系。税法完全借助合同法对合同行为进行法律定性，保持跟随一致原则；但是在法律定性一致前提下，并不意味着税法与合同法在合同行为其他方面就能够达成一致意见，税法在合同行为的主体、价款、履行方式等方面仍然会与合同法的评价发生冲突。这种冲突与行为性质的冲突相比较，就不是本质的冲突。

（2）否定关系。税法对合同法所确认的行为性质采取否定态度。这种对合同法定性否定的结果可能产生三种情况：一是将合同行为排除在应税行为之外；二是合同

---

① 参见黄茂荣：《法学方法与现代税法》，北京大学出版社 2011 年版，第 296—297 页。书中认为在发生的时序上，民事关系原则上先于税捐关系。民事法或民事法事件相对于税法或税法事件的先在性。本文认为这种先在性是一种工具在先意义上的先。

行为转化成为应税行为；三是合同行为从一种应税行为转化成为另外一种应税行为。

（3）独立关系。一种行为各自表述。对于纳税人发生的事实行为，合同法与税法各自表述，税法不跟随也不否定合同法对行为的定性，而是采取自己的特殊定性。这与否定态度有着本质区别，否定态度意味着税法不仅在自己的立场上保持独立，而且在干预合同法的定性。各自表述，是税法承认与尊重合同法上的定性，但因为考量税法立法技术完备和特殊政策需要采取的不同立场定性，是不干预与反制合同法上的定性。

（4）脱空关系。合同行为在合同法上的定性无法转化为应税行为；或者在民法内部无法达成法律定性；或者在除税法之外其他各种法律交集下无法达成一致定性意见。最终导致该行为无法进入税法评价范围，形成分离脱空状态。

第四节　合同法与税法在转化中的作用

通俗地讲，税款入库，好比足球临门一脚，最终进球的一脚固然最重要，但是怎么能够忽视满场奔跑与搏击的脚步？税款入库，是建立在应税行为的义务确立上，而应税行为又是建立在合同行为的转化成立上，对合同行为的分析好比在足球场上的不断奔跑与搏击，主要靠合同法对形式与实质的深入把握，将合同行为运输到税法球门之前，靠税法完成最后的临门一脚。

合同行为向应税行为转化不仅是合同法与税法在发挥作用，许多法律也在发挥重要作用。比如，宪法规定了合同行为转化成应税行为的必然性与根本合法性；又如，在企业所得税中合同行为向应税行为转化过程中，如果税法存在空白或模糊，会计法律制度可以替代税法将合同行为转化为应税行为的计税依据；再如，土地增值税中强调土地房屋的产权转移，就是物权法律在起到支撑转化作用。但是在合同行为向应税行为转化过程中起到关键的、基本的、经常的、操作性作用还是合同法与税法。如何认识合同法与税法在转化过程中彼此的交集作用，是本书探讨的重点所在，以下各章将从不同角度分析合同法与税法对合同行为转化为应税行为的评价。本节主要从法律基本原则角度进行探讨。

合同行为向应税行为转化，既然受到合同法与税法的共同作用，那么合同法与税法的基本原则在其中必然体现其作为指导思想和基本准则的作用，必然是解释和研究这两种法律互相作用的依据和出发点。

根据《合同法》的有关规定，我国合同法的基本原则主要包括以下四个方面：平等自愿原则、公平原则、诚实信用原则、符合法律和公序良俗原则。

税法原则是指导税法的创制和实施的根本准则。税法原则不仅表现为一种立法的精神，而且在税法规范性文件中以具体法律条文的形式存在着，使之具有税法一般规范所不同的调整功能与实践价值。由于我国没有制定税收基本法，在宪法中也未对税法基本原则进行定义，因此我国税法的基本原则主要依赖对理论学术的研究和对《税收征管法》个别条文的引申淬炼，根据一般教科书与理论研究结果，税法原则包括以下方面：①财政原则；②税收法定原则；③税收公平原则；④税收效率原则；⑤实质征税原则；⑥社会政策原则；⑦平等纳税原则；⑧普遍纳税原则；⑨合理负担原则；⑩宏观调控原则；⑪征税简便原则；⑫维护国家主权和经济利益原则；⑬保障纳税人合法权益的原则；⑭税收中性原则。

本书认为在原则的选择上，要区分税法的实施原则，不能把税收效率原则、征税简便原则直接作为最终原则；税收效率原则、征税简便原则是制度优化的重要组成部分，但不能作为税法基本原则，而只是实现税收管理原则。另外，财政原则、社会政策原则、宏观调控原则、保障纳税人合法权益的原则、维护国家主权和经济利益原则都是税法制定的目的和宗旨。如果将目的与宗旨理解成原则就会弱化税法的其他原则，导致税收法定原则向目的原则倾斜。因此，本书主张以上几个原则不能作为税法基本原则。税收公平原则、平等纳税原则、普遍纳税原则、合理负担原则在含义上可以综合为公平正义原则。因此，本书认为税法基本原则是三个：税法法定原则、公平正义原则与实质征税原则。

比较合同法与税法的原则是为了更好理解两法在合同行为向应税行为转化中发挥的不同作用。合同法对合同行为的外在形式与内在性质的种种规定，税法将如何承接、吸收、借鉴与修正、调整、反制，会直接影响我国税收基本法的立法思路、如何处理公法与私法的关系、税收实体法的制度设计以及税收诉讼的判决。从合同法原则与税法原则比较上分析，两法的原则并不是彼此独立的，其存在一定交集之处。

(1) 合同法自愿原则的核心在于要充分尊重当事人在合同活动中所表达的真实意愿，鼓励合同当事人自主自愿地从事生产和交易活动。充分尊重当事人在合同活动中所表达的真实意愿，是税法独立性的界限。税法不得从自身组织财政收入目的和处于话语强势的地位出发去调整与解释纳税人的真实意愿。税法的存在虽然影响纳税人合同的签订与表达，但是一旦合同在法律上达成，其真实目的应该是独立自由的，不受任何单位和他人干预。在探讨纳税人真实意愿方面，应该更多依靠纳税人的合同，而不是依靠税法对合同进行解释、分解和重新定性。

(2) 合同法上诚实信用原则与税法上实质征税原则的内在精神是相通的，诚实信用原则要求合同订立、履行的全部过程要实事求是，不要故意设计一些表面的、虚假的形式、手段与内容。如果合同主体都能做到不隐瞒真实商业交易目的，不采取虚假的交易形式，那么税法实质征税原则就无存在必要。因此，合同法上诚实信用原则是根本，决定税法上实质征税原则是否能够成立，左右实质征税原则调整的范围和深度。税法上实质征税原则是对合同法诚实信用原则在税法领域的运用,诚实信用原则是合同法和税法追求的共同法律品质。

(3) 合同法上的公平原则,从计税依据角度反映到税法领域就是独立公允价值的再现。所有公平正义说到底就是利益公平正义,税法如何贯彻公平正义原则,就是对利益进行公平正义的再分配,而纳税人的利益在税法要素上的反映形式就是计税依据;税法要求对利益公平正义分配,首先是如何正确确定纳税人的计税依据。如果将计税依据确定错误或发生偏差,那么分配的结果只能更加错误。比如,个人所得税方面,对许多高收入阶层的收入出现误判,导致工薪阶层比资本家缴税还多,就是"杀贫济富",而不是"杀富济贫"。对收入的判断就是对计税依据的判断。假定所有应税收入都来源于合同形式下的社会交换,那么合同价款的公平是实现税法公平的基础。如果在合同价款上就是不公平的、或欺诈的、或隐瞒的,则税法调节的后果是微乎其微的,甚至是相反的。因此,实现合同的公平正义是税法取得公平正义效果的前提。

(4) 合同符合法律和公序良俗原则,更是包容了税法法定主义原则。我国《宪法》第56条规定:"中华人民共和国公民有依照法律纳税的义务。"公民有依照法律纳税的义务,这是税收法定原则的宪法根据。税收收入是国家财政收入的重要组成部分,是典型的公共利益。《合同法》第7条规定:"当事人订立、履行合同,应当遵守法律、行政法规,尊重社会公德,不得扰乱社会经济秩序,损害社会公共利益。"这里应当遵守法律、行政法规,自然包括遵守税法法律法规,更要遵守宪法法律;不得扰乱社会经济秩序,包括不得扰乱税收征管秩序、发票管理秩序等;不得损害社会公共利益,包括不得损害国家财政利益。

在合同法与税法的共同作用下,合同行为完成了应税行为的转变,合同法的基本原则起到基础与根本作用,从一定意义上合同法的诚实信用原则涵盖了税法实质征税原则,合同符合法律和公序良俗原则,更是包容了税法法定主义原则,税法的一些基本原则是合同法基本原则在税法领域的延伸与体现,并没有超越合同法原则的基本精神。但是在面对成熟与强大的合同法时,税法为了国家的公共利益依然保持一定的独立性,这集中体现在税法对合同行为的重新定性调整上和对合同行为的量化(即调节计税依据的独特性)上,税法通过禁止性规定和调整性规定约束与调节合同行为,最终为公共利益升起不可侵犯的旗帜。

本章小结

"课税客体"这个概念在学术表达与税法法律表达的语境中呈现出一定的局限性、滞后性、静止性、不平等性,将"课税客体"修改为"应税行为",不仅仅是一种立法语言的技术处理，也将影响税务机关与纳税人对课税要素的分析，更符合现代税法重心向纳税人转移的要求，体现先进性和民主性，突出创造税收价值的主体性。应税行为与合同行为的同构性主要表现在：财产性、交易性、趋同性、对称性四个方面，从而为合同行为向应税行为转化提供牢不可破的基础。合同行为向应税行为转化的内在性、正当性、合法性，提供了实现这个法律性质飞跃的内在动力。在合同法与税法的共同作用下，合同行为完成了向应税行为的转变，合同法的基本原则起到基础与根本作用。税法的一些基本原则是合同法基本原则在税法领域的延伸与体现，并没有超越合同法原则的基本精神。税法为了国家的公共利益依然保持一定的独立性，这集中体现在税法对合同行为的性质与量化两个方面的调整、修正与反制上；税法通过禁止性规定和调整性规定约束与调节合同行为。

第二章　税法对合同的尊重与借鉴

第一节　税法对合同的承接、尊重与借鉴

税法与民法的关系进展分四个阶段，每个阶段的形成都有特殊的社会、经济、政治与法律思想发展背景。第一阶段是税法附随于民法，如民法评价无效，税法即失去评价理由，无需征税；第二阶段是税法独立自主，不依附他法，自成概念与原则体系，强调实质课税，成为独立王国；第三阶段是税法又向民法接近，主张税法的概念、方法与原则，除明文规定外，不得与民法作出相反的解释；第四阶段是税法与民法的关系既非独立，也非依存，而是同在宪法的指导下完成统一的法秩序。

我国税法作为公法的特征非常强烈，与权本位传统思想有紧密关系，同时过分强调税法的调节功能，因此税法从表象上呈现出特立独行的特点，好像可以任意依据税收公共利益目的和公共权力去分析与确定各种课税对象。税法通常被认为是一个高高在上的独立王国，在处理税收时常常不兼顾其他法律的评价，一心一意追求国家财政收入的实现。但是作为公法特征非常显著的税法与私法的关系是，税法与私法不仅有着不可分割的联系，而且私法在大多数情况下支配和决定着税法的实现、适用与发展，私法对于税法是以谦虚的姿态牢牢占有控制地位，税法被私法引导到私法要求实现的目的地，或者说税法凭借私法的工具实现自身的目的。税法评价的对象基本上是一种经济交易，而经济交易的基本法律工具又是合同，因此合同法作为私法的重要组成部分在经济活动的背后影响着税法的实施与发展，因此税法对合同法的尊重与借鉴是法律内在逻辑的必然选择。

1．税法对合同的承接、尊重与借鉴的根本依据

（1）从方法论看，整体法律观要求税法尊重合同法。无论法学学科如何精细划分，都不得不面对法律调整对象的整体性，因此在进行法律分析时，既强调分门别类的精细化分析，更要求结合各种法律规定进行系统和整体的综合分析。税法与其他法律都是整体法体系的组成部分，法律体系内在统一性要求税法分析事物时必须考虑其他法律评价。税法的调整对象无时无处不以整体性的面貌出现，税务机关、纳税人和其他相关税法评价主体要正确地观察与处理复杂交易，必须从行政法、税法、民法、合同法、会计法、刑法与国际法等各种相关的法律角度进行全面

考量与分析，从中梳理出事实的法律性质。也许有的法律评价并不能影响税法的评价，但是整体法律分析观依然有存在的必要，因为这是一种法律分析方法，如果仅依靠税法进行分析，必然产生两种结果：一是其他法律评价被完全放弃，税法调整对象仅仅反映出税法属性，与法律调整对象整体性是矛盾的；二是因为税法离开其他法律的支持，面对复杂交易，往往出现自说自话，难以自圆其说，甚至出现税法解释因为不借助其他法律工具导致无法单独完成的尴尬局面。税法解释必须进行回溯，回溯到课税对象的民法意义上，才能找到它本来的面目与本质。税法的调整对象是大量的经济活动，这些经济活动在相当程度上体现为合同法上的经济关系，其实现形式、变动和结束无不以合同法为支撑，其经济效果依赖合同法的保护与评价，合同法通过影响课税对象进而影响税法评价，因此税法在评价课税对象时必须观察支撑其运行的合同法的评价效果。

(2) 从价值论上看，税法与合同法必须共同成为实现宪法理念的法律工具。每种法律都是蕴含在宪法的理念之下，为完成宪法的目的而发生作用的。税法与合同法也同样如此。宪法规定，公民的合法的私有财产不受侵犯。国家依照法律规定保护公民的私有财产权和继承权。国家为了公共利益的需要，可以依照法律规定对公民的私有财产实行征收或者征用并给予补偿。国家依照法律规定保护公民的私有财产权，这里的法律包含合同法，也包含税法，税法需要节制以保护公民的私有财产权；国家为了公共利益的需要，可以依照法律规定对公民的私有财产实行征收并保障公民私有财产交易，这里的法律自然包含税法，也包含合同法，因为合同法为公民的私有财产的取得、持有、使用、交易等课税对象提供法律保障。以合同法为前提为税法提供评价对象，从而共同完成宪法目的的总任务。

2. 税法对合同的承接、尊重与借鉴的基本路径①

(1) 税法大量借用合同法的概念、规则和原则，这是私法规范进入税法的立法路径。合同法是用来调整平等主体的公民之间、法人之间、公民和法人之间的财产关系和人身关系的法律规范的总和。合同法律关系在相当程度上是经济关系在法律上的体现，这种关系主要发生在商品经济中。合同法是最基本的法律形式之一，在诸法律部门中，作为民法重要组成部分。合同法形成的时间较早，法律规范较为成熟和完善，其他法律部门的建立与发展程度不同地借鉴了合同法的法律规范。税法作为新兴的部门法与合同法的密切联系主要表现在大量借用了合同法的概念、规则和原则。第一，税法借用了合同法的法律概念。比如，税法中对于纳税人

① 黄茂荣：《法学方法与现代税法》，北京大学出版社 2011 年版，第 303 页。作者认为，税法借用自民事法的概念中，最重要者莫如债，并因而将税捐之给付义务定性为税捐债务。从这判断出发，债权最重要形式是合同之债，因此，税法对合同形式的借用应该是范围最广、应用最频繁。

的确定，必须以合同法中关于民事法律关系主体的条件为依据；税法对自然人和法人的解释与确定必须与合同法相一致。第二，税法借用了合同法的法律规则。比如，税法中纳税人与纳税担保人、纳税人与税务代理人之间的法律关系具有民事法律关系的性质，民法中规定的“代理”也成为履行税法的一个具体方法等；税法规定代位权、撤销权的行使直接按照合同法条款执行；税法在事实解释方面依赖合同解释。第三，税法借鉴与改造了合同法的法律原则。比如，税法的合作信赖原则、实质征税原则就有合同法上诚实信用原则的影子，其原理是相近的。

（2）对优势立法资源的借鉴与全社会法律遵从成本的降低，必将导致合同成为税收技术性制度设计中的常用要素。在我国，税法与合同法交互作用表现在，税法自 2008 年修改以来，不断借鉴与依靠合同法完善自身的立法，税法之所以表现出一定的谦虚性，主要原因在于税法自身发展滞后，许多概念术语需要进行法律移植，更重要的原因在于不同的部门法律在法律一般价值的判断上是一致的，都受到宪法价值的指引。合同法强调契约自由、公平、正义，目的也是让财产在市场经济中安全、有序地实现流转，并且合同法比起税法发展先进，法律完备成熟，法律资源深厚，值得税法信赖与借鉴；税法根本目的就是在参与财产流转过程中分配属于国家的那部分利益。因此税法完全有必要借助财产流转的形式工具即经济合同，达到自己的分配目的。如果放弃借助在财产流转中无处不在的经济合同，无疑是立法的浪费；如果税法构建庞大独立的概念体系与原则丛林，加大税法与合同法的彼此差异，就会增加市场主体遵从法律的社会成本，让每一个签订合同的主体都要持续考虑税法的种种规定，让合同自由背上沉重的税法枷锁。

合同在税收制度设计中的具体表现，因不同税法内容呈现不同角色。在税收实体法中，主要在确定纳税主体、征税对象、征税范围、减税、免税及退税、适用税率、计税依据、纳税环节、纳税期限、纳税地点以及税款征收方式等具体行政行为中合同是否签订、成立与履行情况等成为税法指定的工具标准。在税收程序法中，主要起到证据的作用，如确定税收法律责任，履行申报和保管义务等。

由于合同成为税收技术性制度设计中的常用工具，因此产生这种法律推理，即依靠合同工具决定税法要素实现的条款适用首先要找到合同，即课税对象首先受到合同法的调整、约束与评价，税法既然借助合同工具实现自身目的，就要尊重合同法对合同的法律评价。比如，合同规定付款时间发生变更，或合同双方对付款时间是否发生变更产生纠纷，或合同规定的付款时间条款发生歧义，税法既然依赖合同确认纳税义务发生时间，此时也就必须进一步依赖合同法对付款时间发生变更的法律评价，这样直接导致合同法的评价优先于税法的评价。

税法导入私法规范的重要价值取向之一，就是借合同法上法律话语权牵制与制衡税法上公权力不断扩张的话语权。我国现行税收制度最大缺憾是缺少完备的人大立法，从而导致行政立法独大的局面，同时缺少符合宪法性审查机制，事实上连行政合法性审查都做得不到位，根本原因是受到我国政治传统、文化传统与法治传统因素的制约。在目前公权力缺少强有力制约的情况下，在税法中引入合同法概念、基本原则与制度安排是进一步扩大私法的话语权，方便纳税人理解与掌握税法，方便司法机关准确处理涉税诉讼。

总之，税法在引入合同法的概念与原理过程中，绝不是普通意义上法律领域之间进行简单的"法律移植"，其深刻的法律背景在于税法对合同的尊重与借鉴，充分体现公权力对私权力的尊重，充分体现在民主法治大背景下公法对私法的歉仰，为现代公权力运行内在机制嵌入成熟的完备的权力制衡因素。

第二节 实体税法对合同的尊重与借鉴

一、实体税法借助合同确认税种、税目、税率

纳税人签订不同的经济合同，造成征税对象的不同，产生税种、税目、税率的不同。根据合同的名称是否为法律所赋予来划分，凡是法律赋予一定名称，并特别作出规定的合同称为有名合同，《合同法》中列举了15个有名合同，包括买卖合同、供用电水气热力合同、赠与合同、借款合同、租赁合同、融资租赁合同、承揽合同、建设工程合同、运输合同、技术合同、保管合同、仓储合同、委托合同、行纪合同、居间合同，除此之外，《中华人民共和国保险法》(以下简称《保险法》)、《中华人民共和国担保法》(以下简称《担保法》)也列举了一部分有名合同。一般意义上，《合同法》上的有名合同基本覆盖了流转税、所得税、资源税、财产税和行为税。凡是法律没有确定名称，也未对其作出特别规定的合同，称为无名合同。无名合同对征税对象的判断：首先把无名合同比照有名合同的特征去判断行为的属性，然后再对照税法对征税对象的定义。

对于有名合同，其税法借鉴的法律意义在于明确合同的法律适用规则，确认不同税种、税目、税率。但这不排除纳税人在签订经济合同时，有名合同互相交织，如在买卖合同中有加工承揽合同内容；也不排除纳税人在签订经济合同时，名义合同与合同经济行为矛盾，如在名义为买卖合同，实际是融资租赁合同等。这些现象本身不能导致税法适用规则完全按合同名义确认不同税种、税目、税率，仍然要根据合同内容去判断合同的真实性质，从而确认不同税种、税目、税率。我们认为其税法借鉴的有名合同是名称与内容一致的有名合同。合同法对合同内容的评价从经济本质上与税法是一致的，税法依靠这个基础评价展开系列征税活动。但是并不

排除税法与合同法对合同行为的定性存在一定差异，如合同法判断是融资性质，税法判断是买卖性质，这种差异是在很小范围内的。

税法根据《合同法》修改的租赁收入的例证。根据《中华人民共和国企业所得税实施条例》（以下简称《企业所得税法实施条例》）第 19 条规定，租金收入是指企业提供固定资产、包装物或者其他有形资产的使用权取得的收入。由此可见，让渡非有形资产的使用权取得的收入，不属于企业所得税法所称的租金收入。实施条例释义中指出："原内资税条例实施细则第 7 条第 4 款规定：条例第 5 条第（四）项所称租赁收入，是指纳税人出租固定资产、包装物以及其他财产而取得的租金收入。"这次修改主要体现在两方面：一是将原内资税条例实施细则中的"出租"概念进一步明确为提供有形资产使用权；二是将"其他财产"修改为"其他有形资产"，与"固定资产"的表述相呼应。把无形资产出租收入从租金收入内排除，是税法根据《合同法》修改的结果，因为按合同法出租土地使用权不构成租赁关系。《合同法》释义中明确指出，租赁物必须是有形的财产，这是租赁合同的特征之一。

二、实体税法借助合同确认应税收入的实现

（一）企业所得税借助合同确认收入的实现

（1）利息收入。《企业所得税法》第 6 条第（5）项所称利息收入，是指企业将资金提供他人使用但不构成权益性投资，或者因他人占用本企业资金取得的收入，包括存款利息、贷款利息、债券利息、欠款利息等。利息收入，按照合同约定的债务人应付利息的日期确认收入的实现。

（2）租金收入。《企业所得税法》第 6 条第（6）项所称租金收入，是指企业提供固定资产、包装物或者其他有形资产的使用权取得的收入。租金收入，按照合同约定的承租人应付租金的日期确认收入的实现。

（3）特许权使用费收入。《企业所得税法》第 6 条第（7）项所称特许权使用费收入，是指企业提供专利权、非专利技术、商标权、著作权以及其他特许权的使用权取得的收入。特许权使用费收入，按照合同约定的特许权使用人应付特许权使用费的日期确认收入的实现。

（4）可以分期确认收入。以分期收款方式销售货物的，按照合同约定的收款日期确认收入的实现。

（5）房地产企业售房收入。这里非常突出了正式签订《房地产销售合同》或《房地产预售合同》在税法认可中的地位，这在以往的税法中从未如此强烈地明确。国税发[2009]31 号文件规定，企业通过正式签订《房地产销售合同》或《房地产预售合同》所取得的收入，应确认为销售收入的实现，具体按以下规定确认：①采取一

次性全额收款方式销售开发产品的，应于实际收讫价款或取得索取价款凭据（权利）之日，确认收入的实现。②采取分期收款方式销售开发产品的，应按销售合同或协议约定的价款和付款日确认收入的实现。付款方提前付款的，在实际付款日确认收入的实现。③采取银行按揭方式销售开发产品的，应按销售合同或协议约定的价款确定收入额，其首付款应于实际收到日确认收入的实现，余款在银行按揭贷款办理转账之日确认收入的实现。④采取委托方式销售开发产品的，应按以下原则确认收入的实现：第一，采取支付手续费方式委托销售开发产品的，应按销售合同或协议中约定的价款于收到受托方已销开发产品清单之日确认收入的实现。第二，采取视同买断方式委托销售开发产品的，属于企业与购买方签订销售合同或协议，或企业、受托方、购买方三方共同签订销售合同或协议的，如果销售合同或协议中约定的价格高于买断价格，则应按销售合同或协议中约定的价格计算的价款于收到受托方已销开发产品清单之日确认收入的实现；如果属于前两种情况中销售合同或协议中约定的价格低于买断价格，以及属于受托方与购买方签订销售合同或协议的，则应按买断价格计算的价款于收到受托方已销开发产品清单之日确认收入的实现。第三，采取基价（保底价）并实行超基价双方分成方式委托销售开发产品的，属于由企业与购买方签订销售合同或协议，或企业、受托方、购买方三方共同签订销售合同或协议的，如果销售合同或协议中约定的价格高于基价，则应按销售合同或协议中约定的价格计算的价款于收到受托方已销开发产品清单之日确认收入的实现，企业按规定支付受托方的分成额，不得直接从销售收入中减除；如果销售合同或协议约定的价格低于基价的，则应按基价计算的价款于收到受托方已销开发产品清单之日确认收入的实现。属于由受托方与购买方直接签订销售合同的，则应按基价加上按规定取得的分成额于收到受托方已销开发产品清单之日确认收入的实现。第四，采取包销方式委托销售开发产品的，包销期内可根据包销合同的有关约定，参照上述第一至第三项规定确认收入的实现；包销期满后尚未出售的开发产品，企业应根据包销合同或协议约定的价款和付款方式确认收入的实现。

（6）离岸服务外包业务收入。从事离岸服务外包业务取得的收入，是指企业根据境外单位与其签订的委托合同，由本企业或其直接转包的企业为境外单位提供《技术先进型服务业务认定范围（试行）》中所规定的信息技术外包服务（ITO）、技术性业务流程外包服务（BPO）和技术性知识流程外包服务（KPO），而从上述境外单位取得的收入。

（7）技术转让收入。技术转让应签订技术转让合同。其中，境内的技术转让须经省级以上（含省级）科技部门认定登记，跨境的技术转让须经省级以上（含省级）商务部门认定登记，涉及财政经费支持产生技术的转让，需省级以上（含省级）

科技部门审批。居民企业技术出口应由有关部门按照商务部、科技部发布的《中国禁止出口限制出口技术目录》(商务部、科技部令 2008 年第 12 号)进行审查。居民企业取得禁止出口和限制出口技术转让所得,不享受技术转让减免企业所得税优惠政策。

(8) 农产品初加工收入。农产品初加工相关事项的税务处理:企业根据委托合同,受托对符合《财政部　国家税务总局关于发布享受企业所得税优惠政策的农产品初加工范围(试行)的通知》(财税[2008]149 号)和《财政部　国家税务总局关于享受企业所得税优惠的农产品初加工有关范围的补充通知》(财税[2011]26 号)规定的农产品进行初加工服务,其所收取的加工费,可以按照农产品初加工的免税项目处理。

我们需要探讨的问题是,企业所得税收入以合同形式为确认依据,如果企业发生的业务未签订合同或不提供合同,相关收入如何确认,税法并未明确。企业所得税为什么在部分业务收入确认上依据纳税人合同规定,而其他业务收入确认上又不依据纳税人合同规定?这正是税法与合同法协调的结果,从中可以看到我国税法立法在不断借助与承接合同法的价值取向,这是一个渐进的过程。

(二) 营业税借助合同确认收入的实现

营业税条例第 12 条所称取得索取营业收入款项凭据的当天,为书面合同确定的付款日期的当天;未签订书面合同或者书面合同未确定付款日期的,为应税行为完成的当天。

(三) 增值税借助合同确认收入的实现

《交通运输业和部分现代服务业营业税改征增值税试点实施办法》第 41 条规定,增值税纳税义务发生时间为:纳税人提供应税服务并收讫销售款项或者取得索取销售款项凭据的当天;先开具发票的,为开具发票的当天。收讫销售款项,是指纳税人提供应税服务过程中或者完成后收到款项。取得索取销售款项凭据的当天,是指书面合同确定的付款日期;未签订书面合同或者书面合同未确定付款日期的,为应税服务完成的当天。

《增值税暂行条例》规定,采取赊销和分期收款方式销售货物,为书面合同约定的收款日期的当天,无书面合同的或者书面合同没有约定收款日期的,为货物发出的当天;采取预收货款方式销售货物,为货物发出的当天,但生产销售生产工期超过 12 个月的大型机械设备、船舶、飞机等货物,为收到预收款或者书面合同约定的收款日期的当天。

营业税与增值税均明确合同必须为书面合同,口头或者电子合同被排斥在外;未签订书面合同或者书面合同未确定付款日期的,以应税行为完成为确认标准。

（四）个人所得税借助合同确认收入的实现

在我国《个人所得税法》法律条文中并没有大量呈现“合同”有关要素，从立法技术安排上个人所得税法没有像企业所得税法重视引入合同元素，考量其原因可能存在特殊国情，即我国自然人作为经济主体在经济交往中并不擅长借助合同工具确认交易双方权利义务的习惯。但是，合同在个人所得税中发挥的重要作用远远超过其在企业所得税中的地位。因为我国所得税采用两种税制安排：一是综合所得税制度，将法人所有收入归集成一项应纳税所得额；二是分类所得税制度，将自然人取得的收入与所得，按照收入与所得的性质分别税率、分别扣除进行课税。采用综合所得税制度，即使纳税人一项合同取得的应税收入在性质上被认为是另外一种应税收入，但是最终要归集到应纳税所得额中，因此对合同性质与应税收入性质的判断差异并不能影响税款的缴纳。但也不排除在税收优惠收入与应税收入、费用扣除等方面仍然要重视合同性质与应税收入性质的判断。比如，技术转让合同，对于取得收入方来说，存在两种税法评价：可以在税法上转换成为技术转让收入享受优惠政策，也可以转换成为普通的技术服务收入不能享受减免税待遇；对于支付方来说，也存在两种税法评价：一种是无形资产购置支出，另一种是购买劳务费用支出，从而适用不同的扣除标准。

与企业所得税实行综合所得税制度相比较，我国《个人所得税法》实行分类所得税制度，对个人所得分为 11 大类，将自然人取得的收入与所得，按照收入与所得的性质分别适用税率、分别适用不同的扣除标准进行课税。对合同性质与应税行为性质的判断，将对税负产生巨大影响。

比如，通过对于演艺明星的收入确认，税法可能存在 4 种评价：工资薪金所得、劳务报酬所得、个体经营所得和对企业承包承租经营所得。这 4 类所得的税收政策存在天壤之别。这种差异不仅体现在内地个人所得税法上，在中国台湾也同样大量发生类似合同性质与所得性质判断的复杂情况，如具有明星效应的台湾林志玲补税案，就是通过对交易各方合同性质的定性确认林志玲的收入性质到底归属于薪金所得还是执业所得①。内地也发生过类似所得性质判断案件，自然人将购买的医疗设备与医院合作取得一定提成收入，其收入根据合同协议是判断为租赁所得还是个体经营所得，税务局存在不同意见，两种意见对纳税人和扣缴义务人产生很大的影响。对于医院来说，如果是个体经营所得，医院就不是扣缴义务人，就不会承担法律责任；对于自然人来说，两种所得适用税率、扣除标准不同，计算税款结果肯定不同②。

---

① 熊伟：《税法解释与判例评注 2》，法律出版社 2011 年版，第 124 页。

② 滕祥志：《税法实务与理论研究》，法律出版社 2008 年版，第 257 页。

以上两个例证说明在个人所得税法中对合同性质的税法判断发挥关键作用，其共同特点是合同呈现两种税法评价空间，但结果都是归属到应税行为里，仅是适用不同计征方法而已。

在理论上还有一种可能，就是合同行为是否一定能够转化成为应税行为？关键在于行为性质的判断。这个问题对个人所得税法也是严峻的挑战，因为个人所得税法仅规定了11类收入性质为应税所得。从法理上分析，自然人存在无数种收入性质，是税法11类无法包揽的。因此自然人这些行为与收入一旦进入税务机关视野必然发生税法评价问题，是否能够转化为应税行为与应税收入。比如，自然人用持有其他公司的股权参与上市公司的股票增发，这种合同行为从《公司法》定性是一种股东之间约定的投资行为。投资行为是否应该纳入个人所得税评价？企业所得税法规定用非货币资产进行投资视同资产销售转让，按照税法规定征税。现在个人用非货币资产进行投资是否视同资产销售转让？《个人所得税法》将这种行为定性为用一种股权交换另一种股权，是股权转让行为，从而归属到个人所得税法“财产转让所得”的性质里①。

三、实体税法借助合同确认税前扣除、抵扣税款

（一）企业所得税借助合同确认税前扣除

（1）租赁资产摊销。企业所得税法第13条第(1)项和第(2)项所称固定资产的改建支出，是指改变房屋或者建筑物结构、延长使用年限等发生的支出。企业所得税法第13条第(1)项规定的支出，按照固定资产预计尚可使用年限分期摊销；第(2)项规定的支出，按照合同约定的剩余租赁期限分期摊销。

（2）无形资产摊销。无形资产按照直线法计算的摊销费用，准予扣除。无形资产的摊销年限不得低于10年。作为投资或者受让的无形资产，有关法律规定或者合同约定了使用年限的，可以按照规定或者约定的使用年限分期摊销。

（3）融资租入的固定资产折旧。融资租入的固定资产，以租赁合同约定的付款总额和承租人在签订租赁合同过程中发生的相关费用为计税基础，租赁合同未约定付款总额的，以该资产的公允价值和承租人在签订租赁合同过程中发生的相关费用为计税基础。

（4）预提(应付)费用的认可标准。除以下几项预提(应付)费用外，计税成本均应为实际发生的成本。出包工程未最终办理结算而未取得全额发票的，在证明资料充分的前提下，其发票不足金额可以预提，但最高不得超过合同总金额

① 国家税务总局：《关于个人以股权参与上市公司定向增发征收个人所得税问题的批复》。国税函[2011]89号。

的10%。

(5) 维修费用。企业对尚未出售的已完工开发产品和按照有关法律法规或合同规定对已售开发产品(包括共用部位、共用设施设备)进行日常维护、保养、修理等实际发生的维修费用,准予在当期据实扣除。

(6) 企业发生的手续费及佣金支出。企业发生与生产经营有关的手续费及佣金支出,不超过以下规定计算限额以内的部分,准予扣除;超过部分,不得扣除。其他企业:按与具有合法经营资格中介服务机构或个人(不含交易双方及其雇员、代理人和代表人等)所签订服务协议或合同确认的收入金额的5%计算限额。企业应与具有合法经营资格中介服务企业或个人签订代办协议或合同,并按国家有关规定支付手续费及佣金。

(7) 同期同类贷款利率确定问题。根据《企业所得税法实施条例》第38条规定,非金融企业向非金融企业借款的利息支出,不超过按照金融企业同期同类贷款利率计算的数额的部分,准予税前扣除。鉴于目前我国对金融企业利率要求的具体情况,企业在按照合同要求首次支付利息并进行税前扣除时,应提供"金融企业的同期同类贷款利率情况说明",以证明其利息支出的合理性。

(二) 增值税借助合同确认扣除

《交通运输业和部分现代服务业营业税改征增值税试点实施办法》第23条规定,纳税人凭通用缴款书抵扣进项税额的,应当具备书面合同、付款证明和境外单位的对账单或者发票。资料不全的,其进项税额不得从销项税额中抵扣。

四、借助合同确认优惠待遇

1. 签订委托养殖合同确定"公司+农户"经营模式

目前,一些企业采取"公司+农户"经营模式从事牲畜、家禽的饲养,即公司与农户签订委托养殖合同,向农户提供畜禽苗、饲料、兽药及疫苗等(所有权〈产权〉仍属于公司),农户将畜禽养大成为成品后交付公司回收。鉴于采取"公司+农户"经营模式的企业,虽不直接从事畜禽的养殖,但系委托农户饲养,并承担诸如市场、管理、采购、销售等经营职责及绝大部分经营管理风险,公司和农户是劳务外包关系。为此,对此类以"公司+农户"经营模式从事农、林、牧、渔业项目生产的企业,可以按照《企业所得税法实施条例》第86条的有关规定,享受减免企业所得税优惠政策。

2. 劳动合同确定再就业优惠资格

对商贸企业、服务型企业(除广告业、房屋中介、典当、桑拿、按摩、氧吧外)、劳动就业服务企业中的加工型企业和街道社区具有加工性质的小型企业实体,在新增加的岗位中，当年新招用持《就业失业登记证》（注明“企业吸纳税收政策”）人员，与其签订1年以上期限劳动合同并依法缴纳社会保险费的，在3年内按实际招用人数予以定额依次扣减营业税、城市维护建设税、教育费附加和企业所得税优惠。

3. 合同能源管理促进节能服务产业

为鼓励企业运用合同能源管理机制，加大节能减排技术改造工作力度，根据税收法律法规有关规定和《国务院办公厅转发发展改革委等部门关于加快推进合同能源管理促进节能服务产业发展意见的通知》（国办发[2010]25号）精神，现将节能服务公司实施合同能源管理项目涉及的增值税、营业税和企业所得税政策问题通知如下：关于增值税、营业税和企业所得税优惠政策全部是实施《合同能源管理项目》取得的营业税应税收入。

4. 技术转让应签订技术转让合同

其中，境内的技术转让须经省级以上（含省级）科技部门认定登记，跨境的技术转让须经省级以上（含省级）商务部门认定登记，涉及财政经费支持产生技术的转让，需省级以上（含省级）科技部门审批。

居民企业技术出口应由有关部门按照商务部、科技部发布的《中国禁止出口限制出口技术目录》（商务部、科技部令2008年第12号）进行审查。居民企业取得禁止出口和限制出口技术转让所得，不享受技术转让减免企业所得税优惠政策。

5. 农产品初加工相关事项

企业根据委托合同，受托对符合《财政部　国家税务总局关于发布享受企业所得税优惠政策的农产品初加工范围（试行）的通知》（财税[2008]149号）和《财政部　国家税务总局关于享受企业所得税优惠的农产品初加工有关范围的补充通知》（财税[2011]26号）规定的农产品进行初加工服务，其所收取的加工费，可以按照农产品初加工的免税项目处理。

五、借助合同确认纳税人、扣缴义务人资格

借助合同确认扣缴义务人资格。企业所得税法第37条所称支付人，是指依照有关法律规定或者合同约定对非居民企业直接负有支付相关款项义务的单位或者个人。企业所得税法第2条第3款所称机构、场所，是指在中国境内从事生产经营活动的机构、场所，包括：

（1）管理机构、营业机构、办事机构。

（2）工厂、农场、开采自然资源的场所。

（3）提供劳务的场所。

（4）从事建筑、安装、装配、修理、勘探等工程作业的场所。

(5) 其他从事生产经营活动的机构、场所。

非居民企业委托营业代理人在中国境内从事生产经营活动的,包括委托单位或者个人经常代其签订合同,或者储存、交付货物等,该营业代理人视为非居民企业在中国境内设立的机构、场所。

六、合同因素决定适用税目税率问题

《营业税暂行条例》第3条规定,纳税人兼有不同税目的应当缴纳营业税的劳务(以下简称应税劳务)、转让无形资产或者销售不动产,应当分别核算不同税目的营业额、转让额、销售额(以下统称营业额);未分别核算营业额的,从高适用税率。《增值税暂行条例》第3条规定,纳税人兼营不同税率的货物或者应税劳务,应当分别核算不同税率货物或者应税劳务的销售额;未分别核算销售额的,从高适用税率。

无论营业税还是增值税,兼营适用税目税率的关键要点在于是否分别核算营业额或者销售额的,在于财务会计的核算要求。

但是国税函[1998]53号文件将合同因素的签订置于会计核算因素之上和首要考虑因素。即使纳税人按照会计规定进行单独核算,能够区分不同税目的营业额,如果纳税人是人为划分合同行为的种类,同样不能分别适用税目税率,仍要从高适用税目税率。

七、合同因素决定纳税义务发生时间

(一) 城镇土地使用税借助合同确认纳税义务发生时间

《财政部、国家税务总局关于房产税、城镇土地使用税有关政策的通知》(财税[2006]186号)第2条关于有偿取得土地使用权、城镇土地使用税纳税义务发生时间问题规定,以出让或者转让方式有偿取得土地使用权的,应由受让方从合同约定交付土地时间的次月起缴纳城镇土地使用税;合同未约定交付土地时间的,由受让方从合同签订的次月起缴纳城镇土地使用税。

《财政部、国家税务总局关于房产税、城镇土地使用税有关问题的通知》(财税[2008]152号)第3条关于房产税、城镇土地使用税纳税义务截止时间的问题规定,纳税人因房产、土地的实物或权利状态发生变化而依法终止房产税、城镇土地使用税纳税义务的,其应纳税款的计算应截止到房产、土地的实物或权利状态发生变化的当月末(注:实物或权利状态发生变化的当月末与合同约定交付时间可能不一致)。

(二) 房产税借助合同确认纳税义务发生时间

财税[2009]128号关于融资租赁房产的房产税问题规定,融资租赁的房产,由承租人自融资租赁合同约定开始日的次月起依照房产余值缴纳房产税。合同未约定开始日的，由承租人自合同签订的次月起依照房产余值缴纳房产税。

（三）契税借助合同确认纳税义务发生时间

契税的纳税义务发生时间，为纳税人签订土地、房屋权属转移合同的当天，或者纳税人取得其他具有土地、房屋权属转移合同性质凭证的当天。

（四）印花税借助合同确认纳税义务发生时间

在中华人民共和国境内书立、领受本条例所列举凭证的单位和个人，都是印花税的纳税义务人，应当按照本条例规定缴纳印花税。下列凭证为应纳税凭证：①购销、加工承揽、建设工程承包、财产租赁、货物运输、仓储保管、借款、财产保险、技术合同或者具有合同性质的凭证。②产权转移书据。③营业账簿。④权利、许可证照。⑤经财政部确定征税的其他凭证。纳税人根据应纳税凭证的性质，分别按比例税率或者按件定额计算应纳税额。应纳税凭证应当于书立或者领受时贴花。

（五）资源税借助合同确认纳税义务发生时间

纳税人销售应税产品，纳税义务发生时间为收讫销售款或者取得索取销售款凭据的当天；纳税人销售应税产品，采取分期收款结算方式的，其纳税义务发生时间，为销售合同规定的收款日期的当天。

（六）消费税借助合同确认纳税义务发生时间

纳税人生产的应税消费品，于纳税人销售时纳税，销售是指有偿转让应税消费品的所有权。纳税人销售应税消费品的，采取赊销和分期收款结算方式的，为书面合同约定的收款日期的当天，书面合同没有约定收款日期或者无书面合同的，为发出应税消费品的当天。

第三节　程序税法对合同的尊重与借鉴

一、税法借助合同确认发票开具发生时间、内容

《发票管理办法》规定，向经营地税务机关申请代开发票需要提供合同资料。需要临时使用发票的单位和个人，可以凭购销商品、提供或者接受服务以及从事其他经营活动的书面证明、经办人身份证明，直接向经营地税务机关申请代开发票。书面证明是指有关业务合同、协议或者税务机关认可的其他资料。

发票的内容应该与合同内容一致。《发票管理办法》规定，发票的基本内容包括发票的名称、发票代码和号码、联次及用途、客户名称、开户银行及账号、商品名称或者经营项目、计量单位、数量、单价、大小写金额、开票人、开票日期、开票单位（个人）名称（章）等。取得发票时，不得要求变更商品名和金额。任何单位和个人

不得有下列虚开发票行为：

(1) 为他人、为自己开具与实际经营业务情况不符的发票。

(2) 让他人为自己开具与实际经营业务情况不符的发票。

(3) 介绍他人开具与实际经营业务情况不符的发票。

合同决定收入时间，收入时间决定开票时间。《发票管理办法》规定，填开发票的单位和个人必须在发生经营业务确认营业收入时开具发票。未发生经营业务一律不准开具发票。

二、借助合同确认法律责任

凝聚在合同上的税法义务，不仅包括纳税人、计税依据、纳税义务发生时间等实体法义务，同时在程序上必须履行申报义务，纳税人将与税收有关的合同资料向税务机关申报，必须做到及时与如实两点法律要求，不及时不如实都将承担相应的法律责任；在履行税务登记环节，也需向税务机关提供有关投资经营合同、财产租赁合同等；在关联企业纳税调整中，无论是纳税人还是与纳税人有关联的其他单位或个人，都有义务向税务机关提供与关联业务有关的合同资料。如果被调查的企业不提供相关交易资料，会导致税务机关区别与主动提供资料的企业产生不同的税务待遇。

合同在税法认定偷税、骗税与避税以及在税务行政处罚、税务行政复议、税务行政诉讼中主要承担书面证据作用。合同作为纳税人被追究税法责任的主要证据，在整个证据链中起到关键作用。纳税人违反税法侵害税款，可能采取多种多样的手段，合同从两方面发挥作用：一是作为正确的参照依据，证明纳税人未按照真实合同内容进行缴纳税款。比如，在账簿上弄虚作假，不是根据合同内容记账；或隐瞒合同内容。二是纳税人通过伪造或虚构合同直接导致计税依据减少，从而造成偷税、骗税与避税。这里的合同本身就是违法的证据，要依靠其他证据来证明这些合同是伪造或虚构的。

在税务行政处罚、税务行政复议、税务行政诉讼中，合同证据更多作为客观事实的依据。

三、借助合同约定实现了税法上的第三人代为履行制度

以往研究者认为税法领域不存在第三人代为履行制度，这是一种误解。无论从税收政策与税收实务层次都存在第三人代为履行制度。

从既有的税收政策层次分析，在所得税领域表现为个人所得税上扣缴义务人代纳税人负担税款及境内扣缴义务人代境外非居民纳税人负担企业所得税，就是税法上确立第三人代为履行制度的典型代表。我国在许多文件上税法不仅认可了纳税人之外第三人的代缴法律地位，同时重新设计了第三人代缴税款的计算公式，

扩大了计税依据，将不含税收入换算成含税收入，这类文件有《关于雇主为其雇员负担个人所得税税款计征问题的通知》(国税发[1996]199号)、《关于明确单位或个人为纳税义务人的劳务报酬所得代付税款计算公式对应税率表的通知》(国税发[2000]192号)、《关于纳税人取得不含税全年一次性奖金收入计征个人所得税问题的批复》(国税函[2005]715号)、《非居民企业所得税源泉扣缴管理暂行办法》(国税发[2009]3号)等。

从税款缴纳实务分析，在纳税人交易合同中约定交易一方税款由另一方负担的现象比较普遍。针对这类问题，交易合同并不违反税法强制规定，合同条款的目的不是改变纳税人的法律地位，而是约定税款实际负担人和履行纳税义务程序主体。虽然税务机关只能按照法律规定向纳税人追缴税款并追究其法律责任，但是就其实质而言纳税人依据合同约定最终向负担税款一方追缴税款，因此实质是第三人代为履行纳税义务。

四、合同法中担保、代位权与撤销权的税法借鉴

税法为何能够援引私法的合同保全制度与合同担保制度，其根本原因在于税法的债理论的确立。承认税收是一种债，就寻找到与私法之债相通的基础。纳税保全制度、担保制度、代位权与撤销权制度是民法的债权保障制度在税法中的引入，是现代各国税法普遍采用的一项制度，它在实现现代国家租税债权方面发挥着重要作用，同时也有利于维护纳税人的合法权益。我国《税收征收管理法》、《中华人民共和国税收征管法实施细则》(以下简称《税收征收管理法实施细则》)及《中华人民共和国海关法》(以下简称《海关法》)中明确地规定了这一制度。

五、合同解释在税法上的运用

合同解释以秩序、公正、自由等民法的基本价值为基础，表现为公序良俗原则、公平原则、最小介入原则、目的解释原则、诚实信用原则、主客观相结合原则，其解释的方法也非常丰富，如文义解释、扩张解释与限缩解释、整体解释、换位解释与场景模拟等。

税法为什么必须借鉴合同解释的原则与方法？前面论述了应税行为的基础就是合同行为，如果合同行为存在需要进一步解释的空间，那么税法就必须首先遵从合同法的解释原则与方法，将模糊的合同行为解释清楚，这是税法实施评价的前提；税法最终评价的结果可能与合同法评价不一致，但是税法评价的对象首先要求本身是清楚的，就是事实必须清楚、客观；税法要弄清复杂的甚至是模糊的合同行为必须借助合同法的解释原则与方法才能获得正确评价。税法如何借鉴合同解释发展自身的解释体系，将在第九章专门论述。

六、类推适用在税法上的运用

《合同法》上类推适用有着明确的法律条文规定,《合同法》第 124 条规定:“本法分则或其他法律没有明文规定的合同,适用本法总则的规定,并可以参照本法分则或者其他法律最相类似的规定。”又如该法第 174 条规定:“法律对其他有偿合同有规定的,依照其规定;没有规定的,参照买卖合同的有关规定。”从以上规定分析,《合同法》上类推适用针对的对象是无名合同在《合同法》上的适用问题,而不是针对有名合同适用存在漏洞问题的补充适用。

对于税法能否使用类推方法,目前学术研究存在两种对立观念:一种认为税法不适用类推;另一种认为税法可以适用类推。对税法类推适用可能性展开分析的主要观点认为,类推适用并不与税法基本理念和价值追求相违背,而是完全融合于税法理论体系中,即税法类推适用是完全可能的。第一,作为税法类推适用的前提,税法没有明文禁止类推;第二,类推适用与税收法定主义并不违背,税收法定主义已经从早期的强调形式上的法安定性发展到现今强调课税公平;第三,税法和刑法在调整对象、基本理念、价值目标等方面存在根本区别,刑法上强调罪刑法定主义而禁止类推的思维方式并不能适用于税法;第四,税法有关税收规避的规定具有法律补充的性质而得以保证类推适用;第五,税收公平是税法重要价值,通过类推适用补充法律,可以更好地达到实质上的公平;第六,依据税法目的进行类推,不仅不违反民主原则,反而更符合民主原则;第七,税法类推与法安定性原则也并不矛盾,纳税人的法律信赖利益保护,并非基于“可能的文义”,而是纳税人透过税务机关及法院相关信息予以信赖,相信其依平等原则能予以相同待遇处理,类推适用对税法目的的完善,正是维持纳税义务人的此种法律信赖,亦即维护法安定性。以上分析表明,税法类推适用并不存在禁止的当然理由,类推适用与税法基本理念与价值追求是一致的。

在实践操作层次,财政部、税务总局经常采用类推方法行文处理税收工作中各种实务问题,类似文件多达千种,既是一种立法资源的利用(如,此问题比照另一问题处理,对此问题不再另行规定等),又体现实质征税原则的运用(如,此问题视同另一问题处理等)。但是税法对类推适用的范围与程度应该受到一定制约,此问题在本书第十章专门论述。

七、借助合同形式实现税务管理职能

税务机关在对纳税人进行税务管理中,充分运用合同形式实现彼此权利义务的划分,为实施税务管理、履行行政职责提供一种合于合同法的法律手段。如税收委托代征合同、纳税担保合同、预约定价安排合同、税务和解协议、税收遵从协议等，在不同领域体现了税法与合同法彼此渗透交集的状态，以上合同协议虽然均体现出行政合同的独特性，但其根源上仍吸收和借鉴了合同法上关于自愿平等、诚实守信、合法合理等基本原则。

第四节 税收法定主义与合同自由的融合

税法的私法属性是税法尊重与借鉴合同法的根本基础，税法能够援引合同法的原因在于：其一税法和合同法需要调整的对象具有同一性或重叠性；其二税法中无法找到相关分析方法能够对所调整对象（绝大部分是合同行为）进行经济本质分析，而借助合同法可以打开隐蔽在复杂交易背后的经济本质，这是税法要寻找的目标，引入合同法能够解决税法需要解决的问题。

以下是国内关于税收法定主义与合同自由的融合典型分析①：

以预约定价合同为例，可以清晰地看到税收法定主义与合同自由的交接与融合。税法能够引入合同作为一种解决征税难题的工具，其本质原因在于税法与合同法有着共通的属性。合同的本质在于自由的表达，而不在于合同双方地位、财富、知识或其他优势等各种主体因素是否对等。税务机关与纳税人处在不平等的管理状态，仍然根据合同自由的本质精神对于将来的收入或所得或费用能够达成预约定价合同，说明税法在借鉴合同法作为自身工具达到公法的目的。

预约定价合同是一种合同，合同的目的不在于纳税人谋取与税务机关的平等地位，而是着重解决双方就未来交易达成的一致意见，把事后税务管理变成事前合同管理；同样是税务管理，由于引入合同工具，提高了管理的效率和保护纳税人的权益，也便于纳税人安排未来的商业规划。

所有合同的自由都是具有法律边际的，预约定价合同的法律边际就是受到税法的限制，因为税法不是通过合同自由放弃自身的收入目的性与法律强制性，而是通过合同自由更好实现自身的收入目的性。

总而言之，预约定价合同就是一种合同，是税务机关借鉴合同工具进行税务管理的典范。以下几方面更能体现合同特征：

（1）预约定价合同的签订、表达与反复磋商是自由的。税务机关不可能强迫纳税人签订预约定价合同。双方必须自愿、自由，才能达成合意。

（2）预约定价合同承担社会义务。预约定价合同同样受到国家公共利益的制

① 杨小强、叶金育：《合同的税法考量》，山东人民出版社 2007 年版，第 187 页。

约，假设双方达成合同侵害国家利益，同样是无效的。任何合同都要遵循公共利益（如税收）、公共秩序（如税收管理秩序）和诚实信用原则。

（3）合同程序对预约定价合同的制约。预约定价合同成立、有效，离不开合同程序法条的约束与保护，要约、承诺、有效地签订合同都是预约定价合同进入法律程序产生效力的必经程序。

（4）合同情势变更适用预约定价合同。预约定价合同约定未来交易的价格，由于国际形势与经济全球一体化，存在交易可变因素的多样性和复杂性，这些变化的因素为合同情势变更在预约定价合同中适用提供理由。

（5）合同效力制度在预约定价合同中的作用。合同效力是法律赋予依法成立的合同所产生的约束力，指依法成立受法律保护的合同，对合同当事人产生的必须履行其合同的义务，不得擅自变更或解除合同的法律拘束力，即法律效力。合同的效力可分为四大类，即有效合同，无效合同，效力待定合同，可变更、可撤销合同。只要符合合同效力相应条件，预约定价合同同样分为四大类，即有效合同，无效合同，效力待定合同，可变更、可撤销合同。

预约定价合同仅能够作为税收法定主义与合同自由的融合表现之一，而不能成为典范；真正能够体现税收法定主义与合同自由的融合在于应税行为的定性是借助了合同法对合同行为的定性，在性质上一致，才是灵魂与精神的一致；而预约定价合同建立的基础是税务机关与纳税人承认销售合同等行为是应税行为，只有在性质和性质的种类上达成一致，定量技术才可用。定量的方法之一就是借鉴合同形式进行磋商、谈判、举证、批准等相关程序确定价格。因此与定性比较，定量合同还不是税收法定主义与合同自由的融合典范，在法律地位上处于下位。

本章小结

税法对合同法的尊重与借鉴是法律评价内在逻辑的必然选择。从方法论看，整体法律观要求税法尊重合同法。税法借用合同法的概念、规则和原则等，与合同法共同成为实现宪法理念的法律工具。合同成为税收技术性制度设计中的常用工具。实体税法对合同形式的尊重与借助表现在：借助合同确认税种、税目、税率、确认应税收入、确认纳税人、扣缴义务人资格、确认税前扣除、抵扣税款、确认优惠待遇等。程序税法对合同的借助与依赖表现在：借助合同确认发票开具发生时间、内容、确认法律责任、约定税法上的第三人代为履行制度。纳税保全制度、担保制度、代位权与撤销权制度是民法的债权保障制度在税法中的引入。合同解释、合同类推在税法上的运用。预约定价合同的产生与发展是税收法定主义与合同自由融合的代表，是税法引入合同作为一种解决征税难题的工具。

第三章　税法对合同的调整

第一节　税法对合同的调整概述

合同法是财产交易法。合同法的调整对象是财产交易者之间发生的权利义务关系。合同法与物权法均属财产法范畴，其中物权法主要调整财产归属及利用的财产关系，是从静态角度为财产关系提供法律保护，而合同法则调整财产的流转关系，即商品交换关系，是从动态角度为财产关系提供法律保护。税法在关注静态的财产关系的同时更多地重视动态的财产关系，流转税和所得税两大主要税法体系都是建立在动态的财产关系基础之上。从宪法、民法和合同法等法律出发，国家鼓励财产关系不断处在运动过程中。只有财产在不停变动，国家才能从中分享税收成果。合同法本质是自治法。合同法主要是通过任意性法律规范而不是强制性法律规范调整合同关系。合同法通过任意性规范或引导当事人的行为，或补充当事人意思的不完整。财产关系运动是自由的、自愿的。

税法为什么能够对合同法上当事人意思自治进行干预、调整与限制？

合同流转的财产关系受到法律的限制。宪法第 56 条规定，中华人民共和国公民有依照法律纳税的义务。从宪法上述规定看，合同自由流转的财产关系受到法律的限制。这里的法律不是狭义上几部税法，而是所有和税法有关的法律，如教育法、卫生法中等关于运用税收优惠政策促进公共事业发展的规定。

合同法本身对合同自由的限制。《合同法》第 52 条规定："有下列情形之一的，合同无效：(一)一方以欺诈、胁迫的手段订立合同，损害国家利益；(二)恶意串通，损害国家、集体或者第三人利益；(三)以合法形式掩盖非法目的；(四)损害社会公共利益；(五)违反法律、行政法规的强制性规定。"这里"损害国家利益"和"损害社会公共利益"中的国家利益和社会公共利益自然包含国家税收利益。因此，这种损害目的就是非法目的，无论损害的形式是否合法。合同自由的最终目的是有效实现自由，而不是导致合同无效。《合同法》规定无效的情形既是合同法对合同自由的限制，也是赋予税法对合同自由的限制。面对国家利益与公共利益时，税法与合同法呈现出保持相同的立场和彼此融合的竞合状态。

税法独特的目的性必然体现对私法的干预和限制的特征。从公共权力角度分析，具有公共权力的国家机关在法律支持下都具有扩张性格。税法代表公共利益，而不是私人利益；实现税法之债权的主体是赋予一定权力的税务机关，具有法定权力的税务机关可以在一定条件下（法律依据）直接干预与限制已经存在的合同财产关系，甚至无视与超越已经存在的合同财产关系，直接进行依法处理实现国家债权。

税法对合同自由的干预与限制体现了“国家利益”与“合同自由”两大价值的博弈与平衡，从根本上来说，两者是一致的，因为合同自由是建立在国家保障基础上的，合同为了行使自由达到财富增值的目的，必须牺牲一部分利益作为对国家保护者的贡献，而国家又是鼓励合同自由流转实现财富增值，为实现国家职能取得物质财富。因此税法对合同自由的干预与限制本质是不矛盾的，只是在不同法律领域为共同的理念采取不同的评价方法。

税法主要从合同定性与合同定量的两个角度对合同进行调整、限制与干预。合同定性是指税法对合同本来的性质持完全否定态度或肯定合同本来的性质同时又赋予合同的税法性质；合同定量是指对合同确认的价款或未确定价款、标的数量进行适当调整。除此之外，税法还对合同主体、合同履行的时间、地点及其他方式等要素进行调整、限制与干预，也会对纳税人产生重大影响，但与定性定量在调整范围与频率上相比较，属于范围较小、频率较低的调整。

税法对合同进行调整、限制与干预的出发点存在多样性，主要表现在税法本身的立法价值取向，税法立法技术的完备考量，对税法漏洞的填补，与其他法律的衔接，当前政治经济社会政策的反映等。

税法对合同的调整、干预与限制既有其正当性与合法性一面，也有其为财政目的不断扩张与过度调整的随意所为一面①。因此如何为税法在干预合同自由上设置合理的界限，为税权划分合理、合法的行为范围，是当前税制运行中的突出问题。加强税务机关依法行政、完善税法解释、完备税法救济等固然是实践中不可缺少的现实途径，但从根本上为税法划定权力的界限必须依靠宪法的整体价值规划。宪法上税的概念包容了狭义上税法上税的概念与合同法上为债权实现必须付出的国家对价的概念，宪法为税法上权力设计了基本制约的原则：课税权必须受到限制与约束，是对人民基本权利与自由的确认与保障，是对人民基本尊严的尊重。

从税法计算技术分析可以看出，税法在技术上的干预与调整同样受到宪法的

---

① 黄茂荣：《法学方法与现代税法》，北京大学出版社 2011 年版，第 310 页。他认为，此种冲突所以发生，主要因为在税法的制定上不求深思，而在事后发现有因不能契合于民事法而产生漏洞时，硬要在税法内，曲解民事法，产生目的性扩张民事法概念的补充情事。在该书第 305 页，作者又认为，以满足规范规划上的需要，有时必须为税法建构自己之概念。

制约与限制。如，企业及其职工按照《企业年金试行办法》的规定建立补充养老保险制度，根据《关于企业年金个人所得税征收管理有关问题的通知》(国税函[2009]694号)规定，企业为职工缴费计入个人账户的部分属于个人工资薪金所得，应视同个人一个月的工资薪金所得，不与正常月份工资薪金合并，也不扣除任何费用，按照工资薪金项目直接查找税率计算当期应缴纳个人所得税。国税函[2009]694号从定性角度明确年金属于应税收入定性处理基础，同时规定了年金的税法计算方法，可以看出是税法对个人所得的干预、限制与调整。从宪法角度分析，国税函[2009]694号的计算方法违背了宪法基本原则，允许扣除个人基本生活费用3 500元，不仅是《个人所得税法》的基本精神，更多体现宪法保障人民基本生存权的立法价值取向。国税函[2009]694号出台时没有考虑有些企业职工月收入低于3 500元情况下仍然获得企业缴纳的年金，如果对这些职工的年金直接按照税率计算缴纳个人所得税，无异于剥夺这些职工的基本生存权。因此从宪法价值取向上就可以判断国税函[2009]694号规定的技术处理是存在瑕疵的。国家税务总局公告2011年第9号对国税函[2009]694号规定的计算方法进行了纠正。

第二节 税法对合同定性的调整

税法对合同关系的调整、限制、干预属于强制性规范，应该被严格限制在合理与必要的范围之内，但是必须遵从一定的客观分析规律与技术，才能做到不能将税法目的主观地移植到合同性质里。下面主要探讨税法如何进行合同定性的技术分析。

一、税法定性表达的失语与空缺现象

从法理上判断，财政部与税务总局的税收规章及规范性文件不能对税法及条例的课税要件进行扩大或限缩或改变，但是一旦在征税实践中呈现出复杂和创新的经济交易形式，在适用税法及条例时，税收规章及规范性文件就有了独立发展的需求，它通过对复杂和创新的经济交易形式的定性分析，将具体的交易合同行为定性为应税行为或非应税行为，从而将合同行为与税法进行了有效链接。

(一) 税法通过对合同行为的定性将合同行为排除在征税范围之外

关于《纳税人投资政府土地改造项目有关营业税问题的公告》的解读：

(1) 该公告出台的背景。部分地区反映，一些纳税人(以下称投资方)与地方政府合作，投资政府土地改造项目，土地拆迁、安置及补偿工作由政府指定其他纳

税人进行，投资方负责按计划支付土地整理所需资金，同时，与规划设计单位和施工单位签订劳务合同，协助政府完成土地规划设计、场地平整、地块周边绿化等工作，并直接向规划设计单位和施工单位支付设计费和工程款，当该地块符合国家土地出让条件时，地方政府将该地块进行挂牌出让，实现的收益或亏损均由投资方自行承担。对于上述行为如何征收营业税，请税务总局予以明确。

(2) 如何理解该公告的规定？投资方向政府土地改造项目投入资金并承担项目风险和损益的行为，属于投资行为，按照现行营业税政策规定，投资行为不属于营业税征税范围，不征收营业税，因此，投资方取得的投资收益不应征收营业税。

(3) 该公告对上述行为进行了定性分析，上述行为涉及投资方与地方政府签订土地合作开发合同，投资方与规划、施工单位签订劳务合同，这些合同哪些属于应税行为必须从性质上定性。该公告将土地合作开发合同定性为投资行为，是排除了营业税上的应税行为，因此不征收营业税。尤其要注意，并不能因此判断在所得税也属于非应税行为。

(二) 税法通过对合同行为的定性将合同行为纳入征税范围之内

关于财政部、国家税务总局颁布《关于转让自然资源使用权营业税政策的通知》(财税[2012]6 号)文件的解读：

(1) 该公告出台的背景。随着市场经济的发展，一段时期以来，我国以探矿权、采矿权为代表的自然资源使用权交易非常活跃，造就了一批"资源富豪"，自然资源使用权交易行为如何征收营业税，请总局予以明确。

(2) 如何理解自然资源使用权交易行为？财税[2012]6 号文件规定自 2012 年 2 月 1 日起，将转让自然资源使用权纳入营业税征收范围：在《国家税务总局关于印发〈营业税税目注释〉(试行稿)的通知》(国税发[1993]149 号)第 8 条"转让无形资产"税目注释中增加"转让自然资源使用权"子目。转让自然资源使用权，是指权利人转让勘探、开采、使用自然资源权利的行为。自然资源使用权，是指海域使用权、探矿权、采矿权、取水权和其他自然资源使用权(不含土地使用权)。县级以上地方人民政府或自然资源行政主管部门出让、转让或收回自然资源使用权的行为，不征收营业税。

财税[2012]6 号文件明确在"转让无形资产"税目注释中增加"转让自然资源使用权"子目，其法理在于根据业务性质进行类推，因为子目的行为性质必然与其他子目的行为性质一致，才能统一归属到"转让无形资产"税目。

以上两个方面证明部颁文件在适用税法时往往通过对合同行为的定性实现了税法与课税事实的对接，但是通过对 1994 年以来所有类似文件的分析，可以发现部颁文件对合同行为的定性在表达时出现了失语或空缺，这些文件没有告诉纳税人,是依据什么法律进行定性的?或者说定性分析过程体现了什么法律规则、原理和精神?这种失语就会导致纳税人产生疑问:如果不能举出分析定性的法律依据或体现一定的法律原理精神,纳税人也有权自己进行行为定性解读。

（三）合作开发房地产合同定性的分歧

合作开发房地产合同是指当事人订立的以提供土地使用权、资金等作为共同投资、共享利润、共担风险合作开发房地产为基本内容的协议。合作开发房地产合同在经济实践中出现多种特殊形态,对此法释[2005]5号与国税发[2009]31号对合同的定性出现既有一致的判断也有分歧的判断。

1. 税法与合同法一致判断的情形

1）提供土地方收取固定利润的情形

法释[2005]5号规定,合作开发房地产合同约定提供土地方收取固定利益的,不承担经营风险,应当认定为土地使用权转让合同。税法同样认定为土地使用权转让合同。

2）提供资金方收取固定房屋的情形

法释[2005]5号规定,合作开发房地产合同约定提供资金方收取固定房屋,不承担经营风险,应当认定为房屋买卖合同。税法同样认定为房屋买卖合同。

3）提供资金方无偿使用房屋的情形

法释[2005]5号规定,合作开发房地产合同约定提供资金方不承担经营风险,只以租赁或其他形式使用房屋的,应当认定为房屋租赁合同。税法同样认定为房屋租赁合同。

2. 税法与合同法判断出现分歧的情形

法释[2005]5号规定,合作开发房地产合同约定提供资金方分配固定数额货币的,不承担经营风险,应当认定为借款合同。

国税发[2009]31号第36条规定,企业以本企业为主体联合其他企业、单位、个人合作或合资开发房地产项目,且该项目未成立独立法人公司的,按下列规定进行处理:凡开发合同或协议中约定分配项目利润的,应按以下规定进行处理:第一,企业应将该项目形成的营业利润额并入当期应纳税所得额统一申报缴纳企业所得税,不得在税前分配该项目的利润。同时不能因接受投资方投资额而在成本中摊销或在税前扣除相关的利息支出。第二,投资方取得该项目的营业利润应视同股息、红利进行相关的税务处理。

《企业所得税法》第46条所称权益性投资,是指企业接受的不需要偿还本金和支付利息,投资人对企业净资产拥有所有权的投资。国税发[2009]31号的规定缺少一些具体条件限制,企业以本企业为主体联合其他企业、单位、个人合作或合资开发房地产项目，在该项目未成立独立法人公司的情形下，提供资金方的资金进入渠道是资本投入还是资金流入，提供资金人对企业净资产是否拥有所有权，接受资金企业是否需要偿还本金和支付利息（或称为项目利润），开发合同或协议中约定分配项目利润是否固定，这些条件必须明确才可能对约定分配项目利润的开发合同进行定性处理。

我们认为，虽然法释[2005]5 号与国税发[2009]31 号规定有着一定程度的分歧，但从国家财政角度看，只是税款在纳税人之间的变化，整体税款未减也未增。

演算如下：

开发合同或协议中约定：甲方提供 200 万元可以分得项目利润 30 万元。假定开发主体乙方，其项目税前利润 100 万元，企业所得税税率 25%。

按照投资合同性质处理：开发主体乙方，其项目税前利润 100 万元，企业所得税税率 25%，上缴企业所得税 25 万元，税后所得 75 万元，分配甲方 30 万元，乙方自己所得 45 万元；甲方 30 万元视同股息、红利所得免税。

按照借款合同性质处理：开发主体乙方，其项目税前利润 100 万元，税前扣除支付利息 30 万元后应税所得额 70 万元，企业所得税税率 25%，乙方上缴企业所得税 17.5 万元，税后所得 52.5 万元. 甲方取得利息收入 30 万元，企业所得税税率 25%，上缴企业所得税 7.5 万元，税后所得 22.5 万元。

从国家财政角度看，只是税款在纳税人之间的变化，整体税款未减也未增（25 万元＝甲方 7.5 万元＋乙方 17.5 万元），导致甲乙双方税后收益发生变化，变化幅度就是 7.5 万元税款由谁承担问题，对纳税人之间利益形成重大影响，也应该是税法考量的重点之处。

从营业税角度判断，对合同性质不同认定则导致更大的分歧。国税函[1995]156 号文件规定，非金融机构将资金提供给对方，并收取资金占用费，不论金融机构还是其他单位，只要是发生将资金贷与他人使用的行为，均应视为发生贷款行为，按“金融保险业”税目征收营业税。因此如果将合作开发合同认定为借款合同，甲方必须申报缴纳 5%的营业税和 25%的企业所得税。如果将合作开发合同认定为投资合同，甲方分回利息将不征营业税和免征企业所得税。对于纳税人来说，负担与效益是显著不同的。

（四）劳务合同与劳动合同定性的分歧

1. 税法对退休人员再任职取得收入的处理

（1）《国家税务总局关于个人兼职和退休人员再任职取得收入如何计算征收个人所得税问题的批复》（国税函[2005]382 号）规定，退休人员再任职取得的收入，在减除按个人所得税法规定的费用扣除标准后，按“工资、薪金所得”应税项目缴纳个人所得税。

(2)《国家税务总局关于个人兼职和退休人员再任职取得收入如何计算征收个人所得税问题的批复》(国税函[2005]382 号)所称的“退休人员再任职”,应同时符合下列条件:①受雇人员与用人单位签订一年以上(含一年)劳动合同(协议),存在长期或连续的雇佣与被雇佣关系。②受雇人员因事假、病假、休假等原因不能正常出勤时,仍享受固定或基本工资收入。③受雇人员与单位其他正式职工享受同等福利、社保、培训及其他待遇。④受雇人员的职务晋升、职称评定等工作由用人单位负责组织。

(3)《关于个人所得税有关问题的公告》(国家税务总局公告 2011 年第 27 号)关于离退休人员再任职的界定条件问题的规定,《国家税务总局关于离退休人员再任职界定问题的批复》(国税函[2006]526 号)第 3 条中,单位是否为离退休人员缴纳社会保险费,不再作为离退休人员再任职的界定条件。

2. 其他法律对退休人员再任职合同关系的处理

《关于审理劳动争议案件适用法律若干问题的解释》(法释[2010]12 号)第 7 条规定,用人单位与其招用的已经依法享受养老保险待遇或领取退休金的人员发生用工争议,向人民法院提起诉讼的,人民法院应当按劳务关系处理。

税法与劳动法对退休再任职合同关系的定性有着根本的分歧,税法认定退休再任职合同关系为劳动合同关系,对应的收入就是薪金工资所得;劳动法认定退休再任职合同关系为劳务合同关系,对应的收入就是劳务所得。劳务所得与薪金工资所得在适用个人所得税政策上有着显著区别,劳务所得按 20%比例税率征税,同时实行加成征税;薪金工资所得按累进税率征税。纳税人是否有权根据最高法院的司法解释去反驳税务总局对退休人员再任职合同关系的定性呢?这必然涉及司法与行政权力的划分问题,涉及法律解释的效力与地位问题。仅从本例可以判断,法释[2010]12 号文件具有更高法律位阶,但税法并没有赋予司法介入定性的权力,因此协调两者关系比较困惑。

二、税法定性分析的法律依据与工具

虽然部颁文件在对合同行为的定性时出现了表达失语或空缺,这些文件没有告诉其依据什么法律或原理进行定性的,但是透过其分析的过程仍然能够找到其潜在的法律依据或法律规则、原理、精神,就是在税法定性的背后隐藏着合同法的分析思路,并不排除在税法定性过程中也隐藏着行政法、公司法、物权法甚至刑法等其他各种法律工具,但是作为常规工具被经常使用的仍然是合同法工具。

因为绝大部分的应税行为都是针对经济交易行为而设计的,而经济交易行为的法律形式主要是通过合同契约形式实现的,因此对应税行为的分析就是对合同行为的分析,税法定性就是运用合同法在对合同行为进行定性;在税法定性过程中也运用行政法、公司法、物权法甚至刑法等其他法律工具进行分析,但是这些工具的使用是在第二层次上的运用,因为运用第一层次上合同法分析合同行为时有些细节或问题必须借助其他法律才能解决,但是这些借助归根到底是为了合同法的分析能够顺利进行下去,能够正确认识事实要素,能够得出合同行为的性质服务的。

对合同交易行为性质的认定,首先应该尊重其外在的法律形式,主要从合同的含义、订立、履行、变更、责任等要素特征上进行归纳与分析,并运用类型化思维(15种有名合同类型)、合同类推思维和合同解释思维进行具体分析定性。这些方法的运用已经得到大批税法案例的验证。

实践中最大的困难是:其一,税法本身没有赋予税务机关依据其他法律论证征税的权力;其二,税务机关和纳税人都有权依据合同法进行定性分析,一旦出现分歧,如何协调双方差异?其三,依据合同法也常出现不同的定性结论,税法又如何协调?其四,司法介入合同定性,税法如何尊重与协调?

三、应税行为的性质是法律属性还是事实属性

税法在课税要件上没有对应税行为进行定性,如将销售不动产行为纳入征税范围,却没有如何定性销售不动产行为的构成要素,而在税法操作过程中开始的任务就是定性,依靠定性才能将合同行为与应税行为进行有效链接。

但是应税行为的性质是法律属性还是事实属性?应税行为是由合同行为转化而来的,合同行为是一种法律行为、法律事实、法律关系和法律文书,因此对合同行为的定性应该属于法律属性,而不是事实属性。这对税法适用的分析将产生巨大的影响。

正面例证:关于林志玲补税案件的分析①,法官表达了这样的观点:林志玲所称业务"承担成败责任"者,是事实关系,而非法律关系;法院在分析凯渥公司、林志玲与客户三者关系时,其分析重心在于与客户签订业务的合同主体是凯渥公司,而不是林志玲,也不是林志玲委托凯渥公司签订的,因此"承担成败责任"者,只能是凯渥公司。暂且不讨论法官对工薪所得与执业所得的区别是否符合事物本来面目,但是法律首先遵从的是从法律形式进行分析的路径。如果跳开对法律关系的分析,直接探讨事物属性,必然陷入多种角度对事物分析导致产生种种不同的认识结论,难以统一对事物的定性。而借助法律关系的好处是,经千年发展,法律关系

---

① 熊伟主编:《税法解释与判例评注2》,法律出版社2011年版,第139页。

基本覆盖了所有财产类关系本质。

反面例证:关于《一份税务稽查法律意见书的解读》案件的分析①,律师表达了这样的观点:新天地广告公司与松惠公司签订的广告合同具有代理性质,新天地广告公司另外确定制作业务外包给其他广告制作单位正是代理性质的具体体现,代理业务属于营业税差额征税的范畴,因此新天地广告公司从松惠公司取得的广告收入适用营业税差额征税政策。这种观点就是典型的将事实属性作为法律属性进行论证的案件。新天地广告公司与松惠公司签订的广告合同是否是代理合同,是否具备代理合同的特征,才是适用营业税差额征税的关键,至于新天地广告公司如何外包制作业务不是税法考量的因素,因为税法考量的是新天地广告公司与松惠公司签订的合同法律属性,而不是新天地广告公司如何开展工作的事实关系。

对合同交易行为性质的认定,也是回答"实质征税原则"中的"质"是指什么问题。有些观点认为,"实质征税原则"中的"质"是指经济效果。笔者认为,经济效果仅是法律性质的一种体现,而不是法律性质本身,"实质征税原则"中的"质"应该是指交易行为的法律性质,只有确认交易行为法律性质才能探讨在量上如何实现缴纳税款行为。在实践中存在一种量变导致税款有无的现象,这种现象并不是量变导致对交易法律属性的改变,而是在坚持交易属性属于应税行为的前提下,量变导致产生减免税与征税之间的变化而已。一种不征税的合同行为即使量上到达亿元也还是不征税的行为。脱离法律关系去把握本身处在法律网中的经济本质,无异于抓自己头发想离开地面,是不切合依法治税的根本原则。

四、税法对合同法定性的调整与否定

以上论述了税法在把握交易合同性质时实际依靠合同法作为分析工具,并得出行为性质,既符合合同法定性同时又符合应税行为的定性,产生了税法征税的效应;但是税法仅是将合同法作为分析的工具使用的,而不是最终的标准。这个定位就决定了税法对合同法工具的扬弃,在税法特殊目的与技术完备安排下,税法对部分应税行为的定性是脱离或否定了合同法对合同行为的定性。主要表现在三个方面。

1. 税法当然否定以欺诈手段或恶意串通订立的合同

以欺诈手段或者恶意串通订立合同,如果未导致税款少缴的,但是该合同已经改变和影响计税依据的真实性,根据税法规定,纳税人、扣缴义务人编造虚假计税依据的,由税务机关责令限期改正,并处5万元以下的罚款。

① 熊伟主编:《税法解释与判例评注3》,法律出版社2012年版,第48页。

从会计角度看交易合同就是一种记账凭证。以欺诈手段或者恶意串通订立合同，如果导致税款少缴的，根据税法规定，以欺诈手段或恶意串通订立合同属于伪造、变造记账凭证行为。依据《税收征收管理法》第 63 条规定，纳税人伪造、变造、隐匿、擅自销毁账簿、记账凭证，或者在账簿上多列支出或者不列、少列收入，或者经税务机关通知申报而拒不申报或者进行虚假的纳税申报，不缴或者少缴应纳税款的，是偷税。对纳税人偷税的，由税务机关追缴其不缴或者少缴的税款、滞纳金，并处不缴或者少缴的税款 50%以上 5 倍以下的罚款；构成犯罪的，依法追究刑事责任。扣缴义务人采取前款所列手段，不缴或者少缴已扣、已收税款，由税务机关追缴其不缴或者少缴的税款、滞纳金，并处不缴或者少缴的税款 50%以上 5 倍以下的罚款；构成犯罪的，依法追究刑事责任。

以欺诈手段或者恶意串通订立合同，骗取国家出口退税款的，依据《税收征收管理法》第 66 条规定，以假报出口或者其他欺骗手段，骗取国家出口退税款的，由税务机关追缴其骗取的退税款，并处骗取税款 1 倍以上 5 倍以下的罚款；构成犯罪的，依法追究刑事责任。对骗取国家出口退税款的，税务机关可以在规定期间内停止为其办理出口退税。

以欺诈手段或者恶意串通订立合同，开具与事实业务不符合的发票或者骗取税务机关代开发票的，按《中华人民共和国发票管理办法》(以下简称《发票管理办法》)和《税收征收管理法》有关规定处理。

企业不提供与其关联方之间业务往来资料，或者提供虚假、不完整资料，未能真实反映其关联业务往来情况的，税务机关有权依法核定其应纳税所得额。

2. 税法技术制度对合同性质的影响

合同关系是此性质，税法认定是彼性质，税法对某些合同关系的定性与合同法完全不同，这种不同并不是税法对合同法的干预与调整，而是税法从立法技术完备性上规定了与合同法认可的性质不同的税务处理政策。

以捐赠合同为例说明税法上的定性。

企业捐赠合同在税法上作为视同销售处理。对于企业来说捐赠合同是资产损失，是无偿付出，但税法将捐赠业务分解为销售业务和捐赠业务。《企业所得税法》第 25 条规定，企业发生非货币性资产交换，以及将货物、财产、劳务用于捐赠、偿债、赞助、集资、广告、样品、职工福利或者利润分配等用途的，应当视同销售货物、转让财产或者提供劳务，但国务院财政、税务主管部门另有规定的除外。《营业税条例实施细则》第 5 条规定，单位或者个人将不动产或者土地使用权无偿赠送其他单位或者个人视同发生应税行为。《增值税条例实施细则》第 4 条规定，单位或者个体工商户的下列行为，视同销售货物：①将货物交付其他单位或者个人代销。②销售代销货物。③将自产、委托加工的货物用于集体福利或者个人消费。④将自产、委托加工或者购进的货物作为投资，提供给其他单位或者个体工商户。⑤将自产、委托加工或者购进的货物无偿赠送其他单位或者个人。从以上规定分析，税法经常对合同采取分解处理：税法将投资合同分解为销售业务和投资业务；税法将代销合同定性为销售业务。

对个人无偿赠与不动产合同，分析《关于加强房地产交易个人无偿赠与不动产税收管理有关问题通知》（国税发[2006]144号）文件可以看出明确了四个问题：

一是明确了税收承认的个人向他人无偿赠与不动产行为，包括继承、遗产处分及其他无偿赠与不动产等三种情况；为防止房屋买卖双方利用假赠与行为，偷逃赠与环节和将受赠房屋对外销售环节的营业税，税法将无偿赠与行为区分为一般赠与行为（包括继承、遗嘱、离婚、赡养关系、直系亲属赠与）和其他无偿赠与行为两类。

二是明确了在向税务机关申请办理营业税免税申请手续时，必须提供的三个必备证明材料的原件，即由公证机关出具的有关赠与公证书、房产所有权证和《个人无偿赠与不动产登记表》。

三是明确了对个人无偿赠与不动产行为，税务机关不得向其发售发票或者代为开具发票。

四是明确了对于个人无偿赠与不动产行为，税务机关（或者其他征收机关）应在纳税人的契税和印花税完税凭证上加盖"个人无偿赠与"印章，并把加盖"个人无偿赠与"印章的完税凭证作为房管部门办理赠与产权转移登记手续的要件之一。

尤其应该引起注意的是，文件中认可的不动产赠与行为是指经公证部门公证的赠与行为。不经公证部门公证的民间不动产赠与行为，税法不予承认。

3．税法对合同的拆分与合并

税法根据需要将一个合同拆分成两个以上合同，或对两个以上合同进行合并看成是一个合同，这种分合法对交易双方的合同性质与计税依据、适用税目税率产生极大影响。

（1）税法合并合同应用举例。房地产公司与购房者签订两份契约（或合同），一份销售房屋合同与一份装修房屋合同。根据《关于销售不动产兼装修行为征收营业税问题的批复》（国税函[1998]53号）纳税人将销售房屋的行为分解成销售房屋与装修房屋两项行为，分别签订两份契约（或合同），向对方收取两份价款。装修合同为房地产买卖契约的一个组成部分，与买卖契约共同成为认购房产的全部合同。因此，根据《中华人民共和国营业税暂行条例》第5条关于"纳税人的营业额为纳税人提供应税劳务、转让无形资产或者销售不动产向对方收取的全部价款和价外费用"的规定，对纳税人向对方收取的装修及安装设备的费用，应一并列入房屋售价，按"销售不动产"税目征收营业税。

评述:购房者与房地产公司为什么要签订两种合同,其税法上动机可能存在:房地产公司将适用5%税率的销售收入分解为适用3%税率的装修收入与适用5%税率的售房收入,减少部分税款负担;根据土地增值税有关规定,装修收入不是土地增值税应税收入;购房者可能持购房合同办理契税手续,减少契税部分税款负担。但是实践中确实存在房地产公司兼营装修业务,与购房者签订装修合同,双方的动机并不是为了避税。这就需要考察两份合同的彼此关联关系,如果两份合同是彼此独立的义务关系,税法不能因为合同双方存在购房合同关系就否定装修合同的存在。

(2) 税法拆分合同应用举例。将购房协议拆分成购房协议与租赁协议。《关于个人与房地产开发企业签订有条件优惠价格协议购买商店征收个人所得税问题的批复》(国税函[2008]576号)。该批复明确规定,房地产开发企业与商店购房者个人签订协议规定,房地产开发企业按优惠价格出售其开发的商店给购买者个人,但购买者个人在一定期限内必须将购买的商店无偿提供给房地产开发企业对外出租使用,其实质是购买者个人以所购商店交由房地产开发企业出租而取得的房屋租赁收入支付了部分购房价款。根据个人所得税法的有关规定,对上述情形的购买者个人少支出的购房价款,应视同个人财产租赁所得,按照"财产租赁所得"项目征收个人所得税,每次财产租赁所得的收入额,按照少支出的购房价款和协议规定的租赁月份数平均计算确定。

评述:国税函[2008]576号明确将购房折让优惠款确认为购买者个人以所购商店交由房地产企业出租而取得的房屋租赁收入,就是从购房合同中拆分出租赁合同,但是上述购房合同中是否具备租赁合同的合同要素,税法并不注重考察。这种拆分法对房地产公司和购房者产生重大影响。

对购房者而言,购房者在享受房产开发公司优惠折让额时:①须以优惠折让额为营业税计税依据,计算房产出租应缴纳的营业税。②须以优惠折让额为营业税计税依据,计算房产出租应缴纳房产税。③购房者向房地产公司提供租赁发票。

对房地产公司而言,根据《个人所得税法》第8条规定,个人所得税以所得人为纳税义务人,以支付所得的单位和个人为扣缴义务人,所以房地产开发企业在以优惠价销售给购房者时,需代扣代缴购房者应缴纳的个人所得税,否则会受到《税收征收管理法》第69条规定的处罚。

这种折扣是建立在销售合同基础上的价格优惠,里面固然包含房屋租赁的含义,但是与单独房屋租赁合同确实存在不同之处,税法必须考虑这种差异:①双方无现金的交换。②租赁金额可能不是优惠价格的代表数字,这种优惠数字可能在现实中并不存在。③必须和同期同类房屋市场出租价格比较确定计税依据。

比较税法对合同的合并与拆分,会发现两者观察与分析角度存在截然对立现象。税法对合同的合并，侧重于从整体上观察交易行为的性质，不考虑其中过程、步骤、形式等，而对合同的拆分，更多偏向于合同字义的形式规定，被书面文字所拘束，忽略交易的整体特征。两者隐藏的共同出发点是，无论合并还是拆分都增加国家的税收，而无益于纳税人。但在法律分析方法上存在逻辑与实质之矛盾，严重影响税法与民法的协调与承接。

4. 税法对原有合同性质的穿透与否定

以下两个文件是用税法否定合同性质的典型例证。

国家税务总局《关于以转让股权名义转让房地产行为征收土地增值税问题的批复》(国税函[2000]687 号)，是对广西壮族自治区地方税务局《关于以转让股权名义转让房地产行为征收土地增值税问题的请示》(桂地税报[2000]32 号)的批复，批复内容如下：

鉴于深圳市能源集团有限公司和深圳能源投资股份有限公司一次性共同转让深圳能源(钦州)实业有限公司 100%的股权，且这些以股权形式表现的资产主要是土地使用权、地上建筑物及附着物，经研究，对此应按土地增值税的规定征税。

以上文件精神同样见于安徽省地方税务局《关于对股权转让如何征收土地增值税问题的批复》(皖地税政三字[1996]367 号)，该批复如下：

黄山市地方税务局：你局《关于省旅游开发中心转让部分股权如何计征土地增值税的请示》(黄地税一字[1996]136 号)收悉。经研究，并请示国家税务总局，现批复如下：

据了解，目前股权转让(包括房屋产权和土地使用权转让)情况较为复杂。其中，对投资联营一方由于经营状况等原因而中止联营关系，正常撤资的，其股权转让行为，暂不征收土地增值税；对以转让房地产为盈利目的的股权转让，应按规定征收土地增值税。你局请示中的省旅游开发中心的股权转让，可按上述原则前款进行确定。

从以上两个文件可以看出，单纯的股权转让是不征收土地增值税的，对于特殊的股权转让合同定性为土地转让合同，通过对合同行为性质的否定与转化，使不在征税范围的合同行为转化成为应税行为，进入征收土地增值税范围。税法对股权转让合同定性转化重点在于这种特殊性规定：①以股权形式表现的资产主要是土地使用权、地上建筑物及附着物。②以转让房地产为盈利目的的股权转让。暂且不讨论税务机关(包含国家税务总局和地方税务机关)是否有权利用这两点特殊性来否定纳税人所采取的交易合同性质，先探讨这两点特殊性对否定交易形式起到的作用。关于第①点，其潜在的思路是，企业的净资产相当于土地使用权、地上建筑物及附着物时，转让股权就相当于转让资产。如果股东存在避税目的，只要让企业产生一笔借款，就能化解“企业的净资产相当于土地使用权、地上建筑物及附着物"的征税条件。因此这个条件的设定是十分脆弱的。关于第②点,其理由主要运用目的观察法分析问题。税法并不是规定凡是不纳税或少缴税的交易形式就要否定这种交易形式;税法否定交易形式的前提应该是纳税人采取这种交易形式的主要目的不具备合理的商业目的,而是主要获得少缴或不缴税款为主要目的的,如1947年美国发生的公司资本重组免税案①,纳税人采取重组的目的不具备合理的商业目的,仅是针对免税目的的,因此法院根据实质课税原则来征税。安徽省地方税务局将"以转让房地产为盈利目的的股权转让行为"判断成转让房地产行为,没有探讨纳税人是否主要以少缴或不缴税款为目的,而是关注以转让房地产为盈利目的,至于纳税人是以转让房地产为盈利目的还是以转让股权为盈利目的,不是税务机关能够决定的,也不是税务机关能够观察出来的,税务机关反而证明了纳税人有着合理的商业目的的存在。如果税务机关一定要对"先用房地产投资再转让股权的行为"征税,也需另行立法规定,而不是税务机关运用实质征税原则能够解决的。

上述文件的废止表明该文件制定缺少民法基础,缺少严谨的分析条件。在考量税法与民法之间的法际协调问题时,税法应该立足于民法视角分析行为性质,探讨是否具备合理商业目的或合理社会目的,在尊重自由的基础上探究是否以规避税款为主要目的的虚伪交易,而不是首先从是否缴纳税款角度论证交易形式是否合理合法,更不能以纳税商业模式为唯一合法合理的选择标准。税法的目的是税收,但在分析问题时又不能被税款遮住分析的视角。

5. 税法对原有合同性质的修正与添加

税法在肯定原来交易合同性质的基础上,对原有的合同性质进行一定程度的修正,添加了一些税法属性。以陈发树转让紫金矿业限售股为例证②。

2007年2月5日,新华都两公司将3.58亿紫金矿业股票转让给陈发树,转让价为3 580万元。2009年,陈发树将部分股票减持,获利55亿元,按照当时税法免税。针对2007年这个"转让财产的法律协议",在企业所得税上,其法律性质得到税法承认,税法仅是在数量上应该按照2007年2月5日紫金矿业股票市场价格进行所得调整,调整新华都两公司当年所得额。在个人所得税上,其法律性质受到税法修正。《个人所得税法》认为新华都两公司向其股东陈发树低价转让紫金矿业股票,其低价部分视同对股东利润分配,应该直接在2007年2月扣缴陈发树个人所得税。这就是"分配投资利润"的经济实质隐藏在"财产低价转让"的法律形式中。

陈发树为满足自己的经济实质(套现),在法律上可以自由选择两条路径:一是

---

① 翟继光:《美国联邦最高法院经典税法案例评析》,立信会计出版社2009年版,第1页。

② 熊伟:《税法解释与判例评注》第4卷,法律出版社2013年版,第112页。

新华都两公司直接转让紫金股票，再分配利润给陈发树；二是新华都两公司直接转让紫金股票给陈发树，由陈发树再转让。这两种法律路径，税法都无可指责，但税法所干预的是，每条路径必须按照税法办事，如果偏离了税法，税法就会对原来交易合同的性质进行调整、修正、添加或减少。

实际上个人所得税对股东、职工低价从公司单位取得房屋、商品、财产（含股票）一直持征税态度。比如，《关于单位低价向职工售房有关个人所得税问题的通知》财税[2007]13 号、财税[2003]158 号、国税函[2005]364 号等都是解决股东与法人公司之间财产关系的涉税文件。也就是说，不需要财税[2009]167 号文件，就可以将新华都两公司 2007 年企业所得税所得额与陈发树 2007 年分配利润所得额进行税法调整和征税。

五、税法定性的复杂性分析

以上描述了税法在借助合同法工具和自身工具进行定性分析的过程，但在实务分析中，这个过程不是线性运动过程，不是简单表现为从合同行为到应税行为的过程，而是在合同行为与应税行为之间往返穿梭，在税法与所有其他法律之间反复考量的过程①。

性质是应税行为成为其自身并区别于其他行为的内在固定性。由于应税行为所指向的合同行为是复杂的，其内在矛盾的多样性，导致行为的性质也是多样性。从不同法律角度分析，就会看到一种合同行为体现出不同的法律属性，对应税行为属性的认定存在复杂的法际整合问题。比如，《公司法》对一种合同行为定性为投资行为，《合同法》又定性为收购行为，或《物权法》定性为物权变动行为。因此，首先税法要在民法内部达成法际整合或优先选择哪部法律作为自己的定性工具；其次才是整合税法内部问题，因为对同一种应税行为，在流转税、财产行为税与所得税之间也存在不同的定性，在国内税法与国际税法之间同样存在对应税行为的不同认定，在税收实体法与发票管理法、征管程序法之间也会存在不同界定，如对同一行为依据国际税法条约定性为特许权使用费，依据国内税法定性为租赁；最后还必须考虑行政法等对行为定性的影响。

以下以股权出资行为的税法定性为例证，说明税法定性的复杂性。对股权出资的税务处理存在以下争议：观点一，应将股权出资视同销售。理由是：《企业所得

① [德]卡尔·拉伦茨：《法学方法论》，商务印书馆 2003 年版，第 162 页。作者认为这个过程是一个往返流转、相互穿透的过程，是一种“诠释学意义上的循环”现象。我们不能把案件事实与法条间的“眼光之往返流转”想象为：只是判断者眼光方向的改变，其毋宁是一种思想过程，于此，“未经加工的案件事实”逐渐转化为最终的案件事实，而规范条文也转化为适宜判断案件事实的规范形式。

税法实施条例》第 25 条规定,企业发生非货币性资产交换、投资等,应视同销售货物等。根据《关于企业处置资产所得税处理问题的通知》(国税函[2008]828 号)对资产转移行为的分类规定,当资产所有权属在形式和实质上均不发生改变时,可作为内部处置资产,不视同销售确认收入;当资产所有权属已发生改变而不属于内部处置资产时,应按规定视同销售确定收入等。观点二,应将股权出资视同股权收购企业重组。理由是:股权出资中,投资企业将股权注入被投资单位,获取被投资单位的股权,投资企业相当于被收购方,被投资企业为收购方,收购方以股权支付,如其他各项条件符合财税[2009]59 号规定则适用特殊性税务处理规定。观点三,合同规定观点。理由是:对于股权出资,主要看双方签订的合同是怎样规定的。若合同规定为股权出资,并以此股权出资额增加接受此股权的企业股本,就应该将股权出资视同销售。若合同规定为股权收购,收购方以股权支付对价,股权出资应确认为企业重组。观点四,股权主体决定观点。理由是:企业以股权出资,如果以自身的股权出资,应视为企业重组业务的形式;如果以控制的子公司股权或其他股权出资,则应视同销售。

之所以产生上述各种观点的分歧,主要原因在于没有从公司法、合同法与税法相互联系的角度分析把握。以下尝试从法际整合角度进行辩证与探讨。

1. 股权出资行为的公司法和税法的定性

股权出资行为在公司法上定性为投资行为。根据《公司法》第 27 条规定,出资行为是指股东可以用货币出资,也可以用实物、知识产权、土地使用权等用货币估价并可以依法转让的非货币财产作价出资。该条规定没有明确股权是否能够作为非货币财产作价出资。2009 年 3 月 1 日开始施行的《股权出资登记管理办法》对此作出了明确规定,股权出资是指投资人以其持有的在中国境内设立的有限责任公司或者股份有限公司的股权作为出资,投资于境内其他有限责任公司或者股份有限公司的行为。

而税法对股权出资行为的税法属性,有两个定性:

其一,税法将股权出资行为视同转让资产行为。投资人以其持有的股权作为出资,投资于境内其他公司的行为,意味着投资人持有的股权作为一种资产在所有权属的形式和实质上均发生了改变,原有股权的所有人将变更为被投资公司,作为资产转移的回报就是原持有人获得了被投资公司的股权。根据《企业所得税法实施条例》第 25 条和《关于企业处置资产所得税处理问题的通知》(国税函[2008]828 号)规定,对于出资公司来说,股权出资行为实质是一种非货币性资产交换行为,应按规定视同转让资产确定收入;同时,出资公司和被投资公司需要确认新股权的价值,根据《企业所得税法实施条例》第 71 条规定,通过支付现金以外的方式取得的投资资产,以该资产的公允价值和支付的相关税费为成本。税法对投资计税成本的确认方法的规定与《公司法》第27条对作为出资的非货币财产应当评估作价，核实财产，不得高估或者低估作价的规定；与《股权出资登记管理办法》第5条用作出资的股权应当经依法设立的评估机构评估的规定，达成了不同法律之间的衔接与协调统一。

其二，税法将股权出资行为作为企业重组行为之一的股权收购行为，适用《企业所得税法实施条例》第75条规定。何为重组行为，财税[2009]59号文解释为：企业重组是指企业在日常经营活动以外发生的法律结构或经济结构重大改变的交易，包括企业法律形式改变、债务重组、股权收购、资产收购、合并、分立等。其中股权收购，是指一家企业购买另一家企业的股权，以实现对被收购企业控制的交易。但是财税[2009]59号文没有进一步解释何为控制性交易，也就是说税法虽然区分了股权出资行为与股权重组行为而适用不同条文，但对于两种行为之间的区别与联系并没有作出具体明确划分。

股权出资行为与股权收购行为是两个独立的概念，还是两个可以互相转化的概念？回答这个问题必须回到《公司法》上，因为税法条文中使用的概念、术语等，除了税法特别规定外，其含义应遵循民商法的规定。何为控制性交易？实际就是通过该笔交易其中一方取得了控股股东或实际控制人的地位。因此这个问题的关键就演变成何为控制股东或实际控制人？《公司法》第217条，规定了控股股东和实际控制人的含义。

因此股权出资行为是否能够转化为股权收购行为，关键在于股权出资行为发生结果是否使交易中一方取得了控制地位；如果交易各方都没有取得控制地位，该股权出资行为在税法上只能定性为非货币性交换行为，适用《企业所得税法实施条例》第71条规定；如果交易一方取得控制地位，该股权出资行为在税法上则定性为股权收购重组行为，适用《企业所得税法实施条例》第75条规定，因为第75条适用范围与前提是纳税人发生了重组行为。

这里特别需要强调的是，适用《企业所得税法实施条例》第71条和第75条规定，可以得出相同的计算结果，即都是计算股权资产的转让损益，但是不能因为对应税所得计算结果相同而忽视税法条文的准确适用，适用依据正确是税收法定主义和依法治税的最基本准则。

2. 厘清股权出资行为的交易主体，解决主体各方税法待遇问题

《股权出资登记管理办法》中将股权出资交易主体各方范围与法律称谓确定为：出资公司、被投资公司与股权公司。而《企业重组业务企业所得税管理办法》（国家税务总局公告2010年第4号，以下简称第4号公告）将股权收购中当事各方范围与法律称谓限制为：收购方、转让方及被收购企业。

如何对不同法律规定的主体及称谓之间进行“翻译”，是理解法律整体性规定

的关键。出资公司就是税法上的转让方;被投资公司就是税法上的收购方,股权公司就是税法上的被收购企业。这种"翻译"表面上取得了一一对应关系,但仔细考察发现存在一方的缺失问题,即第 4 号公告忽略了收购方的股东"在场"。股权收购业务一般应包括四方:收购方及其股东方和转让方及被收购企业。因为在公司设立或增加注册资本时除以股权出资一方外,还存在以其他资产出资的一方;假如以其他资产出资的一方在公司股份中取得控股地位,该出资方就是收购方的控股股东。因此,出资公司既可以是税法上的转让方,也可以是税法上收购方的控股股东或实际控制人。第 4 号公告在确定交易主体范围时与《股权出资登记管理办法》没有做好衔接与协调统一,导致没有考虑到在股权收购中收购方控股股东的存在及其对交易产生的重大影响,即没有考虑到股权出资行为既可发生在公司设立时也可以发生在公司增加注册资本时,无论发生在哪种情况下,除了以股权出资方外还存在另外一方,而且另外一方必然构成该交易中一方,而不可能被忽视。

弄清楚这个道理就解决了股权收购重组中的一个疑问,这个疑问就是收购方是新设立公司还是已经存在的公司?只有通过对《公司法》与《股权出资登记管理办法》的解读,找到在确定股权收购交易主体范围时被第 4 号公告遗忘的收购方股东,直到这个实际存在而被税法忽视的交易主体的"出场",才是解决疑问的关键所在,也就是说,收购途径是通过新设立公司还是通过已经存在的公司仅仅是收购方股东和股权出资方之间的自由且合法合理的商业安排,两种途径都是法律允许的合法的交易安排,更为重要的是税法并没有特别指出哪种交易安排属于禁止性安排,因此应该允许交易双方选择合理的收购交易模式。

3. 在股权出资行为定性为股权收购重组行为后,如何划分应税重组与特殊性重组的税法适用问题

财税[2009]59 号第 5 条规定,股权收购同时符合 5 个规定条件的,即可适用特殊性税务处理。与公司法相比较,税法制定了相对严格的收购条件,如被收购方股东控制被收购方的股权比例达 75%以上等规定,摆脱了公司法的一般收购条件的定义,这体现了税法特殊的独立性。

4. 股权出资行为过程中法律文书即合同性质的辨别

首先,一份协议究竟是股权收购协议还是股权投资协议,主要取决于合同内容,而不是合同形式和名称。在用股权出资情况下,投资行为与收购行为两种性质往往发生交集,是一件行为的两种表述,但是在满足税法规定的条件下公司法上的投资行为必然转化为税法上的收购行为,在一份协议中一旦满足税法规定的条件,从公司法上必将产生收购方股东控制被收购方公司的法律效果。因此在出资协议中不仅仅规定各方股东的出资方式、出资额和出资时间,而必将同时对被收购方公司的管理层、职工、经营、技术、市场和发展等重大战略问题进行规定。从协议内容

上看，这份协议不再是单纯的投资协议内容所能够包含的。

法律明显地表现出从重形式到重意思的变化规律。只要考察税法上规定的条件是否具备和协议关于具体权利义务如何分配，一定能够区别一份协议究竟是股权收购协议还是股权投资协议，而不是取决于协议名称和形式。

其次，必须分析合同的主从关系。根据合同相互间的主从关系，可以将合同分为主合同与从合同。所谓主合同，是指不需要其他合同的存在即可独立存在的合同。所谓从合同，是指需要依赖其他合同的存在才可存在的合同。从合同的主要特点在于其附属性，即它不能独立存在，必须以主合同的存在并生效为前提。在上述缺少“收购方”存在情况下，被收购方股东与收购方股东达成的《投资协议》就是主合同；收购方成立以后，由收购方与目标公司股东达成的《收购协议》就是从合同，是建立在《投资协议》大框架下的具体操作路径。在税法分析上，不能仅仅考察其中一份协议，也不能分割看待两份协议，只有将两份协议结合起来才能完成具体收购工作，才能从整体上把握行为性质。

最后，必须关注合同履行的实际法律效果，这种效果是否符合税法上的法定要素。财税[2009]59号对股权收购的定义，是指一家企业购买另一家企业（被收购企业）的股权，以实现对被收购企业控制的交易。这个定义中最重要的要素构成就是达到控制的结果。也就是无论纳税人之间签订的协议在名称、时间、形式、内容上如何变化，无论交易的步骤和形式如何变化，其协议最终履行的法律效果在《公司法》已经形成了“控制”与“被控制”的法律地位，已经满足了税法上的法定要素，就必须按照税法定义进行下一步评价，而不能考虑税法未规定的其他要素。

综上所述，对股权出资行为的税法评析过程，也是税法与民商法之间法际整合的过程，在这个过程中，两者之间既体现出协调一致的关系，也存在衔接不畅的疏漏；税法在尊重与借助民商法规定的基础上也展现了独特的法律特征。

第三节　税法对合同定量的调整

定性分析、定量分析及其相互关系，这是人类认识实践的最基本的方法。税法上的定性分析就是判断行为是否具有应税属性的分析；税法上的定量分析是对应税行为的数值和数量关系的分析。定性分析和定量分析的关系是辩证的，定性研究是定量研究的基础。但只有定性研究是不够的，还必须在此基础上进行定量研究，定量研究是定性研究的具体化、精确化和实现税款的量化过程。

税法对合同定量的调整主要表现在合同价款与标的数量的调整上。税法对合同自由的干预与限制体现在合同交易导致计税依据明显偏低情形范围之内。税法对合同量价的调整体现了合同法上公平正义原则，合同法上公平正义内容之一就是要求合同主体之间支付与所得的等值性，这也是市场经济下独立交易价格的反映。

一、合同定量调整在税种征收管理上的体现

一般意义上的定量调整，具体体现在以下税种征收管理上：

《营业税暂行条例》第 7 条规定，纳税人提供应税劳务、转让无形资产或者销售不动产的价格明显偏低并无正当理由的，由主管税务机关核定其营业额。《增值税暂行条例》第 7 条规定，纳税人销售货物或者应税劳务的价格明显偏低并无正当理由的，由主管税务机关核定其销售额。《中华人民共和国消费税暂行条例》（以下简称《消费税暂行条例》）第 10 条规定，纳税人应税消费品的计税价格明显偏低并无正当理由的，由主管税务机关核定其计税价格。《关于股权转让所得个人所得税计税依据核定问题的公告》规定，自然人转让所投资企业股权（份）取得所得，按照公平交易价格计算并确定计税依据。计税依据明显偏低且无正当理由的，主管税务机关可采用本公告列举的方法核定。

税法对以上交易合同签订导致计税依据明显偏低，是要求合同主体提供隐藏在合同背后的主观或者客观理由的，也就是说，合同行为的动机受到税法的干预与评价。比如《关于股权转让所得个人所得税计税依据核定问题的公告》规定了正当理由，是指以下情形：

（1）所投资企业连续三年以上（含三年）亏损。

（2）因国家政策调整的原因而低价转让股权。

（3）将股权转让给配偶、父母、子女、祖父母、外祖父母、孙子女、外孙子女、兄弟姐妹以及对转让人承担直接抚养或者赡养义务的抚养人或者赡养人。

（4）经主管税务机关认定的其他合理情形。

估价方法的差异性导致交易合同成交价的差异性。

这是我国税法首次列举了正当理由的情形，仅仅局限在个人所得税法中股权转让收入适用上。除此规定之外，我国税法基本没有对“正当理由”的范围进行列举或对其性质进行定义，导致税法干预和调整合同自由的程度、标准缺少明确规定，征税权没有法律的约束必将滋生种种问题，要么侵犯纳税人合同自由，税务机关与纳税人发生争议；要么滋生权力寻租空间，导致社会腐败。

但是税法对如何调整金额明显偏低的交易合同的方法进行了规定，也是一种约束税务机关自由裁量权的制度。一般来说，营业税上价格明显偏低并无正当理由的，按下列顺序确定其营业额：

(1) 按纳税人最近时期发生同类应税行为的平均价格核定。

(2) 按其他纳税人最近时期发生同类应税行为的平均价格核定。

(3) 按下列公式核定:

营业额=营业成本或者工程成本×(1+成本利润率)÷(1-营业税税率)

公式中的成本利润率,由省、自治区、直辖市税务局确定。

增值税上纳税人有价格明显偏低并无正当理由,按下列顺序确定销售额:

(1) 按纳税人最近时期同类货物的平均销售价格确定。

(2) 按其他纳税人最近时期同类货物的平均销售价格确定。

(3) 按组成计税价格确定。组成计税价格的公式为:

组成计税价格=成本×(1+成本利润率)

属于应征消费税的货物,其组成计税价格中应加计消费税额。公式中的成本是指:销售自产货物的为实际生产成本,销售外购货物的为实际采购成本。公式中的成本利润率由国家税务总局确定。

以上定量调整方法中,最难确认的是何为"同类"。对类别的不同认识,导致计税价格出现明显差异。如,房地产公司将房屋抵偿给拆迁户和供应商,同样是房屋,在税法上区分一种是拆迁补偿房,一种是正常抵债房。两者计税公式完全不同,主要体现在成本组成中,拆迁补偿房屋不宜按同类商品房市场价核定,在核定公式中不应包含土地成本。

二、税法定量的特别纳税调整:对关联方合同的调整

税法对合同定量进行调整的最常见领域是,对关联方之间签订的交易合同进行调整。关联方是指与企业有下列关联关系之一的企业、其他组织或者个人:①在资金、经营、购销等方面存在直接或者间接的控制关系。②直接或者间接地同为第三者控制。③在利益上具有相关联的其他关系。企业所得税法对此有非常具体的调整制度规定,并称为特别纳税调整。所谓特别,是相对一般的无关联方或者所有业务的调整之外的调整。特别纳税调整潜在的理由是,合同在独立个体之间普遍是公平的,彼此在有利与妥协基础上签订的,这种自由是一种真实的值得尊重的自由;而关联方之间签订的交易合同,天然受到关联利益的支配和整体利益的考虑。这种自由存在一定程度的局限性,是值得怀疑的,因此税法从制度上为关联交易合同设计了申报制度,企业向税务机关报送年度企业所得税纳税申报表时,应当就其与关联方之间的业务往来,附送年度关联业务往来报告表。税务机关在进行关联业务调查时,企业及其关联方,以及与关联业务调查有关的其他企业,应当按照规

定提供相关资料。企业不提供与其关联方之间业务往来资料,或者提供虚假、不完整资料,未能真实地反映其关联业务往来情况的,税务机关有权依法核定其应纳税所得额。关联交易合同首先获得税法的特别关注,是税法天然的调整对象。

税法特别关注的关联交易合同的范围是全面的,包括购销、融资、研发、特许权使用、劳务、财产转让等所有业务;其调整的原则是按照独立交易原则进行调整,独立交易原则是指没有关联关系的交易各方,按照公平成交价格和营业常规进行业务往来遵循的原则,就是将关联方签订的合同比照非关联方签订的合同。

特别调整的合理方法,包括:

(1) 可比非受控价格法,是指按照没有关联关系的交易各方进行相同或者类似业务往来的价格进行定价的方法。

(2) 再销售价格法,是指按照从关联方购进商品再销售给没有关联关系的交易方的价格,减除相同或者类似业务的销售毛利进行定价的方法。

(3) 成本加成法,是指按照成本加合理的费用和利润进行定价的方法。

(4) 交易净利润法,是指按照没有关联关系的交易各方进行相同或者类似业务往来取得的净利润水平确定利润的方法。

(5) 利润分割法,是指将企业与其关联方的合并利润或者亏损在各方之间采用合理标准进行分配的方法。

(6) 其他符合独立交易原则的方法。

特别调整的核定方法,适用条件是在企业不提供与其关联方之间业务往来资料,或者提供虚假、不完整资料,未能真实反映其关联业务往来情况的,税务机关有权依法核定其应纳税所得额。税务机关可以采用下列方法:

(1) 参照同类或者类似企业的利润率水平核定。

(2) 按照企业成本加合理的费用和利润的方法核定。

(3) 按照关联企业集团整体利润的合理比例核定。

(4) 按照其他合理方法核定。

企业对税务机关按照前款规定的方法核定的应纳税所得额有异议的,应当提供相关证据,经税务机关认定后,调整核定的应纳税所得额。这里税务机关对核定税款的行政行为不负责举证,实行举证倒置原则,由企业提供相关证据。因为核定的前提是企业不提供与其关联方之间业务往来资料,或者提供虚假、不完整资料,未能真实反映其关联业务往来情况的。

特别调整的法律形式有两种协议:预约定价协议和成本分摊协议。预约定价协议是就关联方之间未来业务往来的定价原则和计算方法,税务机关与企业协商、确认后,达成预约定价安排协议;成本分摊协议是关联方之间按照独立交易原则与其关联方分摊共同发生的成本,达成成本分摊协议。两种协议签订主体不同,法律效果也不同；预约定价协议直接由税务机关参与谈判、磋商签订，原则上不再接受税务机关审核；成本分摊协议是企业按照税法要求（企业与其关联方分摊成本时，应当按照成本与预期收益相配比的原则进行分摊）进行分摊达成的协议，报税务机关审核，税务机关仍然可以继续调整。

第四节　税法对合同其他要素的调整

税法对合同其他要素的调整，表现在税法对合同主体及实际受益人、标的、合同订立、成立、效力、履行、保全、担保、变更、转让和违约责任等要素的调整上，与应税行为定性定量分析相比较，这些调整不是经常发生，但是对纳税人的影响也是深刻的。

税法对合同行为主体资格认定不同导致纳税人认定及享受不同税收待遇，主要是涉及承包承租合同、委托代理合同和合同主体与受益人差异等问题。

税法合同标的的调整与认定，与对合同定性有着极大关系。如果税法改变对合同标的的性质认定，就导致对合同性质的认定改变；但是税法改变对合同标的除性质认定外其他认定，不一定导致税法对合同性质认定的改变。比如，税法为了防范非居民企业间接转让股权逃避税收，对股权转让合同的标的重新调整，将合同包含的境外股权标的调整为境内股权标的。

2009 年以来，各级税务机关认真贯彻落实企业所得税法及企业所得税管理的通知精神。国家税务总局加强非居民企业股权转让所得，采取有力措施，防范非居民企业通过滥用企业组织形式逃避企业所得税。其中，河南省国税局、江苏省国税局查处的两起非居民企业间接转让境内企业股权逃避税收的案例，具有典型意义，值得借鉴。

【案例 3-1】　　河南案例

2010 年 7 月份以来，河南省国税局对漯河市 S 集团有限责任公司（以下简称“S 集团”）的非居民企业股东（美国 G 公司等）在境外间接转让股权取得收益行为，进行了为期近 8 个月的信息收集，调查取证和谈判，在 2011 年 2 月底成功征收了非居民企业所得税共 1.28 亿元，是河南省迄今为止征收的最大一笔非居民企业所得税。

1. 发起案源

2010 年 7 月，税务机关在 S 集团企业重组调研过程中，发现了其境外股东可能存在间接转让股权逃避房地产国税收的行为，立即在网上查询 S 集团下属上市公司公开的几次控股股东股权结构图，并认为关键要掌握其控股股东 L 公司及其上游垂直层级公司在股权转让中所起的作用。

2. 调查取证

税务机关多次到S集团了解其股权被收购、境外股东和股权结构发生变化等情况，并重点了解其控股公司有关经营情况。

一是两次约谈G公司代表及其税务代理。2010年9月，税企双方第一次就其间接转让S集团股权事宜和控股公司的功能进行了充分沟通。税务机关明确指出G公司在中国负有纳税义务，并要求其尽快提供有关资料。会上G公司代表一再强调其在中国没有纳税义务，且拒不提供前两次股权转让有关资料，也涂抹掉2009年8月27日第三次股权转让协议中关键的核心价格信息。在2010年12月21日第二次约谈中，G公司终于承认其第三次股权转让收益为1.37亿美元，并提交了股权转让协议书。

二是约谈L公司负责人。2010年12月17日，河南省国家税务局约谈杨某(S集团董事会秘书及L公司董事兼总经理)，进一步证实了L公司实质上是“导管公司”。

三是约谈股权受让方D公司负责人。税务机于2011年1月21日约谈了焦某(D公司总裁兼L公司董事)，焦某表示S集团境外股东中7个D公司的关联企业实质上是一体的，设在避税地的公司均是空壳公司，且承认G公司和D公司联合购买的是S集团股权，转让的也是S集团股权。

3. 税务处理

基于调查掌握的事实，税务机关认定这一系列复杂的股权结构变化涉及恶意的避税筹划，并判定L公司及其上游垂直层级的有关公司是G公司和D公司专门为收购S集团股权而设立于低税地的特殊目的公司，没有实质的经营活动。根据我国企业所得税法第47条和第3条、实施条例第7条和第120条及698号文件规定，可以认定G公司等境外股东的股权转让实质上是间接转让S集团的股权，该项股权转让收益属于来源于中国境内的所得，我国对其有征税权。同时根据国家税务总局关于如何理解和认定税收协定中受益所有人的通知精神，认定L公司不是S集团股息的“实际受益所有人”，其股息收益不能享受税收安排的优惠税率。

2011年2月28日，G公司根据税务机关作出的认定通知，通过外汇汇入的方式缴纳了股权转让收益税款8 992万元；此前L公司也补缴了2009年度从S集团取得股息所得不应享受5%优惠税率部分的税款3 804万元，总计税款1.28亿元。

【案例3-2】　　江苏案例

2010年1月14日，主要从事风险投资的某跨国投资集团K公司与美国S公司达成协议：K公司将拥有江苏扬州C公司49%股权的香港B公司(K公司的子公司)转让给S公司在香港的全资了公司S1，交易金额达3.5亿美元。经税务机关强化税法宣传和执行力度，成功征收了K公司股权转让收益应缴纳企业所得税1.73亿元。该案成为国家税务总局关于加强非居民企业股权转让所得企业所得税管理的通知下发后非居民企业境外间接转让我国居民企业股权首次被判定在我国负有纳税义务的执行案例，并被英国《国际税收评论》选为2010年度全球两大重要税收事件之一，是21年来我国仅有的5件入选税收大事。

1. 介入

2010年1月29日，税务人员约见了扬州C公司投资方——香港B公司代表及其税务代理人，初步了解股权转让交易情况和交易实质。税务机关要求K公司(实际控制方)提交其与香港S1公司签订的《转让香港B公司股权协议》文件及相关资料。同时，税务机关从网上查阅交易各方情况时发现，美国S公司(香港S1公司的母公司)通过大众媒体正式宣布其收购扬州C公司49%股份的交易已经完成，新闻稿件中并未提及香港B公司。

2. 深入研究

税务机关联合专家小组通过深入研究从企业内部和外部收集的各方面信息，发现有关香港B公司在设立、经营和功能承担等方面主要存在以下疑点：

(1) 股权转让协议中出让方K公司对香港B公司保证条款，显示“无雇员：香港B公司除了公司秘书外，无任何雇员；无其他资产、负债或业务：除持有49%股权外，香港B公司不拥有任何资产或负债，未直接或间接在任何其他公司中持有或控制任何权益，自成立以来未从事过任何其他业务。”

(2) 香港B公司损益表显示该公司除利息收入和汇兑收入外无其他经营收入；费用支出的内容为2007年的开办费、维系公司存在所必需的审计费、律师费、商务注册费等，无其他经费费用；无现金资产；财务报表中未列示支付其委派担任扬州C公司董事会成员、财务总监和运营总监的人员工资费用；该公司成立时股本仅1万港币，但应付母公司负债和对关联公司投资均为6亿多港币，2009年才将应付母公司及关联公司的负债全额转为股本。

3. 税务处理

据此，税务机关认定，香港B公司为无实质经营活动的空壳公司，K公司转让香港B公司的目的就是转让扬州C公司，并以此规避其在我国的企业所得税纳税义务。根据政策规定，江苏省国税局将该事项提请国家税务总局审核。国家税务总局审核后认为应按照经济实质对该股权转让交易重新定性，否定境外投资方即香港B公司的存在，并以该笔股权转让所得征收非居民企业所得税。经过税务机关与K公司的多轮沟通、谈判，K公司最终接受税务机关的判定结果，并于2010年5月18日申报缴纳非居民企业所得税1.73亿元。

上述两个对非居民企业间接转让股权取得收益成功征税的案例，既是税务机关提升对非居民税源的敏感度和强化专业化管理的结果，也是有效维护国家税收权益的突出体现，为各地税务机关进一步做好此项工作提供了有益的借鉴。境外交易双方签订的《股权转让合同》其标的是境外公司股权，但因为境外公司实质上是“导管公司”，因此根据税法规定否定了“导管公司”的税法存在意义，因此合同标的实际是我国境内公司的股权，该项股权转让收益属于来源于中国境内的所得，我国对其有征税权。这是按照经济实质原则对《股权转让合同》涉及的标的进行税法调整和重新定性的典型案例。

税法对合同其他要素的调整分析，详见下面各章相关分析。

第五节　发票与合同调整的关系

合同作为经济交往中双方约定的一种“法律”，也是财务会计核算的原始凭证和税务管理的重要凭证，在经济生活中发挥非常重要的作用，税法在根本性尊重合同的前提下仅仅是在反偷、逃、骗和避税及管理方面等有限领域对合同进行反制与否定。发票作为经济交往中基本的商事凭证，是财务会计核算的原始凭证和税务管理的重要凭证，在经济生活中也发挥重要作用。发票在我国税法体系中占有举足轻重的地位，尤其在经历两次大规模发票治理活动之后加深了发票在税收管理中的重要影响，第一次以刑法为核心打击增值税专用发票违法犯罪活动，持续近10年时间；第二次以《发票管理办法》修订为核心打击普通发票违法犯罪活动，已经持续近5年时间。近年来，受虚假发票“买方市场”需求与“卖方市场”利益的相互刺激，发票违法犯罪活动猖獗，严重扰乱税收征管和财经秩序。各级税务机关按照全国打击发票违法犯罪活动工作协调小组的统一部署和要求，继续保持对打击发票违法犯罪活动工作的高度重视，有针对性地继续开展好打击发票违法犯罪活动工作，继续按照协调小组确定的“打击与建设相结合、治标与治本相结合”原则，着力切断虚假发票供应流通渠道，加强发票监管，全面推进打击发票违法犯罪活动工作，对纳税人发票使用情况的检查是税收检查的必查步骤和必查项目，税务机关对纳税人非法开具、取得等使用虚假发票行为的查处力度将进一步加大，将重点稽核发票和业务的真实性，全面检查纳税人是否存在未按规定开具发票、开具假发票或虚开发票以及利用不符合税法规定的凭证列支成本费用等行为，积极配合相关部门开展假发票“卖方市场”整治，同时认真开展虚假发票“买方市场”整治工作，切实加强发票监督管理。

发票系列规定，发票作为税法的重要组成部分，与合同存在彼此交集与独立的关系。在此以案例探讨我国税法体系中发票与合同的彼此影响和联系。

【案例3-3】　　发票能否改变合同的性质

纳税人问：我公司是专业的爆破工程公司，根据公安部门爆破服务“一体化”管理要求，爆破公司和生产过程中需要实施爆破作业的单位（以下称客户）签订有偿服务合同，明确责、权、利。由爆破公司提供“统一购买、统一配送、统一爆破、统一清退”的“一体化”服务模式。客户爆破工程需要的炸材由我公司代购，根据管理要求，炸材销售发票上的购货单位名称填写的是我公司（即爆破工程公司）的名称，我公司将购货发票原件交给客户并由客户付款给炸材销售单位。我公司收取一定服务费。现在税务部门要求我公司就代购炸材业务按购销合同缴纳印花税，请问我公司是否为印花税的纳税义务人？

答：《印花税暂行条例》的附件《印花税税目税率表》规定，购销合同，包括供应、预购、采购、购销结合及协作、调剂、补偿、易货等合同，按购销金额万分之三贴花。《财政部、国家税务总局关于增值税、营业税若干政策法规的通知》（财税字[1994]26号）规定，代购货物行为，凡同时具备以下条件的，不征收增值税；不同时具备以下条件的，无论会计制度规定如何核算，均征收增值税。

(1) 受托方不垫付资金。

(2) 销货方将发票开具给委托方,并由受托方将该项发票转交给委托方。

(3) 受托方按销售方实际收取的销售额和增值税额(如系代理进口货物则为海关代征的增值税额)与委托方结算货款,并另外收取手续费。

依据上述规定,炸材销售发票注明购货单位为你公司,不属于销货方将发票开具给委托方,代购货物的行为。因此,你公司应按照"购销合同"缴纳印花税。

上述案例核心观念是发票注明购货单位为你公司,不属于销货方将发票开具给委托方,代购货物的行为不成立。该案例的逻辑推理是,首先发票开具不符合代购代销行为;因此该笔业务应当按照购销缴纳增值税;所以代购代销合同行为应该按照购销合同行为缴纳印花税。这里存在的关键问题是,营业税法、增值税法对代购代销合同的税法评价是否能够取代合同法对代购代销合同的评价。对代购代销合同税法评价存在两条路径:代购货物行为,凡同时具备以上条件的,不征收增值税,征收营业税;不同时具备以上条件的,无论会计制度规定如何核算,均征收增值税。这是税法评价结论。我们不能因为税法评价结论而改变合同法上合同性质。

合同法上对委托合同的定性与特征描述:委托合同是指受托人为委托人办理委托事务,委托人支付约定报酬或不支付报酬的合同。其特征有:委托合同是典型的劳务合同;受托人以委托人的费用办理委托事务;委托合同具有人身性质,以当事人之间相互信任为前提;委托合同既可以是有偿合同,也可以是无偿合同;委托合同是诺成的、双务的合同。委托合同又称委任合同,是指委托人和受托人约定,由受托人处理委托事务的合同。一份合同只要具备合同法上对委托合同的定性与特征描述要求,就构成委托合同,与税法是否当成委托合同处理无关。比如,捐赠合同在税法上被当成视同销售处理,但被当成视同销售处理的捐赠合同仍然是合同法上的捐赠合同,而不因为税法评价改变为销售合同。

另外,《中华人民共和国印花税暂行条例》(以下简称《印花税暂行条例》)附件《印花税税目税率表》规定的合同性质与营业税、增值税、企业所得税、个人所得税等税法评价无关联。税法是一个整体系统,每种税法独立构成子系统,与其他子系统税法既存在联系又保持区别,税种之间不可以互相适用。因此本案例引用营业税、增值税有关规定征收印花税是不妥当的。

【案例 3-4】 确认应税收入与扣除:发票关系是否优先于合同关系

A 项目总建筑面积为 1 万平方米,预售证不满 3 年,已签订合同,收取款项并开具发票的建筑面积为 8 300 平方米。2010 年 7 月销售一套房子,200 平方米,签了销售合同,售房总额 100 万元,未开具发票。根据合同规定,属分期付款,已收到款项 50 万元,占销售额的 50%。

国税函[2010]220 号《关于土地增值税清算时收入确认的问题》明确规定,土地增值税清算时,已全额开具商品房销售发票的,按照发票所载金额确认收入;未开具发票或未全额开具发票的,以交易双方签订的销售合同所载的售房金额及其他收益确认收入。销售合同所载商品房面积与有关部门实际测量面积不一致,在清算前已发生补、退房款的,应在计算土地增值税时予以调整。

土地增值税确认收入问题很重要,因为它不单影响清算结果,而且对纳税人是否符合清算条件也很重要。特别在运用可清算条件中第1条可售面积比例85%的计算中,尤为关键。在以往的土地增值税清算的文件中,一直以来都没有明确如何确认收入,国税函[2010]220号文件是首次出现。在这里,有两种理解:

第一种理解:按照220号文件第1条规定,应是确认收入100万元,已售面积200平方米,总已售比例达到85%,可进行清算。在清算中,扣除项目里税金的扣除,由于这100万元没有开具税票,所以不能扣除相关税金。

第二种理解:国税函[2010]220号文件第1条是确认收入额,不是确认收入,也就是在已确认为收入的情况下,才讨论收入额以什么为准的问题。那么收入如何确定呢,土地增值税法没有明确规定,如果按照企业所得税法或营业税法相关规定,在已确定为完工产品的基础上,收入应确认50万元,已售建筑面积100平方米,总已售比例只有84%,未达到比例,如果没有其他条件,则不符合清算条件。即使该项目符合清算条件,这笔收入也只能确认50万元,已售面积确认100平方米。

对上例的两种理解相差甚远,如果是按第一种理解,则对企业是相当严厉的,如果总局没有再补充,只能按第一种理解处理,因为税种之间的规定并不能通用。

国税函[2010]220号文件将确认收入的标准与依据确定为发票与合同;在发票与合同之间,发票优先于合同。这与合同在经济交往中的法律地位是不相称的。发票的根源可以说在于经济合同,而不是税法。之所以开具与接收发票,以及在什么时间开具发票,开具发票的内容与项目如何确定,都是由合同决定的,而不是由税法决定的。合同影响发票的路径是:合同通过影响税收实体法的各种要素产生的税法效果,进而根据这些税法效果影响发票管理法的各种要素,如开具、接受、种类、内容、区域等。因此在确认收入的标准与依据上应当首选合同,是否开具发票或发票开具金额多少是次要的考虑因素。

国税函[2010]220号文件关于房地产开发企业未支付的质量保证金,其扣除项目金额的确定问题规定如下:房地产开发企业在工程竣工验收后,根据合同约定,扣留建筑安装施工企业一定比例的工程款,作为开发项目的质量保证金,在计算土地增值税时,建筑安装施工企业就质量保证金对房地产开发企业开具发票的,按发票所载金额予以扣除;未开具发票的,扣留的质保金不得计算扣除。

《建设工程质量保证金管理暂行办法》第2条规定,本办法所称建设工程质量保证金(保修金)(以下简称保证金)是指发包人与承包人在建设工程承包合同中约定,从应付的工程款中预留,用于保证承包人在缺陷责任期内对建设工程出现的缺陷进行维修的资金。同时,第7条规定,全部或部分由政府投资的工程项目,发包方可以预留5%的质量保证金,用于缺陷责任期内的维修责任,其他工程参照适用该标准。

开具发票,土地增值税清算可以扣除且可以加计扣除20%;未开具发票,则不得计算扣除。国税函[2010]220号清算的政策较为严厉。而企业所得税处理则较为宽松:国税发[2009]31号第32条第2款规定,对未结算的工程款可以按照工程合同金额10%进行预提。

国税函[2010]220号关于质量保证金扣除规定,也是遵循发票凭证优先于建设工程承包合同凭证;在土地增值税扣除项目规定上以发票为优先标准,但是没有考虑到在发票不允许开具情况下合同应该作为扣除的标准与依据。根据《营业税暂行条例实施细则》第24条第2款规定,所谓索取营业价款凭据的当天,是指书面合同确定的收款日期,而发票开具时间,应当与纳税义务发生时间一致。因此,质量保证金在建设方没有支付给建筑安装企业前,不应该开具发票。质量保证金一般约定在工程验收2年后支付,根据《营业税暂行条例实施细则》第24条第2款规定,应付时间就是纳税义务发生时间,就是发票开具时间。在这种情况下,土地增值税扣除依据仍然以发票为唯一选择而无视合同存在,无异要求纳税人提前开具发票,提前完成纳税义务,是明显违背税法要求的。

【案例3-5】　决定混合销售分别核算的因素

钢结构公司承揽市体育馆工程,总承包价格为3 000万元,开具建筑发票3 000万元。工程合同造价审计结果显示,钢结构材料及加工费2 600万元,设计费、安装费400万元。

钢结构公司承揽市体育馆工程,总承包价格为3 000万元,工程合同造价审计结果显示,钢结构材料及加工费2 600万元,设计费、安装费400万元。开具建筑发票3 000万元是违反营业税法与增值税法规定的,应该开具建筑发票400万元,申报营业税;开具增值税普通发票2 600万元,申报增值税。《营业税暂行条例实施细则》第7条规定,纳税人的下列混合销售行为,应当分别核算应税劳务的营业额和货物的销售额,其应税劳务的营业额缴纳营业税,货物销售额不缴纳营业税;未分别核算的,由主管税务机关核定其应税劳务的营业额:①提供建筑业劳务的同时销售自产货物的行为。②财政部、国家税务总局规定的其他情形。《增值税暂行条例实施细则》第6条规定:纳税人的下列混合销售行为,应当分别核算货物的销售额和非增值税应税劳务的营业额,并根据其销售货物的销售额计算缴纳增值税,非增值税应税劳务的营业额不缴纳增值税;未分别核算的,由主管税务机关核定其货物的销售额:①销售自产货物并同时提供建筑业劳务的行为。②财政部、国家税务总局规定的其他情形。

以上两个条文都突出"分别核算"在混合销售税务处理中的重要作用,而不是根据发票开具情况决定税务处理方式。混合销售分别核算的决定因素应该是合同,而不是发票。只有合同明确具体项目(营业税应税行为与增值税应税行为及金额),才能决定财务会计核算方向与内容,进而决定发票开具种类、金额和时间。纳税人未分别核算的,由主管税务机关核定其应税劳务的营业额和其货物的销售额,核定的依据应该是合同上有关应税劳务行为和货物销售行为及金额的约定情形。

通过以上分析得出的结论是,混合销售分别核算的决定因素应该是合同,进而彰显合同在会计核算和发票管理中的重要地位。

【案例3-6】 **虚开发票**

2011年2月,建筑公司承揽海堤坝工程,总承包合同价格为60 000万元,工程期限为2年.建设方为了达到向上级投资部门多要拨款目的,要求建筑公司在2011年2月前即工程未开工情况下提前开具建筑发票20 000万元,开具发票涉及的营业税及附加税费由建设方承担支付,建设方划拨660万元用于缴税开票。后因各种原因导致海堤坝工程一直未能开工。2012年5月,税务机关检查发现此问题,要求建筑公司补缴建筑发票20 000万元的企业所得税。建筑公司以实际未开工所以不能构成收入为理由与税务机关发生争议。

从性质上判断该案例属于虚开发票案件,而不属于偷漏税案件。《发票管理办法》第22条规定,开具发票应当按照规定的时限、顺序、栏目,全部联次一次性如实开具,并加盖发票专用章。任何单位和个人不得有下列虚开发票行为:①为他人、为自己开具与实际经营业务情况不符的发票。②让他人为自己开具与实际经营业务情况不符的发票。③介绍他人开具与实际经营业务情况不符的发票。

建筑公司承揽海堤坝工程,签订的总承包合同是真实有效的,只是因为各种原因导致海堤坝工程一直未能开工,属于合同履行不能情形,合同本身不是虚假合同。建筑公司为了承揽工程提前开具建筑发票20 000万元,虽然缴纳了营业税及附加税费660万元,但仍然违背《发票管理办法》第22条规定,为他人开具与实际经营业务情况不符的发票,这里"实际经营业务情况"应该指实际工程进展情况、签订付款条款等。在实际经营业务情况是未开工也未预付工程款20 000万元情况下,开具发票应当属于未按照规定的时限开具,构成虚开发票行为。也就是说,合同本身不是虚假合同情形下,如果开具发票与合同履行情况及签订内容条款不一致,同样可能构成虚开发票行为。应该按照《发票管理办法》第37条规定进行处理:违反本办法第22条第2款的规定虚开发票的,由税务机关没收违法所得;虚开金额在1万元以下的,可以并处5万元以下的罚款;虚开金额超过1万元的,并处5万元以上50万元以下的罚款;构成犯罪的,依法追究刑事责任。

前文已经论述发票在我国税法体系中的重要地位,该案例的关键是虚开发票行为是否需要补缴税款。首先借鉴增值税法有关规定,国税发[1995]192号与国税发[1995]415号关于虚开、代开的增值税专用发票的处罚问题规定，对纳税人虚开、代开的增值税专用发票，一律按票面所列货物的适用税率全额征补税款，并按《税收征收管理法》的规定给予处罚。但是该文件局限在增值税方面，显然不能扩大到其他税方面执行。一般认为，发票的开具（包括按规定开具和不按照规定开具两种情形）一定产生纳税义务。其实税法规定正好与此相反，即纳税义务的发生必然产生发票的开具。《发票管理办法细则》第26条填开发票的单位和个人必须在发生经营业务确认营业收入时开具发票。发生经营业务确认营业收入应该是指营业税、增值税确认营业收入发生时间为准。因此提前或滞后开具发票都不能导致提前或滞后申报缴纳税款，因为纳税义务发生的时间是由实体税法规定的，而不是发票办法规定的。但是有两种情形需要分析：一是《发票管理办法》第16条规定，需要临时使用发票的单位和个人，可以凭购销商品、提供或接受服务以及从事其他经营活动的书面证明、经办人身份证明，直接向经营地税务机关申请代开发票。依照税收法律、行政法规规定应当缴纳税款的，税务机关应当先征收税款，再开具发票。这里关于"先"的规定的具体含义是否超越了税法关于纳税义务发生时间的规定。仔细分析发现，需要临时使用发票的单位和个人，应当向税务机关提供书面证明，如果书面材料证明其发生经营业务已经确认营业收入成立，则税务机关同意代开发票；如果书面材料证明其发生经营业务尚未确认营业收入成立，则税务机关不应当同意代开发票的申请。这里关于"先"的规定不是违反《发票管理办法细则》第26条开具时间的规定，也不是依纳税人申请就可以开具的行政行为，应当包含审查与核定的含义。二是《增值税条例》第19条规定，增值税纳税义务发生时间：销售货物或应税劳务，为收讫销售款项或取得索取销售款项凭据的当天；先开具发票的，为开具发票的当天。这里关于"先"的规定，是以发票为优先确认标准，是纳税义务的发生必然产生发票的开具原则的例外。为什么在增值税条例里出现先开具发票的，为开具发票的当天作为纳税义务发生时间的规定，而在营业税条例里没有此规定？最大原因在于增值税实行发票抵扣制度，先开具发票必然导致接受方先抵扣税款，因此如果先开具发票不先缴纳，那么对方的税款却先抵扣完毕，对国家财政造成巨大损失与不公。这种规定已经扩大到增值税减免税领域，如《关于中国邮政集团公司邮政速递物流业务重组改制有关税收问题的通知》财税[2011]116号规定：对因中国邮政集团公司邮政速递物流业务重组改制，中国邮政集团公司向中国邮政速递物流股份有限公司、各省（包括自治区、直辖市，下同）邮政公司向各省邮政速递物流股份有限公司转移资产应缴纳的增值税、营业税，予以免征。纳税人如果已向购买方（或接收方）开具了增值税专用发票，应将增值税专用发票追回后方可申请办理免税；凡增值税专用发票无法追回的，一律照章征收增值税，不予免税。

回到本案例，建筑公司已经缴纳的营业税，根据营业税条例属于不应当缴纳的税款(未发生应税劳务也未取得对应收入),因此应当退税。从企业所得税法关于收入确认来看,该开具发票 20 000 万元,不属于营业税确认的收入,也不符合财务会计确认的收入,更不构成企业所得税收入确认条件,因此无需补缴企业所得税。本案例应当按照发票管理办法处理。

本案例的启示是,我国税法实践中对合同的尊重程度远远低于对发票的重视程度,产生一种弊端,即将合同交易与发票关系分离。前文已经分析,发票关系是依附在合同关系之上的从属关系,但由于税务机关与纳税人的高度重视,导致发票关系超越合同关系,甚至反而制约合同关系对税法的影响程度。因此不能真正认识应税合同的本身,被发票纠结其中,得出不合法的、错误的税务处理结论。

本节通过发票案例分析,发现发票对适用税种、确认收入、扣除、界定违法性质等形成巨大的冲击,切割了税制要素与合同要素之间的联系。造成这种现象的根源在于,税收工作作为大量重复的行政工作,必须讲究征管效率,迫使税务机关无暇顾及税收法定主义的细致要求,形成税收法定主义原则向征管效率原则让步的局面。只是这种现象未能引起实务界与理论界的反省,通过立法如何协调两大原则,如何确定彼此权力的界限,是税法立法上需要考量的重大课题。

第六节 税法对合同调整的权力界限

税法对合同行为的尊重与借助不是没有界限的,其尊重与借助的程度受到税法的约束,同样道理,税法对合同行为的干预与反制也不是没有界限的,其干预与反制的程度一样受到税法的约束。避税问题仅仅是税法定性理论与技术所针对的一个问题,而不是全部问题。对合同行为与应税行为的定性调整分析是税法中一个难点与重点问题所在,是纳税人与税务机关最为重视的领域,是纳税人与税务机关博弈最激烈、最残酷的领域,也是司法机关判断税案最集中的领域,归根到底就是纳税人与税务机关对具体合同行为的定性与抽象应税行为的定性上存在不同的认识,同时税法又没有明确对该行为的属性分析。从整体法律观分析,税法定性就是自由与权力的界限问题。纳税人合同自由的边界在哪里?税法对合同调整的权力边界又在哪里?本书在后面第 11 章才能回答前一个问题,现在必须讨论税法的权力界限问题。

税法对合同自由有两种不同的态度:

税法对关联方之间交易合同的强烈关注,并实施一系列的特别纳税调整,体现税法对这种关联主体之间自由的怀疑与考量。与税法对非关联合同关注程度相比,这种干预在层次上和顺序上是占先的,关联方的合同无论是否涉及避税,都必须首先纳入税法调整的范围，从一开始税法就先入为主地认定关联合同自由具有“原罪”的，经过考量后，才能获得税法肯定评价。比如在企业所得税申报义务中专门要求纳税人对关联方交易合同提供详细完备资料，这就说明关联方合同在税法心中处于受到特别“关照”的位置。

但是对于非关联主体滥用合同自由，采取种种法律行为进行避税，税法本身不能直接对此干预，因为在干预之前，税务机关对独立合同自由是持充分肯定态度的，也就是说，税法对合同自由采取谨慎干预原则。只有在税务机关发现纳税人滥用合同自由进行安排的主要或唯一的目的是谋划避税时，税务机关才能启动反避税程序，对合同进行税法定性与定量审查。税法对关联合同自由与独立合同自由的两种不同态度，体现了税法对合同自由的不同程度的尊重与反制，这是以往税务学界所忽视的细微差别。

税法对合同调整的法律依据主要由两部分构成：税法与税法之外的法律。税法与其他法律之间在对应税行为进行定性时所发挥的作用是不同的，前面已经探讨过对应税行为进行定性时，税法发生的作用是后续的，税法之外的法律起到基础作用和前置作用；而且这种互相作用形态不是线性发展的，而是呈现回旋往返，互相激荡求证的形态。

税法对合同调整的规定又分为两个部分：

一是已经明确的税法规定。已经明确的税法规定又可分为两种类型：其一是税法具体要求对合同性质与数量及其他方面进行调整，如对关联企业往来价款的规定；其二是税法一般要求对合同安排方面进行调整，如一般反避税条款的安排。

二是未明确的税法规定。未明确的税法规定为什么能够对合同行为进行调整？它主要是通过对现有税法的解释与类推。这种税法解释的广泛存在的原因，在于我国对税法定性立法的亏缺，在《税收征收管理法》、《增值税暂行条例实施条例》、《营业税暂行条例实施条例》、《消费税暂行条例实施条例》和《个人所得税法》等法律法规中缺少对应税行为属性分析的制度安排。在《企业所得税法》中也仅是围绕避税行为进行了特别调整。实际上对应税行为属性的界定，远远超越避税领域，在所有税法适用之前必须完成对应税行为的定性，才能在实体税法上界定纳税义务是否成立；继而才能在程序法上界定已经发生的纳税行为的法律属性（如偷税、逃税、骗税、抗税、避税、未申报税、漏税等）。

税法之外对合同行为的调整主要是民商法与行政法。民商法对税法定性提供基础分析工具与分析视角，但是行政法对交易行为的定性直接决定了税法的适用，因为与民事行为相比较，行政行为的发生、确认与变更具有先在的公信力与确定执行力，一旦行政行为干预了合同行为，除非另有行政裁决和司法判决外，合同行为的性质必然受到行政确认。

下面以土地拆迁过程中合同行为与行政行为交集为例，分析合同行为的税法定性中行政行为的作用。

【案例 3-7】

1. 案件事实

房地产公司与工业工程公司达成《土地拆迁补偿合同》，房地产公司支付拆迁补偿费 6 600 万元，同时收到工业工程公司开具自制白条收据一份。税务机关要求房地产公司取得拆迁补偿发票才能在土地增值税清算中给予扣除，要求工业工程公司收到的拆迁补偿费 6 600 万元按照转让土地使用权申报营业税及附加。

2. 税法定性分析过程

(1) 开具与取得发票只能发生在应税行为的范围内，而不能发生在不征税业务中。《中华人民共和国发票管理办法》第 3 条规定，本办法所称发票，是指在购销商品、提供或者接受服务以及从事其他经营活动中，开具、收取的收付款凭证。《中华人民共和国发票管理办法实施细则》第 26 条规定，填开发票的单位和个人必须在发生经营业务确认营业收入时开具发票。未发生经营业务一律不准开具发票。按照目前税法规定，"购销商品、提供或者接受服务以及从事其他经营活动"确认营业收入是指营业税、增值税两个条例征税范围的业务。

房地产公司向工业工程公司支付拆迁补偿费不属于应税行为范围，因此根据《发票管理办法》，房地产公司没有义务也不能取得发票，假如能够取得发票，该行为就是违反税法的行为。

(2) 拆迁补偿费是否属于应税行为范围决定是否取得发票，所有问题的关键在于拆迁补偿费是否属于征税行为范围。相关税法如国税函[2007]969 号、国税函[2008]277 号和国税函[2009]520 号三个文件表达同一种观点：根据《营业税税目注释（试行稿）》（国税发[1993]149 号）的规定，土地使用者将土地使用权归还给土地所有者的行为，不征收营业税。

税务机关的第一个判断依据：房地产公司向工业工程公司支付拆迁补偿费，取得了工业工程公司地块的土地使用权，也就是说，工业工程公司未将该地块的土地使用权归还给土地所有者，而是直接转让给房地产公司了。

这是从资金运动表象分析业务性质造成的误解。只有根据《中华人民共和国土地管理法》和房地产国城市土地招拍挂程序规定，才能理解土地的划拨、出让和转让的区别，才能正确分析业务的税收性质。

根据《中华人民共和国土地管理法》规定，我国国有土地分配和转让的基本方式有以下七种：

(1) 划拨，是指县级以上人民政府依法批准，在土地使用者缴纳补偿、安置等费用后将该幅土地交付其使用，或者将国有土地使用权无偿交付给土地使用者使用的行为。

(2) 出让，是指国家以土地所有者的身份将国有土地使用权在一定年限内出让给土地使用者，由土地使用者向国家支付土地使用权出让金的行为。

(3) 租赁，是指国家作为土地所有者将土地使用权出租给使用者使用，由使用者与县级以上人民政府土地行政主管部门签订1年期的土地使用租赁合同,并支付租金的行为。

(4) 作价出资(入股),是指国家以一定年期的国有土地使用权作价,作为出资投入改组后的新设企业,该土地使用权由新设企业持有。

(5) 授权经营,是指国家根据需要,可以一定年期的国有土地使用权作价后授权给经国务院批准设立的国家控股公司,作为国家授权投资机构的国有独资公司和集团公司经营管理。

(6) 转让,是指土地使用者将土地使用权再转移的行为,包括出售、交换和赠与。

(7) 出租,是指土地使用者作为出租人将土地使用权随同地上建筑物、其他附着物租赁给承租人使用,由承租人支付租金的行为。

暂且不讨论以上七种类型中的其他五种,现仅说明国有土地使用权出让与土地使用权转让的区别:

(1) 两种行为的当事人不同。国有土地使用权出让行为的当事人,一方是作为土地所有者代表的市、县人民政府土地管理部门等,另一方是土地使用者。土地使用权转让行为的当事人双方都是普通的土地使用者。

(2) 两种行为的标的不同。国有土地使用权出让行为的标的与土地使用权转让者所涉及地块的面积和让渡期限往往不一致。转让者所涉及地块的面积只能是转让者自己拥有的面积,出让行为的标的可以大也可以小,在国家调节与规划之内。

(3) 两种行为的运行机制不同。国有土地使用权出让的运行机制体现为垄断竞争性,需要通过招、拍、挂程序进行运作。土地使用权转让的运行机制则是平等当事人之间的协议。

(4) 两种行为的当事人的权利与义务不同。从现行法律规定来看,国有土地使用权出让时,土地使用者应当在签订土地使用权出让合同后60日内,支付全部土地使用权出让金。土地使用者支付出让金后,须依法将土地使用权取得登记手续,领取《国有土地使用证》,并按照出让合同的要求开发、利用和经营土地,若需要改变土地用途的须经过政府及有关部门审批,重新签订出让合同。对于未按出让合同规定期限和条件开发、利用土地或擅自改变其土地用途的,将受到政府部门的行政处罚,直至收回土地使用权。而在土地使用权转让时当事人的权利义务主要限定在原来土地使用权出让合同所规定的范围之内,如工业用地只能是工业用地,转让行为不能改变原来土地使用权出让合同所规定的使用范围。土地使用权转让后,原转让人便不再与土地使用权出让人发生权利与义务关系,而由转让行为中的新的受让人继承尚未履行的义务。同时,转让双方当事人应就转移土地使用权及出让合同和登记文件中所载明的权利义务等办理过户登记手续。

上例中，房地产公司还与市国土局签订了《国有土地使用权出让合同》，则该合同表明：

(1) 行为主体不同。一方是市国土局，代表政府；另一方是房地产公司，代表普通使用者。

(2) 行为的标的不同。房地产公司取得的土地面积是 X 万平方米；而原来工业工程公司土地证上的面积是 Y 万平方米；如果房地产公司从工业工程公司取得土地，面积就会正好等于原来的面积，实际上房地产公司从市国土局取得的土地面积不等于原来工业工程公司土地证上的面积。

(3) 行为的运行机制不同。房地产公司与市国土局签订了《国有土地使用权出让合同》是采取了招、拍、挂程序公开竞买所得；如果仅依靠《拆迁补偿协议》能够取得土地使用权，为何还要参加政府的竞买程序？市国土局文件明确了房地产公司根据《招标拍卖挂牌出让国有土地使用权规定》以最高价 Z 万元中标事实。

(4) 行为当事人的权利义务不同。房地产公司根据《招标拍卖挂牌出让国有土地使用权规定》以最高价 Z 万元中标，根据政府要求在签订《土地使用权出让合同》后 60 日内，支付全部土地使用权出让金。土地使用者支付出让金后，须依法将土地使用权取得登记手续，领取《国有土地使用证》，并按照出让合同的要求开发、利用和经营土地。如果房地产公司能够通过《拆迁补偿协议》能够取得土地使用权，是通过转让得到了该土地，就不能改变原工业工程公司的土地性质，只能是工业用地，而不能是房地产用地。实际上房地产公司通过《土地使用权出让合同》已经改变了原来土地性质，因此不是从工业工程公司那里获得的，因为工业工程公司无权改变自己的用地性质，只有政府才能改变，因此房地产公司是从政府那里竞买该土地的。

结论：税务机关的第一个判断依据：房地产公司取得土地使用权，是按照《招标拍卖挂牌出让国有土地使用权规定》的程序，从政府手中竞买的；该土地的面积与性质全部发生了根本性变化，因此不可能从工业工程公司购买，工业工程公司无权改变自己的用地面积与性质。

税务机关的第二个判断依据：房地产公司既然从政府手中竞买土地，为什么要向工业工程公司支付补偿款。按国税函[2009]520 号解释，“支付征地补偿费的资金来源是否为政府财政资金”并不是判断是否征税的依据。从理论上看，房地产公司应该先将拆迁补偿金支付给国土局或财政局，再由国土局或财政局支付给工业工程公司。但是在全国土地运作实践中，一般都是由竞买者与该土地原来使用者直接达成补偿协议，国家不干预补偿多少的问题，由双方谈判签订，由竞买者直接向该土地原来使用者支付补偿金。所以才有“支付征地补偿费的资金来源是否为政府财政资金”并不是判断是否征税的依据。

税务机关的第三个判断依据：纳税人将土地使用权归还给土地所有者时，只要出具县级（含）以上地方人民政府收回土地使用权的正式文件，无论支付征地补偿费的资金来源是否为政府财政资金，该行为均属于土地使用者将土地使用权归还给土地所有者的行为，不征税。工业工程公司未能出具县级（含）以上地方人民政府收回土地使用权的正式文件。

政府土地运作机制的不完善导致纳税人合同行为混乱。在政府推进城市化建设过程中存在种种跨越式发展，办理许多超越了常规的事项。比如，在土地拆迁上，按照规定政府将已经拆迁好的土地出让给房地产公司，而现实是由房地产公司直接去拆迁补偿，这是政府土地运作机制不完善导致纳税人之间产生直接补偿费用的问题。国土局没有向工业工程公司发出收回土地的书面文件，而是通过政府开会、三方协商等非正式行政行为方式，促成土地拆迁转让，行政机关不完整的行政行为导致工业工程公司未能出具县级（含）以上地方人民政府收回土地使用权的正式文件。

工业工程公司虽然未取得地方人民政府收回土地使用权的正式文件，但是从房地产公司提供的证据资料中可以推断存在已经收回土地使用权的事实。

房地产公司提供的土地增值税汇缴资料中包括了以下证据：

（1）房地产公司与工业工程公司签订的《拆迁补偿协议》。

（2）市国土资源局文件。

（3）房地产公司与市国土资源局签订的《国有土地使用权出让合同》。

（4）中华人民共和国国有土地使用证。

（5）市发展和改革委员会文件。

（6）中华人民共和国建设用地规划许可证。

根据最高人民法院关于行政诉讼证据若干问题的规定（法释[2002]21 号），以上证据的法律效力是不同的，第 63 条规定，证明同一事实的数个证据，其证明效力一般可以按照下列情形分别认定：①国家机关以及其他职能部门依职权制作的公文文书优于其他书证。②数个种类不同、内容一致的证据优于一个孤立的证据。

也就是说，根据房地产公司与工业工程公司签订的《拆迁补偿协议》这一个合同证据，不能证明工业工程公司向房地产公司转让了土地及房屋。因为《拆迁补偿协议》作为一个合同证据在效力上远远低于市国土资源局文件、中华人民共和国国有土地使用证、市发展和改革委员会文件和中华人民共和国建设用地规划许可证及《国有土地使用权出让合同》；以上证据都是属于“国家机关以及其他职能部门依职权制作的公文文书”，并且在效力上属于“数个种类不同、内容一致的证据优于一个孤立的证据”。

从上述案例可以看出，纳税人之间的合同行为中一旦存在行政行为的干预与调整，税法就必须重视行政法对合同行为的定性，因为从证据效力上分析国家机关以及其他职能部门依职权制作的公文文书优于纳税人之间签订的一般合同文书。同时还要考虑在我国法制尚未健全情况下一些政府行政行为出现未按照行政程序或未按照规定出具行政文书等不合法现象，这导致在应税行为定性分析中缺少一定书面材料的支撑，此时不能以没有相应资料为借口而忽视对应税行为的定性分析，必须考虑整体事件的发生过程和结果，考虑现实国情，正确判断应税行为的性质。

下面再以企业重组中承诺补偿合同为例，分析合同行为的税法定性、合同定性与财务会计定性的优先选择问题。

【案例 3-8】 这是一起发生在 2009 年 5 月的普通的企业资产重组业务案例，交易全部以现金支付，适用一般性税务处理。

股权收购中当事各方：收购方：上海公司。转让方：武汉公司。被收购企业：江苏公司，注册资本 1 亿元，非上市公司。

被收购企业股权结构：武汉公司出资 8 500 万元占 85%；其他方出资 1 500 万元占 15%。交易价格：上海公司收购武汉公司拥有 75%的股权，以基于未来收益预期的估值方法对江苏公司资产进行评估并作为交易依据，交易价为 1.3 亿元。特别承诺：武汉公司溢价转让股权，因此武汉公司向上海公司承诺，江苏公司资产实际盈利数不足利润预测数的差额部分由武汉公司用现金补偿。

2010 年江苏公司资产实际盈利数与预测相差 3 487 万元，武汉公司于 2011 年 5 月 30 日前将差额补偿款补偿到位。

以下是[案例 3-8]的行为定性探讨。

在江苏公司或上海公司收到武汉公司的补偿款 3 487 万元后，引发我们对于双方税务处理问题的思考，即收到的补偿款是否要缴纳企业所得税？支付的补偿款又能否在企业所得税前扣除？要正确回答这些问题，实际上需要我们对于这一补偿款的性质有一个清晰的认定。主要有以下几种意见：

（1）捐赠说。该种观点认为，业绩补偿款的性质为捐赠。接受方应将该款项作为接受捐赠收入，当期缴纳企业所得税。支付方如为企业，作为非公益性捐赠，不得在企业所得税前扣除；支付方如为个人，不存在退税。

（2）违约金说。该种观点认为，业绩补偿款的性质为违约金。支付方可以作为费用在当期扣除，接受方作为当期收入缴纳企业所得税。

（3）保证合同说。该种观点认为，业绩补偿实为原股东对投资人提供的一种盈利保证，法律上应视为担保条款。业绩不达标时的补偿款应作为履行保证赔偿责任。对于该业绩补偿款，支付方应根据《企业资产损失所得税税前扣除管理办法》(国家税务总局公告 2011 年 25 号)第 44 条判断是否能够税前扣除。

(4) 合同价款调整说。该种观点认为,业绩补偿本质为原合同价款的调整。对于该业绩补偿款,接受方应冲减长期股权投资成本,支付方应冲减以前年度收入,涉及退税时,税务机关应予办理。

(5) 衍生工具说。该种观点认为,业绩补偿约定实为嵌入式衍生工具——看跌期权。业绩补偿款可简化处理,接受方作为投资收益,支付方作为投资损失,根据国家税务总局公告 2011 年 25 号申报扣除。

总结:第一,从合同法角度可以否定赠与说、违约说和担保说三种观点。《合同法》专门对赠与合同进行了规定:"赠与合同是赠与人将自己的财产无偿给予受赠人,受赠人表示接受赠与的合同。"赠与合同属于无偿合同、单务合同、诺成合同。而业绩补偿条款显然不具有该法律特质。《合同法》第 107 条规定:"当事人一方不履行合同义务或者履行合同义务不符合约定的,应当承担继续履行、采取补救措施或者赔偿损失等违约责任。"由此可见,违约责任的存在是有前提的,即不履行合同或者履行合同义务不符合约定,而在收购股权过程中,合同各方均未出现不履行合同或者履行合同义务不符合约定的情形的。相反,业绩补偿的兑现正是合同条款得到了良好履行。根据《担保法》的规定,保证是指保证人和债权人约定,当债务人不履行债务时,保证人按照约定履行债务或者承担责任的行为。保证人和债权人应当以书面形式订立保证合同。在业绩补偿过程中,只存在两方,即收购方和被收购方,并不存在三方,而且业绩补偿条款也并非书面的保证合同。

五种方式中,捐赠说对纳税人最为不利。违约说和衍生工具说两者虽然处理不同,但最终结果却一致。价款调整说是对纳税人最为有利的一种处理方式,也是符合合同法上的定性。

第二,会计处理优先于合同定性的潜在法理。《企业所得税法》第 21 条规定,在计算应纳税所得额时,企业财务、会计处理办法与税收法律、行政法规的规定不一致的,应当依照税收法律、行政法规的规定计算。第 21 条规定隐藏的逻辑是,一项业务如果税收法律、行政法规没有明确规定,则优先适用企业财务、会计处理办法。从法律性质上分析,股权收购合同属于合同法上的无名合同,可适用《合同法》总则的规定,来判定业绩补偿条款的法律性质。《合同法》总则第 5 章合同变更中第 77 条规定:"当事人协商一致,可以变更合同。"合同法立法理念为最大限度尊重当事人的意思自治,包括合同各要素的变更,该业绩补偿条款可以视为附条件的合同价款变更。既然对业绩补偿款法律性质应当认定为合同价款调整,因此根据企业所得税法,对原转让合同的补偿相当于销售折让或部分退回,对转让方和收购方来说,应当调整相应收入和资产的确认价值,即取得补偿款的一方在取得时不作为应税收入征收企业所得税,而是作为当初取得资产的计税基础的冲减。而支付补偿款的一方支付的补偿款是作为其当初取得的资产转让收入的一种调减，在企业所得税上，应调减其转让当期企业所得税应纳税所得额，发生多缴税款的应给予退税或抵扣。但是会计上主流意见是将估值调整机制工具视为看跌期权进行会计处理，财务处理上将业绩补偿确认为看跌期权，交易双方按照投资损益处理。合同法上推论出的资产价值的调整与财务会计上看跌期权的处理，从企业所得税法最终处理结果上看，仅是时间性差异；但是在现实时间节点上，根据《企业所得税法》第21条规定，业绩补偿应该优先适用财务会计处理规定，按照投资损益处理。这是目前综合考量税法、合同法与财务会计各种因素后的较佳选择。但是第21条规定潜在的法理还需探讨，财务会计对合同性质的财务评价优先于合同法的法律评价，进而影响税法评价，这一法理路径是值得质疑的。

从以上案例可以看出，税法在考量合同行为的性质时，除了考量税法与合同法外，还要考虑会计法对合同行为效果的定性处理，尤其在《企业所得税法》第21条规定中隐藏了会计定性优先于合同法定性的潜在规则。

税法对合同定性与调整，必须考虑所有与该合同有关的法律法规，首先在税法之外的法律之间寻找法际平衡与整合，其次在税法与其他法律之间寻找法际平衡与整合，最后在税法内部之间寻找法际平衡与整合，这是到达税法定性的三部曲。

税法对合同行为调整的主体应该包括税务机关、纳税人、扣缴义务人、司法机关、除税务机关之外的其他行政机关和合同相对方及有关的第三方。这些主体都可以依据税法、行政法、刑法、民商法等对合同属性进行各种法律角度的定性分析。只有全面分析才能找到最适用税法定性的结论。

税法对合同行为的调整在法律表达上呈现片面性，如税务机关有权根据税法对商业安排进行调整。这种片面授权的表达方式产生两种危害：一是税务机关得到一种高高在上的调整权力，而且这种权力的边界比较模糊，因此调整的空间相对巨大，对纳税人的权利侵害的空间也就相对巨大；二是纳税人、扣缴义务人、合同相对方及有关的第三方、除税务机关之外的其他行政机关都无权表达对合同行为调整的表达权。假如在合同行为中增加了行政因素，而且这种行政因素起到了关键与根本作用，那么在合同行为定性上是否应当听取相应行政机关的意见？同样道理，税务机关在合同调整中是否应该更多听取合同相对方及有关第三方的意见。因此税法在法律表达上应该避免过分强调税务机关的调整权，税法对合同的调整应该保持一种技术分析方法的中性立场，让所有当事人都可以按照这种技术进行调整，在调整基础上申报缴税。

在秉承税法对合同行为的调整是一种技术的情况下，就应该放弃对国家利益的追求，如在税法调整中不能总是考虑调整增加纳税人税款，而应该保持中性立场，对减少税款的行为同样必须进行调整。比如，在企业所得税中必须考虑调增和调减应纳税所得额，而不能仅是调增。因此在目前立法上仅仅授权税务机关对国库有利进行调整的权利，没有要求税务机关对纳税人有利进行调整的义务。这是立法时国库主义在发挥潜在作用的表现，只有建立调增的权力与调减的义务，才能从立法上解决权力的边界问题①。

目前税法对合同行为的调整的难点问题集中在以下几个方面：

（1）“两个合同，三个当事人”的交易形式。比如，融资租赁合同，这些合同行为都是分别签订两种以上合同，又涉及另外一方。

（2）“一笔业务，两份合同”的交易形式。比如，销售返租合同、销售回购合同，这些合同行为虽然在两方发生，但是分别签订两种以上合同。

（3）商业夸大与缩小合同。这种合同从表面上看，合同价款金额的数字脱离了常规，在合理商业目的看来是一种广告效应多于商业交易本质的宣传合同。

（4）在民事合同行为中增加行政行为合同。比如，土地拆迁合同与出让合同，涉及拆迁人、被拆迁人与出让土地的政府三方，这些合同行为因为行政因素的掺入，导致对合同定性分析的困难。

（5）在民商法范围对一种物权、财产、行为、商业模式等缺少定性分析标准，直接导致适用税法的困难。比如，防空地下室的转让合同，究竟是销售不动产合同还是租赁合同，归根到底源于物权不清。

税法对合同行为调整的难点在于合同行为的当事人增加、业务的往返交集和行为的民法评价空白。对这些问题的解决在有待税法发展的同时，也必须依赖民法的发展。税法对复杂交易合同行为的分析，一方面必须采取“堵”的立场，即封杀避税空间；另一方面必须走类型化的道路，如在美国历史上花费了百年时间才搞定销售回租合同的税法定性问题，也就是说，疑难合同调整问题通过纳税人、税务机关、司法机关、学者等共同研究总结最后的类型化结论，这种结论仅是一种技术分析的操作定型，而不是完全符合法律的定性。这种结论永远接近于法律，而不是完全符合法律，这仅是一种税法博弈的技术规则。

本章小结

本章讨论了税法主要根据自身的目的、立法技术、独特的概念体系与征管规则

① 黄茂荣：《法学方法与现代税法》，北京大学出版社 2011 年版，第 323 页，作者对税法与民法关系作了以下论断：①除非另有社会或经济政策上的考量，税法应尽可能不干预私法自治所赖以运转的市场，或将其驱至特定的方向。②税法尽可能尊重私法自治原则及契约自由原则，不要对企业组织、融资方式及各种法律行为施以影响。税法的任务不在于替私人决定契约的内容、类型、方式。③税法在追求自己之目的及正义时，不要妨碍民事法之建制的基础原则，以维护其规范机能。

等形成对合同的干预与限制，展现了税法对合同关注的重点、角度和深度呈现独立性的一面。这些调整规定必须是明确的，范围应受到限制，且限制在狭义的立法领域，不能通过授权扩张到税务机关。这种独立特征的发展受到宪法与其他法律体系的制约，也受到税法本身发展水平的制约，不应脱离整个法律体系而盲目对合同要素进行干预。税法独特的风采和整体的奥秘都藏在它的独立性里面，而不是藏在与其他法律的统一性里面。因此，纳税人更需要关注税法的独立性一面；税务机关在适用税法独立性一面时更应该小心翼翼，保持谦虚的心态。

第四章 合同效力的税法评价

第一节 合同效力的税法评价概述

合同效力是法律赋予依法成立的合同所产生的约束力，指依法成立受法律保护的合同，对合同当事人产生的必须履行其合同的义务，不得擅自变更或解除合同的法律拘束力，即法律效力。这个“法律效力”不是说合同本身是法律，而是说由于合同当事人的意志符合国家意志和社会利益，国家赋予当事人的意志以拘束力，要求合同当事人严格履行合同，否则即依靠国家强制力，要当事人履行合同并承担违约责任。合同的效力可分为四大类，即有效合同，无效合同，效力待定合同，可变更、可撤销合同。

合同效力的表现为：①合同对当事人的一般拘束力。依法成立的合同，对当事人具有法律约束力。当事人应当按照约定履行自己的义务，不得擅自变更或解除合同；②合同的效力体现为当事人订立合同的效果意思产生的法律效力，每一个合同的效力都是特定的，各个合同之间的效力都是不相同的。

合同效力的内容：①从权利上来说，当事人的权利依法受到保护；②从义务上来说，当事人应按合同约定履行合同义务，否则要承担违约责任；③在一定条件下对第三人的拘束力。

合同效力的特征：①只有依法成立的合同才具有效力，才受法律保护；②合同效力表现为对特定主体的约束力和强制力，但在一定的条件下涉及第三人；③合同的效力是法律赋予的，是法律效力的体现。

如果说合同成立制度主要表现了当事人的意志，体现了合同自由原则，那么合同生效制度则体现了国家对合同关系的肯定或否定的评价，反映了国家对合同的干预。税法评价的基础是合同的经济效果，如果合同效力对其产生的经济效果和行为进行否定评价，是否导致税法评价失去其客体基础；税法评价的承担人即合同的当事人，如果合同效力对其当事人的主体地位进行否定评价，是否导致税法评价失去其纳税主体；如果合同效力对第三人产生拘束力，税法是否评价第三人。

我国税法缺乏对合同效力的系统认识和评价，只有一些零星税收政策文件涉及合同效力的评价。分析合同效力的税法评价，从根本上说是分析合同法与税法的交集与融合，是分析私法与公法的彼此联系与区别。法律的内在理念应该是一致的，都反映了国家对当事人行为的评价，但评价的标准与方法由于各自立法目的与调整范围不同而呈现出个性特点。税法立法的首要目的是实现国家财政收入的功能，因此税法瞄准的对象是合同的经济本质，而不是合同的法律本质。但是合同的法律属性是否不对税法产生一定的影响？税法实践依然为合同法的法律评价留下一定的空间，从中可以看出对税法评价的影响力。

第二节　无效合同的税法评价

一、无效合同概述

无效合同是相对有效合同而言的，它是指合同虽然成立，但因其违反法律、行政法规或公共利益，因此被确认无效。其主要特征有：①合同无效的原因在于其违法性，而且是违反了法律、行政法规的强制性规定，主要是指义务性规定和禁止性规定；②无效合同不得履行性；③无效合同自始无效，也就是具有溯及既往的效力；④无效合同自然无效，由国家予以取缔，无须当事人主张而可由法院或仲裁机构主动审查。但根据合同法的理论及《合同法》第 54 条等具体规定来看，无效的请求应为当事人的一项权利，国家不应主动干预。

二、合同无效的原因

《合同法》第 52 条规定："有下列情形之一的，合同无效：(一)一方以欺诈、胁迫的手段订立合同，损害国家利益；(二)恶意串通，损害国家、集体或第三人利益；(三)以合法形式掩盖非法目的；(四)损害社会公共利益；(五)违反法律、行政法规的强制性规定。"其中有一个明显的区别是把《民法通则》第 58 条规定的"一方以欺诈、胁迫的手段"订立合同的行为分为两种情形来处理：如果是损害了国家利益，属当然无效；如果是损害了合同相对人的利益，则根据《合同法》第 54 条规定，相对人可以要求变更或撤销，而不再一律认定无效，这不仅尊重了合同当事人的意愿，保护了当事人的利益，鼓励了交易行为，还减少了因合同无效而给社会带来的损失，也符合合同法理论与司法实践的发展方向。同时，《合同法》第 53 条规定，合同中的下列免责条款无效：①造成对方人身伤害的。②因故意或重大过失造成对方财产损失的。这一条款属于合同法的强制性条款，就算是合同当事人在合同中约定了相应的内容，如果违反了《合同法》的这一规定，都应无效。第 52 条前 3 项标准侧重于从合同订立的程序、形式不合法来认定合同无效，第 4 项才开始涉及合同的内容，而第52条第5项的规定是整个合同无效制度的精髓和本质所在。即规定了“违反法律、行政法规的强制性规定”时该合同或该条款无效，这才是合同无效的根本性原因，甚至可以看做是判断一个合同是否有效的法定标准。从广义上来看，可以把《合同法》第52条、第53条等规定都看做是“法律的强制性规定”。应把“强制性规范”分为涉及刑事责任的强制性规范、行政责任的强制性规范、民事责任的强制性规范等类型。如果当事人违反有些强制性规范，有可能会因此而受到行政处罚甚至刑事制裁，但并非一定会承担民事责任。只有合同一方当事人违反了会影响其民事行为及责任的强制性规范时，人民法院或仲裁机构才能对其作出相应的认定和处理。在司法实践中应当严格按照《合同法》的这一规定来进行具体的分析、判断和处理。

三、无效合同的分类

根据《中华人民共和国民法通则》(以下简称《民法通则》)第55条的规定，应将无效合同分为三大类，即主体不合格、意思表示不真实及内容违反法律、社会公共利益。但根据《合同法》第52条、第54条来看，意思表示不真实并不能导致必然无效。由于《合同法》第44条规定，依法成立的合同，成立时生效，其根本性条件在于“依法”也就是“合法性”，所以只要是不违反法律规定的合同就是合法的合同，也就有可能生效，也就是“不违法即合法”的观点。

四、涉税合同无效请求权的行使

宣告合同无效的权利与对合同的解除权一样为一种形成权，只要单方面作出即可。比如，对于合同无效的行使，《联合国国际货物销售合同公约》第26条规定：“宣告合同无效的声明，必须向另一方当事人发出通知，方始有效。”但我国的《合同法》并没有明确的相关规定。根据合同法理论及《合同法》中对合同效力的相关规定来看，在人民法院或仲裁机构作出合同无效的认定之前，该合同应该是有效的。因此只有当当事人一方向法院或仲裁机构提出认定合同无效的请求或主张时，人民法院或仲裁机构才能确认合同无效。必须经当事人的申请或请求，主要是认为人民法院或仲裁机构不要主动去否认合同的效力。只要是不存在损害国家、集体或社会公共利益，都应充分尊重当事人的意愿，对于某些不符合法定形式而又已履行或正在履行的合同，并无必要去宣告其无效。

但如果合同损害了国家、集体或社会公共利益的，由于缺乏合同无效的请求权主体，所以允许人民法院或仲裁机构主动认定其无效。这并不是说人民法院或仲裁机构对任何合同都可以主动干预其效力，而是由于请求权主体缺位而造成的。《税收征收管理法实施细则》第3条规定，任何部门、单位和个人作出的与税收法律、行政法规相抵触的决定一律无效，税务机关不得执行，并应当向上级税务机关报告。纳税人应当依照税收法律、行政法规的规定履行纳税义务；其签订的合同、协议等与税收法律、行政法规相抵触的，一律无效。《税收征收管理法实施细则》认定合同、协议的无效，是否需要税务机关向人民法院或仲裁机构行使请求权，或由纳税人及其他当事人向人民法院或仲裁机构行使确认权。实践中，税务机关无需向人民法院或仲裁机构行使请求权，而是直接由税务机关确认合同无效，税务机关不会按照合同的约定进行税法评价，而纳税人只能对税务机关的处理决定提起行政复议或行政诉讼，在行政复议或行政诉讼过程中与税务机关就合同是否有效进行法律博弈。

比较税法和合同法上关于合同无效的规定，必须注意以下几方面：

其一，税法上所称合同与税法相抵触的，一律无效，其无效范围一般是指该涉税条款无效，即合同中部分条款约定并修改了税法关于税制要素法定的规定、征管程序强制规定、发票账簿等强制规定。如，合同约定的价款优惠条件是对方不索取发票；或约定本次交易税款由非纳税人缴纳。但不排除有些合同整个效力全部无效，即该合同从订立到履行，其目的是违背税法强制规定的，其结果是损害国家利益的。

其二，税法上所称合同无效，一般是指相对于税收债权而言，当事人合同约定对税收债权无拘束力。正常情况下，独立公平的交易合同，其合同各要素对税法各要素起到决定作用，具有法律上的拘束力，除非税法另有规定。对税收债权无效的合同，不代表对合同双方无效。比如，出租方约定承租人负担税款，出租方不能以此对抗税法，只能在缴纳税款后依合同约定向承租人追缴税款的资金补偿。

其三，该条文等于向税务机关授予“税法上无效合同”的认定权，但同时也赋予税务机关审核合同是否无效的“司法”义务。适用税法的前置条件之一，即审定合同行为的效力。

其四，减少或不缴税款的合同并不一定是损害国家利益的合同。必须注意正常合同纳税筹划与偷、逃、骗税中虚假合同之间的区别。

其五，合同与税法抵触，是指与税法中关于义务性规定和禁止性规定相抵触，而不包含与税法中关于权利性规定相抵触。因为税法赋予纳税人部分权利，纳税人在合同中可以约定放弃。

其六，任何部门、单位和个人签订的合同、协议等与税收法律、行政法规相抵触的，一律无效，并没有规定其签订的合同、协议等与税收行政规章、地方法规、地方规章及规范性文件相抵触的，一律无效。因此，当事人违反税收行政规章、地方法规、地方规章及规范性文件而签订的合同并不因此当然无效。税收行政规章、地方法规、地方规章及规范性文件并不是认定合同无效的依据。

五、无效合同案例的税法评价

【案例 4-1】 **无效产权转移的税法评价**

2007 年 3 月,张三与房地产公司签订《房屋销售合同》,2009 年 5 月经法院判决该房地产交易合同及发生的房屋土地权属转移无效,张三归还商品房,房地产公司归还张三购房款 55 万元。房地产公司由于存在过错赔偿张三 3 万元。

1. 税法对张三的评价

根据《国家税务总局关于无效产权转移征收契税的批复》(国税函[2008]438 号)规定,对经法院判决的无效产权转移行为不征收契税。即只有法院判决该房屋产权交易行为始终无效的情况,才不征收契税,已缴契税可以退还。若法院仅判决撤销房屋所有权证,则不能作为退还契税的政策依据。

2007 年 3 月,张三与房地产公司签订《房屋销售合同》已经缴纳的印花税不因法院判决无效而退还。

房地产公司由于存在过错赔偿张三 3 万元,根据《个人所得税法》规定,张三因对方违约获得的赔偿金不纳入个人所得税征税范围。

2. 税法对房地产公司的评价

根据《营业税条例实施细则》第 14 条规定,纳税人的营业额计算缴纳营业税后因发生退款减除营业额的,应当退还已缴纳营业税税款或从纳税人以后的应缴纳营业税税额中减除。房地产公司因为法院判决产权转移行为无效而发生退还购房款应当减除营业额,应当退还 2007 年已经缴纳的营业税税款,或从纳税人以后的应缴纳营业税税额中减除。

《关于确认企业所得税收入若干问题的通知》(国税函[2008]875 号)规定,企业因售出商品质量、品种不符合要求等原因而发生的退货属于销售退回。企业已经确认销售收入的售出商品发生销售折让和销售退回,应当在发生当期冲减当期销售商品收入。房地产公司因为法院判决产权转移行为无效而发生退还购房款,应当在发生当期冲减当期销售商品收入,2007 年退款冲减 2009 年内收入。房地产公司由于存在过错赔偿张三 3 万元,根据《企业所得税法》规定,因违约赔偿金允许在税前列支,则可抵减应纳税所得额。

2007 年 3 月,张三与房地产公司签订《房屋销售合同》已经缴纳的印花税不因法院判决无效而退还。

3. 总结

税法瞄准的对象虽然是合同的经济本质,而不是合同的法律本质①。但是合同的法律属性仍然对税法产生一定的影响,当合同的经济效果遭遇合同法的否定时,税法已经失去了评价的基础,因此税法对已经全部否定经济效果的合同同样采取否定的态度,即允许已经缴纳的税款

① 本书类似的观点表述并不表明经济本质与法律本质是矛盾的,相反本书认为在法治社会脱离法律关系去把握经济、财产等本质是无法做到的。这里所谓经济本质仅是指在法律本质尚处于待定状态时的经济事实,是暂时的评价基础。

退还(个别税种,如印花税除外)。也就是说,税法尊重合同法的法律评价,可以看出合同法对税法评价的影响力。

【案例 4-2】 售后回租的税法评价

2010 年 9 月,张三与房地产公司签订《房屋销售合同》,合同约定:房地产开发企业按优惠价格 100 万元出售其开发的一间商店给张三,但张三在 5 年内必须将购买的商店无偿提供给房地产开发企业对外出租使用。房地产公司向张三开具 100 万元销售房屋发票。

1. 合同法评价

根据《关于进一步加强房地产市场监管完善商品住房预售制度有关问题的通知》(建房[2010]53 号)规定,房地产开发企业不得采取返本销售、售后包租的方式预售商品住房。因此张三与房地产公司签订《房屋销售合同》是违反国家法律法规的,是无效的。

2. 税法评价

根据《营业税暂行条例》、《土地增值税暂行条例》、《企业所得税法》、《印花税暂行条例》的有关规定,房地产公司应当申报缴纳上述各税。

值得注意的是,房地产公司的计税依据是 100 万元,还是另外采取税法计算方法进行特别调整?

《国家税务总局关于个人与房地产开发企业签订有条件优惠价格协议购买商店征收个人所得税问题的批复》(国税函[2008]576 号)规定,房地产开发企业与商店购买者个人签订协议规定,房地产开发企业按优惠价格出售其开发的商店给购买者个人,但购买者个人在一定期限内必须将购买的商店无偿提供给房地产开发企业对外出租使用。其实质是购买者个人以所购商店交由房地产开发企业出租而取得的房屋租赁收入支付了部分购房价款。

根据个人所得税法的有关规定,对上述情形的购买者个人少支出的购房价款,应视同个人财产租赁所得,按照“财产租赁所得”项目征收个人所得税。每次财产租赁所得的收入额,按照少支出的购房价款和协议规定的租赁月份数平均计算确定。

国税函[2008]576 号将优惠价格理解为合同的债务抵销,即房地产公司欠张三个人 5 年房租,张三欠房地产公司购房款,张三以所购商店交由房地产开发企业出租而取得的房屋租赁收入支付了部分购房价款。按照如此推理,房地产公司的计税依据就不是 100 万元,而是“100 万元+5 年租金”。《营业税暂行条例》第 7 条规定:纳税人提供应税劳务、转让无形资产或者销售不动产的价格明显偏低并无正当理由的,由主管税务机关核定其营业额。《营业税暂行条例实施细则》第 20 条规定,纳税人有条例第 7 条所称价格明显偏低并无正当理由的,按下列顺序确定其营业额:

(1) 按纳税人最近时期发生同类应税行为的平均价格核定。

(2) 按其他纳税人最近时期发生同类应税行为的平均价格核定。

(3) 按下列公式核定:

营业额=营业成本或者工程成本×(1+成本利润率)÷(1-营业税税率)

公式中的成本利润率,由省、自治区、直辖市税务局确定。

该房地产公司最近时期发生同类商铺销售价格都是优惠价,如果其他纳税人最近时期发生同类应税行为的平均价格和该房地产公司售价基本一致，因此我们可以得出结论：在税法上没有理由认为该房地产公司的销售价格明显偏低。

那么如何准确认定房地产公司的计税依据？按照国税函[2008]576 号文件规定，房地产公司的计税依据就不是 100 万元，而是“100 万元＋5 年租金”。如何理解和确定“5 年租金”的金额是准确认定房地产公司的计税依据的关键所在。根据《营业税暂行条例》规定，所称有偿，是指取得货币、货物或者其他经济利益，也就是说房地产公司在销售过程中取得两种收益：100 万元现金和 5 年房屋使用权。5 年房屋使用权就是其他经济利益的表现形式之一。5 年房屋使用权如何折合成当前的货币价值，《营业税暂行条例》及相关税法都没有规定。有两种办法可以参考：一是按照纳税人同期同类房屋出租价格或者其他纳税人同期同类房屋出租价格核定；二是按下列公式核定：营业额＝营业成本或者工程成本×（1＋成本利润率）÷（1－营业税税率）；以上两种方法都是核定法，包含估计的因素，同时没有考虑 5 年内存在的商业风险。“5 年房屋使用权”是一种动态的用益权，相当于 5 年分期付款，如果不一次折算出现值，最好的办法是分 5 年按实际租金确认收入的实现，这是最公平的认定方法。房地产开发企业对外出租的租金收入就是自己销售房屋的分期收入。

3. 总结

根据国家法律法规规定，房地产开发企业不得采取返本销售、售后包租的方式预售商品住房。因此张三与房地产公司签订《房屋销售合同》是无效的。但是按照法律分工，税务机关无权对合同是否有效进行确认（除税法上无效认定外），也不考量合同本身的法律外观是否合法，税法瞄准的对象仅仅是合同的经济本质，而不是合同的法律本质。因此对于张三与房地产公司签订《房屋销售合同》税法进行了相当复杂的推理和评价。其思路明显受《国家税务总局关于从事房地产开发的外商投资企业售后回租业务所得税处理问题的批复》（国税函[2007]603 号）文件影响，该文件规定，从事房地产开发经营的外商投资企业以销售方式转让其生产、开发的房屋、建筑物等不动产，又通过租赁方式从买受人回租该资产，企业无论采取何种租赁方式，均应将售后回租业务分解为销售和租赁两项业务分别进行税务处理。

我们认为，国税函[2008]576 号文件将合同分解为销售合同和租赁合同是值得商榷的，税法对经济本质的评价应当尊重合同但不应该被纳税人的合同所牵制，如果不将合同分解为销售合同和租赁合同，不被销售行为中的租金所干扰，而是将租赁约定仅仅作为销售优惠的一种原因。也就是说，房地产公司进行优惠销售的原因是多种多样的，不管什么原因导致了优惠，只要优惠本身符合税法的评价标准，税法就应该承认优惠价格①。

房地产公司在优惠销售的同时取得了房屋使用权，可以说这种优惠是建立在购买者放弃房屋 5 年使用权的基础之上的。因此也很难说购买者放弃房屋 5 年使用权反而是一种租金所得收入，应该缴纳个人所得税；缴纳个人所得税的基础在于所得与支付；在这个案例中购买者仅仅是获得一种优惠，如果这种优惠也需要缴税，可以扩大为所有的商业优惠实质都是

① 对该类型案例，在实务中浙江省地方税务局（浙地税函[2008]62 号）、安徽省地方税务局（皖地税函[2013]480 号）文件都是从合同文本形式本身进行税法论证，主张思路与国税函[2008]576 号文件一致；江苏省地方税务局（苏地税规[2012]1 号）文件摆脱了纳税人合同文字的拘束，其思路与本书一致。

购买者一种所得，都应该缴税，因为这种所得是一种虚拟所得，不是实际经济纳税能力的所得。

对于房地产公司取得的“5 年房屋使用权”，根据《企业所得税法》和《营业税暂行条例》规定，可以按照市场公允价来换算成货币所得进行缴税。但是税法对于动态的涉及未来的经济利益缺少一种明确的估算核定方法；同时税法没有反对将这种未来的经济利益理解为分期收款的一种销售形式，因此需要明确规定收入确认的发生时间。

【案例 4-3】　　借款合同的税法评价

甲企业与乙企业签订《借款合同》，甲企业借款 100 万元给乙企业。乙企业同时与许多个人签订《借款合同》。《借款合同》约定利率按同期银行贷款利率的两倍计算，利息一年一结，两年后还清本金和利息。乙企业并未从事生产经营，而是主要进行融资放贷。经济危机发生后，乙企业表示无力还款。甲企业将借款作为坏账损失进行财务处理，同时向法院提起诉讼。

1.《借款合同》的合同法评价

此案是企业之间的借贷纠纷。在《最高人民法院关于对企业借贷合同借款方逾期不归还借款的应如何处理问题的批复》中明确规定，企业借贷合同违反有关金融法规，属无效合同。中国人民银行发布的《贷款通则》第 61 条规定，企业之间不得违反国家规定办理借贷或者变相借贷融资业务；第 73 条规定，企业之间擅自办理借贷或者变相借贷的，由中国人民银行对出借方按违章收入处 1 倍以上至 5 倍以下罚款。由此可见，企业之间的借贷是违法的。如果起诉到法院，按照《最高人民法院关于对企业借贷合同借款方逾期不归还借款的应如何处理问题的批复》的规定，对自双方当事人约定的还款期满之日起，至法院判决确定借款人返还本金期满期间内的利息，应当收缴，该利息按借贷双方原约定的利率计算，如果双方当事人对借款利息未约定，按同期银行贷款利率计算。也就是说，企业只能收回本金，利息则由人民法院收缴。

另外，根据《最高人民法院关于如何确认公民与企业之间借贷行为效力问题的批复》，公民与非金融企业（以下简称企业）之间的借贷属于民间借贷。只要双方当事人意思表示真实即可认定有效。但是，具有下列情形之一的，应当认定无效：①企业以借贷名义向职工非法集资。②企业以借贷名义非法向社会集资。③企业以借贷名义向社会公众发放贷款。④其他违反法律、行政法规的行为。总之，公民与公民之间、公民与法人之间、公民与其他组织之间的借贷是合法的，企业和企业之间的借贷是不合法的，但是，公民和非金融企业之间的借贷不得具有违法情形，否则也无效。

2.《借款合同》的税法评价

(1)《企业所得税法实施条例》第 18 条规定，企业所得税法第 6 条第(5)项所称利息收入，是指企业将资金提供他人使用但不构成权益性投资，或者因他人占用本企业资金取得的收入，包括存款利息、贷款利息、债券利息、欠款利息等收入；第 38 条规定，非金融企业向非金融企业借款的利息支出，不超过按照金融企业同期同类贷款利率计算的数额的部分准予扣除。

(2) 根据国家税务总局关于印发《营业税问题解答(之一)》的通知(国税函[1995]156 号)，非金融机构将资金提供给对方，并收取资金占用费，如企业与企业之间借用周转金而收取资金占用费等，应如何征收营业税？《营业税税目注释》规定，贷款属于“金融保险业”税目的征收范围，而贷款是指将资金贷与他人使用的行为。根据这一规定，不论金融机构还是其他单位，只要是发生将资金贷与他人使用的行为，均应视为发生贷款行为，按"金融保险业"税目征收营业税。

(3)《国家税务总局关于企业向自然人借款的利息支出企业所得税税前扣除问题的通知》(国税函[2009]777号)规定，①企业向股东或其他与企业有关联关系的自然人借款的利息支出，应根据《企业所得税法》第46条及《财政部、国家税务总局关于企业关联方利息支出税前扣除标准有关税收政策问题的通知》(财税[2008]121号)规定的条件，计算企业所得税扣除额。②企业向除第1条规定以外的内部职工或其他人员借款的利息支出，其借款情况同时符合以下条件的，其利息支出在不超过按照金融企业同期同类贷款利率计算的数额的部分，根据《企业所得税法》第8条和《企业所得税法实施条例》第27条规定，准予扣除：①企业与个人之间的借贷是真实、合法、有效的，并且不具有非法集资目的或其他违反法律法规的行为。②企业与个人之间签订了借款合同。

(4)《企业资产损失所得税税前扣除管理办法》(国家税务总局公告2011年第25号)第43条规定，企业委托金融机构向其他单位贷款，或委托其他经营机构进行理财，到期不能收回贷款或理财款项，按照本办法第6章有关规定(投资损失)进行处理；第46条规定，企业发生非经营活动的债权不得作为损失在税前扣除。

(5) 个人所得税法规定，利息所得按20%缴纳个人所得税。

根据税法规定，企业不能将借款作为坏账损失进行税务处理，不得在应税所得额前列支；如果企业取得借款利息，需要申报营业税及企业所得税。

如果乙企业支付甲企业或个人利息，按不高于同期金融企业利息部分可以税前扣除。其中，企业与个人之间的借贷是真实、合法、有效的，并且不具有非法集资目的或其他违反法律法规的行为，借款的利息支出准予扣除；如果个人取得借款利息，需要申报个人所得税。

3. 总结

根据国家法律法规规定，企业和企业之间的借贷是不合法的，但是《企业所得税法》与《营业税暂行条例》都没有尊重合同法对《借款合同》的法律评价，仍然按照借款合同的经济效果进行征税，将借款利息所得纳入征税范围；但是税法内部又是充满矛盾的，一方面将借款利息确定应税收入，另一方面又不得将不能归还的借款确定为一种资产损失在税前扣除。资产滋生的利息缴税，资产损失却不能扣除，这在法理上不能统一的。

根据国家法律法规规定，公民与公民之间、公民与法人之间、公民与其他组织之间的借贷是合法的，但是，公民和非金融企业之间的借贷不得具有违法情形，否则也无效。根据《国家税务总局关于企业向自然人借款的利息支出企业所得税税前扣除问题的通知》(国税函[2009]777号)规定，企业向除第1条规定以外的内部职工或其他人员借款的利息支出，其借款情况同时符合以下条件的，其利息支出在不超过按照金融企业同期同类贷款利率计算的数额的部分，根据税法第8条和税法实施条例第27条规定，准予扣除。

在这里，国税函[2009]777号又表现出税法尊重合同法评价的特性，税法评价依赖合同法的评价，即公民和非金融企业之间的借贷不得具有违法情形，否则也无效；一旦出现违法情况，其利息支出不得在税前扣除。根据法律法规规定，企业与企业之间借款合同无效，在无效情况下其利息支出只要符合同期金融业利息部分就可以税前列支，税法根本不考虑借款合同无效性的法律属性。也就是说，同样出现违法情形，同样是无效借款合同，同样是利息支出，同样是不高于同期金融业利息部分，税法却分别对待，税法规定显得更加混乱矛盾。

【案例 4-4】　　分包合同的税法评价

甲建筑安装公司将总承包的 2 000 万元工程分包一部分给乙建筑安装公司，分包价格为 1 800 万元；乙建筑安装公司又将 1 800 万元工程分包给丙建筑安装公司，分包价格为 1 600 万元；甲建筑安装公司又将其中水电工程分包给个人，分包价格为 100 万元。

1. 合同法评价

《中华人民共和国建筑法》规定，禁止承包单位将其承包的全部建筑工程转包给他人；禁止承包单位将其承包的全部建筑工程肢解以后以分包名义转包给他人；禁止分包单位将其承包的建筑工程再分包给他人；禁止承包单位将其承包的工程分包给不具备相应资质条件的单位。

根据上述规定，甲建筑安装公司将总承包的 2 000 万元工程分包一部分给乙建筑安装公司，分包价格为 1 800 万元，符合法律规定合同有效；乙建筑安装公司又将 1 800 万元工程分包给丙建安公司，分包价格为 1 600 万元，属于违反“禁止分包单位将其承包的建筑工程再分包给他人”的规定，因此分包合同无效；丙建安公司又将其中水电工程转包给个人，转包价格为 700 万元，属于违反“禁止承包单位将其承包的工程分包给不具备相应资质条件的单位”规定，因此分包合同无效。

2. 税法评价

(1) 印花税。根据《印花税暂行条例》规定，上述所有合同不论是否有效都应当申报缴纳印花税。

(2) 营业税。根据《营业税暂行条例》规定，纳税人将建筑工程分包给其他单位的，以其取得的全部价款和价外费用扣除其支付给其他单位的分包款后的余额为营业额。甲建筑安装公司将总承包的 2 000 万元工程分包一部分给乙建筑安装公司，分包价格为 1 800 万元，又将其中水电工程分包给个人，分包价格为 100 万元。根据合同法评价，甲乙之间构成分包合同，甲以其取得的全部价款 2 000 万元扣除其支付给乙单位的分包款 1 800 万元后的余额为营业额(200 万元)缴纳营业税；将其中水电工程分包给个人，分包价格为 100 万元，因为个人不具备建筑资质，所以不构成“分包”法律关系，因此 100 万元不能从总承包额中扣除。

乙建筑安装公司又将 1 800 万元工程分包给丙建筑安装公司，分包价格为 1 600 万元；因为乙建筑安装公司违反“禁止分包单位将其承包的建筑工程再分包给他人”的规定，因此乙丙之间分包合同无效，所以不构成“分包”法律关系，因此 1 600 万元不能从承包额 1 800 万元中扣除。乙建筑安装公司按照 1 800 万元申报营业税。

丙建筑安装公司按照分包价格为 1 600 万元申报营业税。

个人按照分包价格为 100 万元申报营业税。

3. 总结

税法对所有的建筑劳务，无论是否具有建筑资质，或是否总包分包再转包，或是否合法，一律对提供建筑劳务并取得的价款纳入营业税征税范围。也就是说，税法在确定征税范围时没有考虑形成建筑合同的各种因素和方式，但是税法在确定征税方法时却又表现出对合同法效力的依赖与尊重。营业税征税方法有三种：全额征税、差额征税、代扣代缴。2009 年 1 月 1 日前原营业税条例第 11 条规定承包人将工程分包或转包的，承包人为代扣代缴义务人（2009 年 1 月 1 日后取消该规定并将转包形式删除出营业税条例）；根据《营业税暂行条例》规定，纳税人将建筑工程分包给其他单位的，以其取得的全部价款和价外费用扣除其支付给其他单位的分包款后的余额为营业额，就是实行差额征税办法。差额征税办法建立的基础是合法的分包合同，而不是再分包合同或转包合同；再分包合同或转包合同不能享受优惠方法，只能就全额征税。案例中，乙建筑安装公司又将 1 800 万元工程分包给丙建筑安装公司，分包价格为 1 600 万元，属于再分包，乙建筑安装公司按照 1 800 万元申报营业税，自己实际所得仅为 200 万元。但由于合同违法导致税法采用全额征税方法。

通过该案例进一步表明，合同法与税法在彼此交集中共同调节纳税人的实际税收负担，在确定是否纳入征税范围时税法更具备独立性，但在采取如何征税的程序和方法时税法将合同法确认的合同效力作为考虑因素之一。

但是在税法实践过程中又有意外情形的出现。比如，《财政部　国家税务总局关于营业税若干政策问题的通知》（财税[2003]16 号）规定，单位和个人销售或转让其购置的不动产或受让的土地使用权，以全部收入减去不动产或土地使用权的购置或受让原价后的余额为营业额。这里规定实行营业税差额征税方法就没有考虑到合同效力问题。根据最高人民法院《关于土地转让方未按规定完成对土地的开发投资即签订的土地使用权转让合同的效力问题的答复》，土地转让方未按规定完成对土地的开发投资即签订的土地使用权转让合同无效。因此单位和个人销售或转让其购置的或受让的土地使用权，以全部收入减去土地使用权的购置或受让原价后的余额为营业额，这条规定是建立在土地使用权转让合同无效的基础上。也就是说，单位和个人购置的或受让的土地使用权只有进行一定程度的开发才能转让，因此在合同法上不存在单纯的购地卖地合同有效行为，只能存在单位和个人转让在建项目合同有效行为。单位和个人转让在建项目时，不管是否办理立项人和土地使用人的更名手续，其实质是发生了转让不动产所有权或土地使用权的行为。对于转让在建项目行为应按以下办法征收营业税：

（1）转让已完成土地前期开发或正在进行土地前期开发，但尚未进入施工阶段的在建项目，按“转让无形资产”税目中“转让土地使用权”项目征收营业税。

（2）转让已进入建筑物施工阶段的在建项目，按“销售不动产”税目征收营业税。在建项目是指立项建设但尚未完工的房地产项目或其他建设项目。

结论是，财税[2003]16号在采取差额征税的程序和方法时没有将合同法确认的合同效力作为考虑因素。这是税法内部的法理不统一。2009年1月1日前营业税条例认为工程分包和转包在经济实质上是一致的，都可以从总承包额中扣除，类似观点延续在财税[2003]16号文件中；但2009年1月1日后营业税条例从合同法律效力出发，忽略经济实质，将转包认定为非法，因此不具备扣除法律形式，体现了税法与私法的对接与融通，但也偏离了税法中性立场；同时这种法际协调的思路仅是整个税法规定中某个点的规定，又没有在整个税法体系中贯彻下去，造成私法与税法对接出现支离破碎的现象。

值得思考的问题是，税法在依赖合同法确认的合同效力进行不同方法征税时，是由谁确认合同的法律效力，因为法律没有授予税务机关确认合同效力的权力；如果由法院确认合同的法律效力，势必导致征税程序的繁琐和漫长，与征税效率原则是违背的。因此虽然法律没有授予税务机关确认合同效力的权力，但实践中税务机关依靠税法之外的法律对合同效力进行初步判断并依此进行征税，如果纳税人对税务机关的征税决定发生争议，只有通过行政复议或行政诉讼解决。

第三节　效力待定合同的税法评价

所谓效力待定的合同，是指合同虽然已经成立，但因其不完全符合法律有关生效要件的规定，因此其发生效力与否尚未确定，一般须经有权人表示承认或追认才能生效。主要包括三种情况：一是无行为能力人订立的和限制行为能力人依法不能独立订立的合同，必须经其法定代理人的承认才能生效；二是无权代理人以本人名义订立的合同，必须经过本人追认，才能对本人产生法律拘束力；三是无处分权人处分他人财产权利而订立的合同，未经权利人追认，合同无效。《合同法》第47条规定："限制民事行为能力人订立的合同，经法定代理人追认后，该合同有效，但纯获利益的合同或者与其年龄、智力、精神健康状况相适应而订立的合同，不必经法定代理人追认。相对人可以催告法定代理人在一个月内予以追认。法定代理人未作表示的，视为拒绝追认。合同被追认之前，善意相对人有撤销的权利。撤销应当以通知的方式作出。"第48条规定："行为人没有代理权、超越代理权或者代理权终止后以被代理人名义订立的合同，未经被代理人追认，对被代理人不发生效力，由行为人承担责任。相对人可以催告被代理人在一个月内予以追认。被代理人未作表示的，视为拒绝追认。合同被追认之前，善意相对人有撤销的权利。撤销应当以通知的方式作出。"第51条规定："无处分权的人处分他人财产，经权利人追认或者无处分权的人订立合同后取得处分权的，该合同有效。”《合同法》的这三条规定便是上述三种类型在法律规定上的具体体现。从上述规定不难看出，造成合同效力待定的主要原因就在于主体及客体方面存在着问题。所以有的学者把其归结为三类：一是合同的主体不合格，其中分为无行为能力人的订立的合同和限制民事行为能力人依法不能独立订立的合同。二是因无权代理而订立的合同，其中包括四种情形：①根本无权代理；②授权行为无效的代理；③超越代理权限范围进行的代理；④代理权消灭后的代理。三是无权处分行为。以上三种情形只有当法定代理人追认、本人追认或者有处分权人追认后才生效，否则就不会发生法律效力。效力待定的合同已经成立，但由于其不符合合同生效的条件（亦即未“依法”成立），因此在《民法通则》中将其归类到无效合同的范畴。所以《合同法》在制定的过程中，充分考虑到如经相关权利的追认便具备了合同有效的条件，亦即解决了“不合法”的问题，从而认定其为有效。这样既不损害国家、社会及公共利益，又充分尊重了当事人或相关权利人的意愿，是符合客观事实要求的，也促进了社会经济的发展。

从上面的论述中可以看出，此类合同的根本特点就在于合同有效与否取决于权利人的承认或追认，这就是效力待定合同与其他效力类型合同相区别的主要标志。所以不论在法学理论还是在司法实践中，只要是权利人进行了追认，而且符合《合同法》第 47 条、第 48 条及第 51 条的规定，都应认定合同有效，否则就为无效。人民法院或仲裁机构应当根据这一标准来作出正确的认定和处理。

税法对效力待定的合同评价的关键，不是其效力是否确定，有权人是否表示承认或追认与税法评价无关；税法关注的是效力待定合同既然已经成立，发生了什么经济效果。如果根据效力待定合同，双方已经开始履行合同，出现税法评价的征税行为和经济后果，税法一定会当即作出征税评价，而不会等待合同效力的确定。

【案例 4-5】　代理公司越权销售商品房

房地产公司采取委托方式销售开发产品的，代理合同约定采取委托方式为基价（保底价）并实行超基价双方分成方式委托销售开发产品，2010 年 12 月 30 日委托合同到期。2010 年 12 月 28 日代理公司以低于基价（保底价）销售房屋一套，并由代理公司与购买方直接签订销售合同一份。2011 年 1 月 25 日双方结算时，房地产公司发现该份低于基价销售房屋的行为，未予承认。购买方已经于 2011 年 1 月 5 日申报缴纳购房契税、印花税。

1. 合同法评价

代理公司以低于基价（保底价）销售房屋一套，是属无权代理而订立的合同，代理公司超越代理权限范围进行的代理销售，在购房者个人不同意退房情况下，房地产公司要求代理公司赔偿房地产公司的损失。

2. 税法评价

(1) 影响确认企业所得税收入的因素有：实际购房款、代理公司赔偿款、代理合同约定的基价、未实现的分成额。《房地产开发经营业务企业所得税处理办法》规定,采取基价(保底价)并实行超基价双方分成方式委托销售开发产品的,属于由企业与购买方签订销售合同或协议,或企业、受托方、购买方三方共同签订销售合同或协议的,如果销售合同或协议中约定的价格高于基价,则应按销售合同或协议中约定的价格计算的价款于收到受托方已销开发产品清单之日确认收入的实现,企业按规定支付受托方的分成额,不得直接从销售收入中减除;如果销售合同或协议约定的价格低于基价的,则应按基价计算的价款于收到受托方已销开发产品清单之日确认收入的实现。属于由受托方与购买方直接签订销售合同的,则应按基价加上按规定取得的分成额于收到受托方已销开发产品清单之日确认收入的实现。

实际购房款是购房者支付的现金款,构成企业所得税收入的组成部分。代理公司赔偿款作为房地产公司销售损失的补偿,也构成企业所得税收入的组成部分。从《房地产开发经营业务企业所得税处理办法》规定分析,采取基价(保底价)并实行超基价双方分成方式委托销售开发产品的,无论合同如何签订,税法确认的应税收入不得低于基价的,合同约定低于基价的,则应按基价计算。因此税法确认的应税收入应该以基价为标准,如果实际购房款加代理公司赔偿款高于基价的,按照实际购房款加代理公司赔偿款作为收入金额;如果实际购房款加代理公司赔偿款低于基价的,按照基价作为收入金额。未实现的分成额属于双方约定的灵活把握的或有收入,代理公司有权按照基价销售,自己放弃部分分成额,因此未实现的分成额不能构成企业所得税收入的组成部分。

(2) 影响确认营业税计税依据的因素主要有:实际购房款、代理公司赔偿款、代理合同约定的基价。代理合同约定的基价作为企业所得税的执行标准,但不一定构成营业税计税依据的标准。案例中,实际购房款已经低于代理合同约定的基价,首先要按照营业税条例规定判断价格是否明显偏低,是否有合理的正当理由,如果不明显偏低或明显偏低但有正当理由的,营业税计税依据就是实际购房款;如果明显偏低又无正当理由的,营业税计税依据由主管税务机关按照营业税条例规定的办法核定其营业额。

值得探讨的是,代理公司赔偿款是否构成营业税计税依据。营业税法关于价外费用的范围规定为,包括收取的手续费、补贴、基金、集资费、返还利润、奖励费、违约金、滞纳金、延期付款利息、赔偿金、代收款项、代垫款项、罚息及其他各种性质的价外收费。因此赔偿款构成价外费用。关于营业税计税依据的规定是,纳税人的营业额为纳税人提供应税劳务、转让无形资产或销售不动产收取的全部价款和价外费用。因此赔偿款构成营业税计税依据。

但是营业税上的价外费用,是否应该约定由接受方支付,而不是第三方。本案中,支付价外费用的是代理公司,是由于超越代理权造成委托方损失而赔偿的,不是因为代理公司购房违约行为造成委托方损失而赔偿的;也就是说,从赔偿金来源看不是源于销售行为本身,而是代理行为本身;代理行为违约的根由又是代理的销售行为超越权限。因此从直接原因看,代理公司赔偿款不构成营业税计税依据,也不属于营业税上的价外费用范围,尽管发生的根本原因与销售行为有关,尽管赔偿金的文字意义在营业税的价外费用范围之内,但此"赔偿金"非彼"赔偿金"。

(3) 影响确认土地增值税计税依据的因素主要有:实际购房款、代理公司赔偿款、代理合同约定的基价。根据关于土地增值税清算时收入确认的问题的规定,土地增值税清算时,已全额开具商品房销售发票的，按照发票所载金额确认收入；未开具发票或未全额开具发票的，以交易双方签订的销售合同所载的售房金额及其他收益确认收入。显然是否开具发票成为确认收入的首要因素；代理公司赔偿款不属于交易双方签订的销售合同所载的售房金额及其他收益，因此不构成土地增值税计税依据。如果未开发票，代理合同约定的基价也不构成土地增值税计税依据，因为不属于交易双方签订的销售合同；只有实际购房款才是属于交易双方签订的销售合同所载的售房金额，因此在未开发票情形下，实际购房款构成土地增值税计税依据。

(4) 印花税。代理合同不属于印花税征税范围，因此不论代理合同是否约定价款都不征税；代理公司虽然不拥有商品房开发权，但取得销售代理权后与购房者签订的销售合同按转移产权书据交税。印花税实行合同双方同时征税，因此购房者同样按转移产权书据缴税。

(5) 契税。根据有关契税计税依据的规定，房屋买卖，为成交价格；因此低于基价的实际合同价就是成交价格；房屋买卖是指房屋所有者将其房屋出售，由承受者交付货币、实物、无形资产或其他经济利益的行为。因为代理公司赔偿金不是购房者支付的，因此不构成契税成交价格的组成部分。

根据有关契税纳税义务发生时间的规定，契税的纳税义务发生时间，为纳税人签订土地、房屋权属转移合同的当天，或纳税人取得其他具有土地、房屋权属转移合同性质凭证的当天。纳税人应当自纳税义务发生之日起 10 日内，向土地、房屋所在地的契税征收机关办理纳税申报，并在契税征收机关核定的期限内缴纳税款。所以不论合同是否有效，购房者都必须按照签订房屋权属转移合同的当天之日起10日内申报。

3. 总结

税法面对效力待定合同时，税法评价并不同时待定；合同效力待定是指合同法上的效力期待，而不是税法上的效力期待。也就是说，税法不等待合同法的法律评价效果，不等待或不取决于被代理人的追认权的行使，纳税人（合同当事人双方）不得以合同效力待定对抗税法纳税义务。无论合同效力向何方向发展，有效确认或无效确认或变更，税法关注效力待定合同下面的经济行为和经济属性及其变化情况，这是征税的灵魂所在。

值得注意的是，效力待定合同的第三种情况，即无处分权人处分他人财产权利而订立的合同，未经权利人追认。税法面对此类合同，应持谨慎态度，即必须按照私法和税法规定，首先界定财产归属人，这是税收法定主义要素的重要构成部分，即归属关系，是指征税行为与纳税主体之间的归属问题。如，张三将承租李四的房屋对外销售，并已收取价款。此时，税法认为发生了销售不动产应税行为，但张三不构成税法上的纳税人，因为张三不是房产的权利人；税务机关也不能追认李四为纳税主体，因为销售合同、销售行为的主体不是李四，李四也未追认该合同的订立有效。此时，由于应税行为与纳税主体之间关系的断裂，造成税法处于“期待”状态，如同效力待定的合同一样，期待效力明确，才能决定征税是否发生，显然在此情形下，税务机关必须对合同的效力进行法律上考量，而不是关注是否履行与实际经济效果。此时税务机关必须对合同行为效力进行判断，并没有超越职权范围，因为这种判断构成税收法定主义要素之一，是征税行为之前提[①]。

第四节 可撤销合同的税法评价

一、可撤销合同

可撤销合同是指当事人在订立合同的过程中，由于意思表示不真实，或是出于重大误解从而作出错误的意思表示，依照法律的规定可予以撤销的合同。可撤销合同的主要内容包括：①缔约当事人意思表示不真实，包括重大误解、显失公平、欺诈、胁迫或乘人之危等情形。《合同法》第 54 条对此作出了比较详细的规定。②合同是否撤销必须由享有撤销权的一方当事人提出主张时，人民法院或仲裁机构才能予以撤销，人民法院或仲裁机构一般是不能依职权主动来予以撤销的。《合同法》第 54 条第 3 款还规定，当事人请求变更的，人民法院或仲裁机构不得撤销。由此可见，撤销权是享有撤销权的当事人一方的一项权利，该当事人既可以依法主张，当然也可以依法予以放弃，这充分地体现当事人的意愿。③合同在撤销前应为有效。与合同解除不同，《合同法》第 96 条规定："当事人一方依照本法第 93 条第 2 款、第 94 条的规定主张解除合同的，应当通知对方。合同自通知到达对方时解除。对方有异议的，可以请求人民法院或者仲裁机构确认解除合同的效力。法律、行政法规规定解除合同应当办理批准、登记等手续的，依照其规定。"也就是说，合同解除的意思表示只要到达了对方即告解除，所以很多学者普遍认为合同的解除权应属形成权。但合同的撤销必须在法院或仲裁机构依法作出认定后才能发生法律效力，所以合同撤销权应属于一种请求权，只有享有撤销请求权的当事人主张或行使这一权利时，人民法院或仲裁机构才可对此请求作出判断、认定和处理。

可撤销合同与无效合同的关系。从法律后果上来看两者具有同一性。但两者之间的区别也是比较明显的。可撤销合同与无效合同的区别主要有三个：①从内容上来看，可撤销合同主要涉及意思表示不真实的问题。据此，法律将是否主张撤销的权利留给撤销权人，由其决定是否撤销合同。而无效合同在内容上常常违反法律的禁止性规定和社会公共利益。此类行为具有明显的违法性，因此对无效合

---

① 广州市地方税务局(穗地税办发[2013]1号)文认为，税务机关的职责是依据税法对应税行为征税，而无权判断应税行为是否合法、有效。本书对此问题的讨论分析，认为关键在于税法内部规定，如果税法已经将私法上规定链接到税制要素中，那么判断应税行为在私法上是否合法、有效，已经成为税收法定主义的必然要求。

同的效力的确认不能由当事人选择。即使对无效合同不主张无效，司法机关和仲裁机构也应当主动干预，宣告其无效。②可撤销合同未被撤销以前仍然是有效的，根据《合同法》第 54 条、第 56 条的规定来看，撤销权人亦可要求不撤销合同而仅要求对合同予以变更，这就表明了可撤销合同并非都是当然无效，这可由享有撤销权的一方当事人进行选择。③对可撤销合同来说，撤销权行使撤销权必须符合规定的期限，超过该期限，合同即为有效。但是，无效合同因其为当然无效，不存在期限问题。

可撤销合同的法律后果。合同被确认无效或撤销后将导致合同自始无效，这也就是效力溯及既往的原则。我国《民法通则》第 61 条规定："民事行为被确认为无效或者被撤销后，当事人因该行为取得的财产，应当返还给受损失的一方。有过错的一方应当赔偿对方因此所受的损失，对方都有过错的，应当各自承担相应的责任。双方恶意串通，实施民事行为损害国家的、集体的或者第三人利益的，应当追缴双方取得的财产，收归国家、集体所有或者返还第三人。"《合同法》第 58 条规定："合同无效或者被撤销后，因该合同取得的财产，应当予以返还；不能返还或者没有必要返还的，应当折价补偿。有过错的一方应当赔偿对方因此所受到的损失，双方都有过错的，应当各自承担相应的责任。"第 59 条规定："当事人恶意串通，损害国家、集体或者第三人利益的，因此取得的财产收归国家所有或者返还集体、第三人。"由此可见这两部法律的规定是基本相同的。无效的合同或者被撤销的合同自始没有法律约束力，那么合同被确认无效或者被撤销后怎么进行处理以及负有责任的当事人应承担什么性质的法律责任？过错方应当依法承担缔约过失责任。根据我国《民法通则》第 61 条及《合同法》第 58 条、第 59 条的规定，当事人应当承担的责任类型主要有：①返还财产（包含不能返还或者没有必要返还时的折价补偿这一特殊方式）；②赔偿损失；③收归国有或返还集体、第三人。

二、可撤销合同的税法评价

税法面对可撤销合同时，税法评价并不依赖于撤销权人撤销权的行使。合同是否撤销是指合同法上的撤销权人的权利和期待，而不是税务机关的权利和期待。也就是说，税法不等待撤销权人对合同是否撤销作出的法律评价行为。无论合同效力向何方向发展，有效确认或无效确认或变更确认，税法关注可撤销合同下面的经济行为和经济属性及其变化情况，这是征税的原则所在。与税收法律、行政法规抵触而无效的合同或合同条款，需要税务机关行使确认的权力；对于效力待定的合同，因为涉及课税范围与纳税主体的归属关系，也需要税务机关对合同效力进行考量。与以上不同，可撤销合同主要涉及当事人意思表达是否真实，即应税行为发生的内容是否符合当事人主观内心愿望，这就超越了税法所要界定的范围，因为税法对征税范围之内发生的合同并不需要探究其是否与纳税人主观愿望一致，仅仅关心是否发生了应税行为。征税的客体本身是随着合同发展方向、发展程度和变化性质而不断变化的，所以税法评价也不是完全不依赖于合同的变化，但这种依赖是间接的，税法牢牢把握的是课税客体本身及变化，而不是合同本身及变化。也就是说，税法关心结果，而不关心原因。

本章小结

税务机关无需向司法机关行使合同无效的请求权，而是直接确认合同中与税法相抵触的涉税条款无效，税务机关不会按照合同的约定进行税法评价。当经济效果遭遇合同法的否定时，税法已经失去了评价的基础，因此税法允许退还已纳税款。在采取如何征税的程序和方法时，税法将合同法确认的合同效力作为考虑因素。税法评价效力待定的合同，不是看其效力是否确定，而关注的是效力待定合同是否发生了经济效果。合同效力待定是指合同法上的效力期待，而不是税法上的效力期待。无论合同效力向何方向发展，有效确认或无效确认或变更，税法关注效力待定合同的经济行为和经济属性及其变化情况，这是征税的灵魂所在。

第五章 合同变动的税法评价

合同关系是动态的法律关系，当事人不但可以履行合同，还可以依法变更合同的内容，转让或终止合同的权利和义务，从而使合同的成立、履行与终止增添了许多现实而复杂的情况。税法对原有合同的评价是否需要追随合同的变动而变动？税法评价的变动程度如何？税法又是如何保持一种不变之道来评价变动的合同？

第一节 合同变更的税法评价

一、合同变更的概念、特征与效力

合同变更有广义和狭义两种含义。广义的合同变更是指合同的主体和内容发生变更。合同主体的变更是指合同债权或者债务的转让，即以新的债权人、债务人代替原来的债权人、债务人，但合同内容并未发生变化。合同内容的变更是指合同的当事人保持不变，而对合同的内容予以改变。狭义的合同变更就是合同内容的变更。具体来说，是指在合同成立以后，尚未履行或尚未完全履行以前，合同当事人就合同的内容达成修改和补充的协议，或者依据法律规定请求人民法院或仲裁机构变更合同内容。我国《合同法》所称的合同的变更是指狭义上的合同变更，即合同内容的变更。

合同变更的特征主要有：第一，合同的变更仅是合同的内容发生变化。合同内容的变化，可表现为合同标的物的数量或质量、规格、价款数额或计算方法、履行时间、履行地点、履行方式等合同内容的某一项或数项发生变化（如标的物数量变化，价款也随之变化）。第二，合同的变更是合同内容的局部变更，是合同的非根本性变化，合同变更只是对原合同关系的内容作某些修改和补充，而不是对合同内容的全部变更。如果合同内容已全部发生变化，则实际上已导致原合同关系的消灭，一个新合同的产生，并且对原合同关系所作出修改和补充的内容仅限于非要素内容，如标的数量的增减、履行地点、履行时间、价款及结算方式的变更等。在非根本性变更的情况下，变更后的合同关系与原有的合同关系在性质上不变，属于同一法律关系，学理上称为具有“同一性”。如果合同的要素内容发生变化，即给付发生重要部分的变化，导致合同关系失去同一性，则构成合同的根本性变更，称为合同的更新。何为重要部分，应依当事人的意思和一般交易观念加以确定，如合同标的的改变，履行数量或价款的巨大变化，合同性质的变化等，都是合同的更新而非合同的变更。第三，合同的变更通常依据双方当事人的约定，也可以是基于法律的直接规定。合同的变更有两种：一是根据当事人之间的约定对合同进行变更，即约定的变更；二是当事人依据法律规定请求人民法院或仲裁机构进行变更，即法定的变更。我国《合同法》第 5 章所规定的合同变更实际上就是约定的变更。第四，合同的变更只能发生在合同成立后，尚未履行或尚未完全履行之前合同未成立，当事人之间根本不存在合同关系，也就谈不上合同的变更。合同履行完毕后，当事人之间的合同关系已经消灭，也不存在变更的问题。

二、合同变更的税法评价

（一）合同价款的变更影响计税依据的变更

合同内容的变化，可表现为合同标的物的数量或质量、规格、价格、履行时间、履行地点、履行方式等合同内容的某一项或数项发生变化，这种变化是否必然引起税法对原合同评价的变动？具体分析的角度是什么？我们认为无论合同的内容如何变化，必须牢牢把握一个根本点与关键点：这种变化是否对税法要素的变动产生了作用。如果合同的变动对税法要素的变动产生了作用，这种变化必然引起税法对原合同评价的变动；反之，税法对原合同评价保持不变。

合同价款的变更影响计税依据的变更。《国家税务总局关于确认企业所得税收入若干问题的通知》(国税函[2008]875 号)规定，企业因售出商品的质量不合格等原因而在售价上给予的减让属于销售折让；企业因售出商品质量、品种不符合要求等原因而发生的退货属于销售退回。企业已经确认销售收入的售出商品发生销售折让和销售退回，应当在发生当期冲减当期销售商品收入。

企业所得税对售价上给予的减让分以下两种情况：

一是部分减让，可能因为售出商品的质量不合格，也可能是其他原因，总之都属于销售折让，可以判断原合同的价款已经部分变更，税法承认此变更，企业已经确认销售收入的售出商品发生销售折让，应当在发生当期冲减当期销售商品收入。这里没有规定企业冲减的期间要求。如果冲减的期间发生在同一年度，从企业所得税按年度所得征税角度分析，对年度应税所得无影响；如果冲减的期间跨年度，那么，可以跨几年？《税收征收管理法》第 51 条规定，纳税人超过应纳税额缴纳的税款，税务机关发现后应当立即退还；纳税人自结算缴纳税款之日起 3 年内发现的，可以向税务机关要求退还多缴的税款并加算银行同期存款利息，税务机关及时查实后应当立即退还；涉及从国库中退库的，依照法律、行政法规有关国库管理的规定退还。我们认为从本质上看销售折让冲减当期销售商品收入是对过去缴纳税款的冲减，但在法律适用上不能引用《税收征收管理法》第 51 条规定。因为纳税人是否多缴税款的事实并不是合同的变更之前已经产生的，而是因为当下合同的变更引起收入的减少；没有合同的现时变更就不会推理出过去多缴税款。《合同法》第 158 条当事人约定检验期间的，买受人应当在检验期间内将标的物的数量或者质量不符合约定的情形通知出卖人。买受人怠于通知的，视为标的物的数量或者质量符合约定。当事人没有约定检验期间的，买受人应当在发现或者应当发现标的物的数量或者质量不符合约定的合理期间内通知出卖人。买受人在合理期间内未通知或者自标的物收到之日起两年内未通知出卖人的，视为标的物的数量或者质量符合约定，但对标的物有质量保证期的，适用质量保证期，不适用该两年的规定。根据《合同法》判断销售折让冲减当期销售商品收入的期限一般不超过两年。

二是全部减让，按照《合同法》规定，退货就是解除合同，属于合同的终止，后面再讨论合同终止的税法评价。

《营业税暂行条例实施细则》第 14 条规定，纳税人的营业额计算缴纳营业税后因发生退款减除营业额的，应当退还已缴纳营业税税款或者从纳税人以后的应缴纳营业税税额中减除。第 15 条规定，纳税人发生应税行为，如果将价款与折扣额在同一张发票上注明的，以折扣后的价款为营业额；如果将折扣额另开发票的，不论其在财务上如何处理，均不得从营业额中扣除。

营业税对售价上给予的减让处理与企业所得税比较，具有明显不同之处，首先，营业税对售价上给予的减让不计原因，只要合同价款发生变化，无论部分减少还是全部退款，一律退税或抵税；其次，针对折扣问题规定必须具备税法上的形式要件，即将价款与折扣额在同一张发票上注明的，以折扣后的价款为营业额。

从法律文字解释角度看，这里的退税应该受到《税收征收管理法》第 51 条规定的约束。因为营业税将合同价款的变更（减少）定性为之前多缴税，那么根据《税收征收管理法》第 51 条规定只有退税（抵税是退税另一种表述）；既然适用《税收征收管理法》第 51 条规定，那么退税时间就要受到拘束。如果甲建筑公司为乙机关建设办公楼，4 年后因质量问题甲建筑公司退回乙机关工程款 100 万元，甲建筑公司是否有权申请退返 4 年前已经缴纳的 100 万元工程款对应的 3 万元营业税？我们认为甲建筑公司有权申请退税。因为无论甲建筑公司还是税务机关都无法在 3 年前发现纳税人多缴纳税款，因为“发现”的原因只能是现在合同的变更，这个迟到的原因只能发生在现在，不是过去的 3 年内任何时点，如果因为这个原因导致纳税人无法退税，又如何实现税法正义公平？如果税务机关同意退税，那么如何适用税法？我们只有认为营业税规定的“应当退还已缴纳营业税税款”与《税收征收管理法》第 51 条规定的“多缴的税款”是两种不同的概念。

从合同变更的效力分析，合同的变更是在保持原合同关系的基础上，合同的部分内容发生变化。因此，在合同发生变更后，当事人应当按照变更后的合同内容履行。合同的变更原则上仅向将来发生效力，未变更的权利义务继续有效，已经履行的债务不因合同的变更而失去法律依据，任何一方都不能因为合同的变更而单方面要求另一方返还已经作出的履行。营业税针对折扣问题规定必须具备税法上的形式要件，即将价款与折扣额在同一张发票上注明的，以折扣后的价款为营业额。根据营业税规定，如果发生合同价款的变更，原已经履行的全额开具的发票必须返还，发生了发票开具的变更法律规定。而《发票管理办法实施细则》第 27 条规定，开具发票后，如发生销货退回需开红字发票的，必须收回原发票并注明“作废”字样或取得对方有效证明。开具发票后，如发生销售折让的，必须在收回原发票并注明“作废”字样后重新开具销售发票或取得对方有效证明后开具红字发票。发票管理办法规定两种处理方法：收回原发票并注明“作废”字样后重新开具或取得对方有效证明后开具红字发票，比营业税必须在在同一张发票上注明的规定要灵活得多。但《发票管理办法实施细则》调整对象仅限于发票管理领域，不能适用于对营业税计税依据的规定。因此营业税征收范围里的合同价款变更(仅限于因折扣引起的)必须考虑税法的法定形式要求。如果不能满足营业税的法定要求，合同变更不会必然引起税法评价的变化。同时，我们在实践操作中对营业税必须在在同一张发票上注明的规定感到困惑。比如，张三购买房地产公司商品房一套，合同价款约定 55 万元，后因商品房质量原因，双方签订合同变更，约定价款折让 1 万元。假设 55 万元发票未开，房地产公司没有在发票上注明总价 55 万元，折让 1 万元，而是直接开具房款 54 万元发票，是否就违反营业税必须在同一张发票上注明的规定？在同一张发票上注明的含义是什么？在折扣销售中为什么不直接以折扣后价格为开具发票的价格，而必须要在同一张发票上分别注明销售额和折扣额？一般解释是从防止偷税避税角度规定的。如果将折扣额另开发票的，可能发生税法秩序混乱。房地产公司没有在发票上注明总价 55 万元，折让 1 万元，而是直接开具折扣后房款 54 万元发票，显然不能够实现偷税避税。但税法这样规定的确切含义有待进一步明确。

《增值税暂行条例实施细则》第 11 条规定，小规模纳税人以外的纳税人(以下称一般纳税人)因销售货物退回或者折让而退还给购买方的增值税额，应从发生销售货物退回或者折让当期的销项税额中扣减；因购进货物退出或者折让而收回的增值税额，应从发生购进货物退出或者折让当期的进项税额中扣减。一般纳税人销售货物或者应税劳务，开具增值税专用发票后，发生销售货物退回或者折让、开票有误等情形，应按国家税务总局的规定开具红字增值税专用发票。未按规定开具红字增值税专用发票的，增值税额不得从销项税额中扣减。第31条规定，小规模纳税人因销售货物退回或者折让退还给购买方的销售额，应从发生销售货物退回或者折让当期的销售额中扣减。

增值税对售价上给予的减让处理，与同为流转税的营业税相比有很大不同之处，与企业所得税相比却有相同之处。首先，增值税因销售货物退回或折让退还给购买方的销售额，无论一般纳税人或小规模纳税人都可以从当期的销售额中扣减（或当期的销项税额中扣减），与企业所得税规定对售价上给予的减让从当期的销售额中扣减几乎一样，没有像营业税规定退税。其次，由于增值税专用发票具有抵扣税款功能，因此规定"未按规定开具红字增值税专用发票的，增值税额不得从销项税额中扣减"的法定形式。这一点上与营业税规定的法定形式具有相同意义。另外，汽车销售行业开具的机动车统一发票没有办法将折扣像增值税发票或普通发票一样单独列一行注明，这也是实际操作中存在的问题。

（二）变更给付时间对纳税义务发生时间的影响

在前面章节中我们论证了税法对合同的尊重与依赖，其表现之一就是纳税义务发生时间依赖纳税人合同上约定的支付时间。比如，《企业所得税法》中关于利息收入的规定，按照合同约定的债务人应付利息的日期确认收入的实现；关于租金收入的规定，按照合同约定的承租人应付租金的日期确认收入的实现；关于特许权使用费收入的规定，按照合同约定的特许权使用人应付特许权使用费的日期确认收入的实现。这些规定是建立在合同成立生效后完全按原合同履行的基础之上，而合同完全履行，与签订时要求分毫不差的情况毕竟是少数，那么变更价款支付时间是否必然引起税法评价的改变？

1. 提前付款

国税发[2009]31号文件关于房地产企业售房收入规定，采取分期收款方式销售开发产品的，应按销售合同或协议约定的价款和付款日确认收入的实现。付款方提前付款的，在实际付款日确认收入的实现。这个文件适用的前提是采取分期收款方式销售开发产品的房地产企业售房收入。对于房地产企业售房收入其他形式下的提前付款没有规定。

我们继续分析其他税种相关规定。企业所得税法关于以分期收款方式销售货物的规定，按照合同约定的收款日期确认收入的实现。如果付款方提前付款的，企业所得税法只能确定为预收账款，而不能确认为销售收入的实现。

增值税法规定的收讫销售款项或者取得索取销售款项凭据的当天，按销售结算方式的不同，具体为：采取赊销和分期收款方式销售货物，为书面合同约定的收款日期的当天，无书面合同的或者书面合同没有约定收款日期的，为货物发出的当天。如果付款方提前付款的,增值税法只能确定为预收账款,而不能确认为销售收入的实现。这与《增值税暂行条例》第 19 条关于增值税纳税义务发生时间的规定是矛盾的,《增值税暂行条例》第 19 条规定,销售货物或者应税劳务,为收讫销售款项或者取得索取销售款项凭据的当天;先开具发票的,为开具发票的当天。并没有规定提前支付价款可以延迟确认纳税义务发生时间,只要收讫销售款项并销售货物或者应税劳务就应该缴税。

《营业税暂行条例》第 12 条规定,营业税纳税义务发生时间为纳税人提供应税劳务、转让无形资产或者销售不动产并收讫营业收入款项或者取得索取营业收入款项凭据的当天。国务院财政、税务主管部门另有规定的,从其规定。《营业税暂行条例实施细则》第 24 条规定,条例第 12 条所称收讫营业收入款项,是指纳税人应税行为发生过程中或者完成后收取的款项。条例第 12 条所称取得索取营业收入款项凭据的当天,为书面合同确定的付款日期的当天;未签订书面合同或者书面合同未确定付款日期的,为应税行为完成的当天。

我们分析营业税关于纳税义务时间的规定可以发现,无论合同价款支付是否提前,只要发生在纳税人应税行为发生过程中或者完成后的任何时点,营业税纳税义务就必然发生(例外情形:纳税人转让土地使用权或者销售不动产,采取预收款方式的,其纳税义务发生时间为收到预收款的当天。纳税人提供建筑业或者租赁业劳务,采取预收款方式的,其纳税义务发生时间为收到预收款的当天。以上情形并不要求应税行为发生)。

与企业所得税、增值税相比,显然营业税在尊重合同关于支付价款时间规定的同时,对可能发生的提前支付也作出全面的税法评价;而企业所得税、增值税没有考虑到合同变更分期付款的时间如何确认应税收入的实现。

2. 延迟付款

绝大多数税法都对延迟付款保持否定立场,这体现了税法的独立性和对合同法的制约。如前所述,税法对收入确认时间的规定基本上是依赖原合同的规定,但合同在履行中经常发生变更价款支付时间情况之一就是延迟付款,这在我国经济生活中习以为常,这种不正常现象已经成为正常现象了。税法对此说“不”。大多数税法规定应该支付的时间就是收入的实现时间,是否实际支付是合同当事人之间的民事纠纷,不能让国家财政收入来负担其结果。最典型例子是《企业所得税实施条例》第 104 条规定,企业所得税法第 37 条所称支付人,是指依照有关法律规定或者合同约定对非居民企业直接负有支付相关款项义务的单位或者个人;第 105 条规定,企业所得税法第 37 条所称支付,包括现金支付、汇拨支付、转账支付和权益兑价支付等货币支付和非货币支付。《企业所得税法》第 37 条所称到期应支付的款项,是指支付人按照权责发生制原则应当计入相关成本、费用的应付款项。这里规定比合同规定的应付款项更广泛，采取权责发生制原则规定了应付款项，包括但不限于合同规定的应付款项。

合同变更中延迟付款的税法评价。税法没有考虑合同当事人双方就原合同价款支付时间进行变更，双方一致同意延迟支付，这种情形下税法如何评价？之前税法按原合同确认的收入已经申报缴税，肯定是合法的，因为税法是根据原已存在的有效的合同关系作出评价，但现在变更也是有效变更，其效力仅向将来发生，理论上，既然税法评价是跟随合同的，税法就应该在变更合同将来发生效力的时点上重新确认税法上的收入实现。这样与税收征收效率原则是相矛盾的，因为之前的应税收入如果在现在必须进行冲减或退税，从而增加税收征管成本。在现实处理中已经确认的收入只有发生销售折让或销售退回才准许冲减当期收入或退税，并没有准许纳税人根据合同变更延迟支付时间冲减当期收入或退税，这里显然只是解决实践问题，并没有从法理上解决合同变更延迟支付时间的税法评价问题。合同变更是合同内容的非根本性变化，变更前后的合同仍保持一定的同一性和连续性，原合同关系仍然继续存在并有效，税法应该根据变更后的合同调整原来的评价。

（三）改变交付对纳税义务发生时间的影响

税法交付与合同法交付的异同比较。国家税务总局《关于房地产开发企业开发产品完工条件确认问题的通知》国税函[2010]201 号规定就房地产开发企业开发产品完工条件确认有关问题，通知如下：根据《国家税务总局关于房地产开发经营业务征收企业所得税问题的通知》（国税发[2006]31 号）规定精神和《国家税务总局关于印发〈房地产开发经营业务企业所得税处理办法〉的通知》（国税发[2009]31 号）第 3 条规定，房地产开发企业建造、开发的产品，无论工程质量是否通过验收合格，或是否办理完工（竣工）备案手续以及会计决算手续，当企业开始办理开发产品交付手续（包括入住手续）、或已开始实际投入使用时，为开发产品开始投入使用，应视为开发产品已经完工。房地产开发企业应按规定及时结算开发产品计税成本，并计算企业当年度应纳税所得额。

国税函[2010]201 号文规定交付的含义是从两种角度规定的：一是交付手续是否办理；二是是否开始实际投入使用。这与合同法规定的交付有着很大区别。合同法规定交付标的物的形态主要有：现实交付、简易交付、指示交付、拟制交付、占有改定交付。五种交付形态分为实物交付（前一种）与观念交付（后四种）；合同法规定交付标的物必须合格，要求交付期限、地点、质量都合格；合同法规定交付标的物必须所有权转移。国税函[2010]201 号文规定交付的含义中既注重形式交付又注重实质交付（实际投入使用），但没有质量和所有权转移的规定，即“无论工程质量是否通过验收合格，或是否办理完工（竣工）备案手续以及会计决算手续”。

营业税法对交付的规定。纳税人发生《营业税暂行条例实施细则》第 5 条所称将不动产或者土地使用权无偿赠送其他单位或者个人的，其纳税义务发生时间为不动产所有权、土地使用权转移的当天。这里规定交付的含义指不动产所有权、土地使用权转移，但只能在将不动产或者土地使用权无偿赠送情况下适用该条文，其他情况如销售不动产、转让土地使用权或者提供建筑业务、租赁业务等纳税义务发生时间都是在预收账款收到时，与是否交付无关。

国税发[2008]875 号文件规定了企业所得税销售商品业务收入确认的四个条件，即企业销售商品同时满足下列条件的，应确认收入的实现：①商品销售合同已经签订，企业已将商品所有权相关的主要风险和报酬转移给购货方；②企业对已售出的商品既没有保留通常与所有权相联系的继续管理权，也没有实施有效控制；③收入的金额能够可靠地计量；④已发生或将发生的销售方的成本能够可靠地核算。

判断企业是否已将商品所有权上的主要风险和报酬转移给购货方，应当根据实质重于形式原则关注交易的实质，并结合所有权凭证的转移进行判断。企业所得税收入确认的第二个条件是"是否保留通常与所有权相联系的继续管理权"。企业将商品相关的主要风险和报酬已转移给客户后，仍然保留与商品所有权相联系的继续管理权，或者仍然对该商品实施控制，则就不能确认收入。这种保留的"与所有权相联系的继续管理权或已售出的商品实施控制"可能与商品的所有权有关，也可能没有关系。比如，企业将商品销售给由本公司统一管理的中间代理商，由于代理商只负责本地区的销售，而公司则可能根据全国市场的需求，对商品进行调拨。因此虽然企业将商品已销售给代理商，但随时可以再将这些商品调拨到其他代理商那里去，因此，公司保留了"与所有权相联系的继续管理权或已售出的商品实施控制"，所以该销售行为不能确认为收入。

国税发[2008]875 号文件规定的转移交付更多参照企业会计制度和企业会计准则的规定，与合同法意义上的交付也有很大不同。

通过以上比较分析，合同变更交付的方式与时间对税法产生重大影响，主要在于判断应税收入的发生时间。两者侧重点不同，合同法更多侧重当事人的权利保障，而税法侧重实际发生，但两者仍有非常密集的交错地方。

（四）改变标的物种对税种的影响

如果合同的要素内容发生变化，即给付发生重要部分的变化，导致合同关系失去同一性，则构成合同的根本性变更，称为合同的更新。何为重要部分，应依当事人的意思和一般交易观念加以确定，如合同标的的改变导致合同性质的变化等，就是合同的更新而非合同的变更。假设在其他合同要素未变更情况下，税法面对改变标的后的合同必须重新进行评价，其评价结果有两种情况：一是原有税法评价保持不变，如将销售的楼房改变房号，销售衣服改为销售办公用品，其税种、计税依据、税率等要素仍然保持不变；二是原有税法评价发生根本改变，最重要的变化是其税种发生改变，可能在营业税、增值税、消费税、资源税、房产税、车船税、契税等诸税种之间发生增减变化，如何变化关键看合同标的变化的范围是否超出原标的的征税范围，如果超出原标的的征税范围就必定引起税种的改变。

（五）合同变更对发票开具的影响

发票管理办法是国家税法的重要组成部分，合同变更的税法评价除上述税种要素评价发生改变外，发票管理办法对合同变更同样要重新评价。《发票管理办法》第20条规定，所有单位和从事生产、经营活动的个人在购买商品、接受服务以及从事其他经营活动支付款项，应当向收款方取得发票。取得发票时，不得要求变更品名和金额。但在发生合同变更情形下有关发票内容必须改变。①发票的种类、内容以及使用范围因合同变更而改变。合同改变标的必然改变发票的种类、内容以及使用范围。②发票的金额改变。《发票管理办法细则》第27条规定，开具发票后，如发生销货退回需开红字发票的，必须收回原发票并注明“作废”字样或取得对方有效证明。开具发票后，如发生销售折让的，必须在收回原发票并注明“作废”字样后重新开具销售发票或取得对方有效证明后开具红字发票。③发票的开具时间发生改变。《发票管理办法实施细则》第26条规定，填开发票的单位和个人必须在发生经营业务确认营业收入时开具发票。合同变更支付时间或付款结算方式引起纳税义务发生时间的改变，必然导致经营业务确认营业收入时间发生改变，从而改变发票的开具时间。这里需要注意的问题在于，《发票管理办法实施细则》规定，在发生经营业务确认营业收入时开具发票。其中确认营业收入是指会计收入还是税法收入？如果是指会计收入，按会计制度和会计准则执行；如果是指税法收入即纳税义务发生时间，是指流转税确认的收入还是所得税确认的收入？目前没有明确。首先，依据法理分析，发票管理办法作为税法体系组成部分，其有关规定应该与税法保持一致，因此发票管理办法所指的确认营业收入应该是指纳税收入；其次，发票是指在购销商品、提供或者接受服务以及从事其他经营活动中，开具、收取的收付款凭证，因此发票管理办法所指的确认营业收入应该是指营业税、增值税确认的应税收入，与企业所得税、个人所得税确认的收入无关。

第二节　合同转让的税法评价

合同的转让是指合同的主体发生变化，即由合同的当事人将合同的全部或部分权利和义务转让给第三人，但合同的客体，即合同的标的不变。

在合同转让的关系中，合同关系的当事人有债权人、债务人和第三人。合同的转让表明，合同的权利和义务由新的当事人，即第三人承受，在合同的转让中，转让人与受让人形成新的合同关系。合同的转让包括：债权让与、债务承担和概括转移。

一、债权让与

债权让与又称债权的转让，是指合同的债权人将债权转让给受让人，受让人成为原合同新的债权人，取代了原债权人的地位。债权人可以将合同的权利全部或者部分转让给第三人，这种转让有两种方法：一是合同转让，即依据当事人之间的约定而发生的债权债务的移转；二是因企业的重组而发生的债权债务的移转。当事人订立合同后合并的，由合并后的法人或者其他组织行使合同权利，履行合同义务。当事人订立合同后分立的，除债权人和债务人另有约定的以外，由分立的法人或者其他组织对合同的权利和义务享有连带债权，承担连带债务。现实中，并不是所有的合同都能够转让。根据《合同法》第 79 条规定，有下列情形之一的除外：根据合同性质不得转让；按照当事人约定不得转让；依照法律规定不得转让。

二、债务承担

债务承担又称债务的转让，是指债务转让由第三人全部承担或者分担。债务人将合同的义务全部或者部分转移给第三人的，应当经债权人同意。债务人转移义务的，新债务人可以主张原债务人对债权人的抗辩。债务人转移义务的，新债务人应当承担与主债务有关的从债务，但该从债务专属于原债务人自身的除外。债务承担分为免责债务承担和并存债务承担。免责债务承担又称单纯的债务承担，是指债务全部由第三人承担，第三人取得债务人的地位，原债务人摆脱债务关系。并存债务承担又称共同的债务承担或者债务加入，是指第三人加入既存的债务关系，与债务人共同承担债务。

三、合同的概括转移

合同的概括转移，是指合同一方当事人将自己在合同中的权利和义务一并转让。合同的概括转移，可以分为意定概括转移和法定概括转移。根据当事人的意思而进行的合同的权利和义务转让称为意定概括转移，如《合同法》第 88 条规定：当事人一方经对方同意，可以将自己在合同中的权利和义务一并转让给第三人。根据法律的规定而进行的合同权利和义务转让则称为法定概括转移，如《合同法》第 90 条规定：当事人订立合同后合并的，由合并后的法人或者其他组织行使合同权利，履行合同义务。当事人订立合同后分立的，除债权人和债务人另有约定的以外，由分立的法人或者其他组织对合同的权利和义务享有连带债权，承担连带债务。

（一）转让债权的税法评价

《企业所得税法实施条例》第 16 条规定，企业所得税法第 6 条第(3)项所称转让财产收入，是指企业转让固定资产、生物资产、无形资产、股权、债权等财产取得的收入。这里明确将转让债权性质归属于转让财产收入范围之内，转让主体应该就转让所得或损失承担企业所得税纳税义务；受让主体按转让合同约定价款确认计税成本，而不是按照原有合同约定的债权价款确认计税成本。比如，原合同规定甲方应收乙方 100 万元，现甲方与丙方签订合同，将应收乙方 100 万元转让给丙方，转让价为 95 万元。税法对甲方评价为，甲方转让财产收入 95 万元，成本 100 万元，损失 5 万元；按合同法规定，丙方有权应收乙方 100 万元；按税法规定，乙方取得债权计税成本只能是 95 万元。

（二）房屋转租与转售的税法评价

(1) 房屋转租。原房屋出租合同规定房主甲方将房屋出租给乙方，租期 5 年，应收乙方租金 100 万元。次月，乙方与丙方签订转租合同，将应付甲方 100 万元转让给丙方，转让价为 110 万元。税法评价为，甲方确定财产租赁收入 100 万元，应负担营业税、所得税、房产税、土地使用税、印花税义务；乙方确定财产租赁收入 110 万元，应负担营业税、所得税、印花税义务，因为乙方不拥有房产土地所有权，故无需缴纳房产税、土地使用税；丙方按规定取得发票。乙方通过合同转让达到转租目的，税法(国税发[1995]76 号)判断依据并不是乙方是否拥有房屋所有权，而是乙方是否拥有使有权，乙方拥有使有权是通过《租赁合同》取得的。

(2) 房屋转售。原房屋销售合同规定甲房地产公司将房屋出售给个人乙方，应收乙方 100 万元。次月，乙方与丙方签订转售合同，将应付甲方 100 万元转让丙方，转让价为 110 万元。税法评价为，甲方确定销售房屋收入 100 万元，应负担营业税、所得税、土地增值税、印花税义务；乙方取得收入 110 万元，是否应缴纳营业税？如果缴纳营业税，按销售不动产税目还是其他税目？我们认为虽然表面上乙方不拥有房产所有权，对此取得的收入无法按销售不动产征税，但实质上乙方根据合同约定可以取得房屋所有权，只是因为方便“炒房”而未办理产权登记，税法如果因未办理产权登记原因造成税法适用困境，对办理登记销售的纳税人就是不公平的，因此我们主张对乙方按销售不动产征税(包括营业税、个人所得税、印花税)。但该主张必然牵动税收法定主义关于课税要件法定的规定，因为虽然合同名义上所有人为乙方，但在物权法上所有人仍为房地产公司，造成征税范围与纳税主体之间断裂。

以上两种情况在现实中往往表现为“改名”，直接将原合同宣布作废，新合同按原合同内容签订，仅改变合同当事人名称。我们认为所谓改名就是合同转让行为，无论当事人采取什么方法进行合同转让，都不能改变其行为性质和交易实质，都应该接受税法评价。对隐藏转让合同造成不缴或少缴税款的行为应该定性为偷税，严格按税法处理。

值得注意的是，税法常忽视债权的转让与物权的转让在性质上的不同之处。物权转让行为也要通过订立合同的方式，与合同权利转让的主要区别表现在转让对象的不同上。合同权利转让在性质上是债权的转让，因此受合同法调整。物权转让是所有权权能的分离和处分行为，这种转让关系也是合同关系并受合同法的调整，但又要受到物权法的调整。物权法关于交付、登记等规定适用于此类转让合同。但是税法对此类转让合同确认纳税义务不依赖于物权法关于交付、登记等规定，更多依赖于合同法的规定。比如《营业税暂行条例》关于销售不动产的规定，税法判断销售不动产是否产生纳税义务与纳税人是否办理物权交付、登记等无关；《企业所得税法》关于销售不动产的规定，完全建立在销售合同的签订基础之上，国税发[2009]31号文件规定，企业通过正式签订《房地产销售合同》或《房地产预售合同》所取得的收入，应确认为销售收入的实现。但是也有例外，如《营业税暂行条例实施细则》规定，纳税人发生本细则第5条所称将不动产或者土地使用权无偿赠送其他单位或者个人的，其纳税义务发生时间为不动产所有权、土地使用权转移的当天。这条例强调权利转移，但是否一定指物权交付、登记等，税法未进一步明确。从企业所得税关于房屋交付的定义看，税法交付与物权法交付登记含义不同。税法强调实质占有、使用、收益；物权法强调法定手续等。

（三）合同转让是否一定产生纳税义务

合同转让是否一定产生纳税义务，由于税法对合同转让行为研究尚不深入，重视程度不够，导致税法对此没有作出明确回答，税法在合同转让领域一直缺位。以《关于转让自然资源使用权营业税政策的通知》（财税[2012]6号）为例证明税法的缺位。该文件规定，根据经济发展形势，经研究，将在中华人民共和国境内（以下称境内）转让自然资源使用权有关营业税政策明确如下：

在《国家税务总局关于印发〈营业税税目注释〉（试行稿）的通知》（国税发[1993]149号）第8条规定“转让无形资产”税目注释中增加“转让自然资源使用权”子目。转让自然资源使用权，是指权利人转让勘探、开采、使用自然资源权利的行为。自然资源使用权，是指海域使用权、探矿权、采矿权、取水权和其他自然资源使用权（不含土地使用权）。县级以上地方人民政府或自然资源行政主管部门出让、转让或收回自然资源使用权的行为，不征收营业税。

从上述文件分析可以确定，纳税人转让自然资源使用权就是合同转让行为，因为纳税人首先要与县级以上地方人民政府或自然资源行政主管部门签订《出让、转让自然资源使用权》合同，取得自然资源使用权之后根据形势发展，再转让已经取得的权利，因此需要通过合同转让的方式进行转让自然资源使用权。这种行为在经济活动中由来已久，从"本通知自2012年2月1日起执行"可以说在此之前税法对合同转让行为是否征税一直缺位。

财税[2012]6号文件具有强烈的个案特征，但对于合同转让是否征税具有一定的启发意义。首先，树立了"合同就是财产"法律观念，合同为一项财产性权利，在市场经济条件下只要当事人合意，合同就可以不停流转变动，但财产属性不变，因此税法关注的不是合同转让行为本身，而是合同转让行为背后的经济意义。其次，税法如何征税，税法关注合同转让行为的经济意义，就是判断"何种合同就是何种财产"，何种财产流转应该适用何种税法。一旦某种财产流转适用营业税、增值税、消费税、资源税，那么某种财产的合同流转收入同样应该适用营业税、增值税、消费税、资源税。①

在合同转让行为中，表面现象是由于第三人的出场导致合同相对性发生变动，从合同法角度认定合同标的与内容没有发生变更，只是合同主体的变更；从税法角度认定原合同标的与内容虽然没有发生变更，但由于"转让＋收入"的行为模式符合税法的定义，因此税法判断合同转让本质是一种财产权利转让，因此需要申报缴税。如果税法对合同主体变更保持沉默，就会导致所有的合同标的与内容的转让都可以通过合同主体的变更得到实现，同时又不征税，这只能产生税法的漏洞，同时也是违背税收公平正义理念。但是目前税法仅对合同转让中涉及转租、建筑分包、自然矿权转让、"纸黄金"（免税）进行明确，整体上缺少系统研究与规定，面对市场经济就是契约经济的现实，税法显得苍白无力。

第三节　合同终止的税法评价

合同的终止又称合同的消灭，是指合同当事人双方终止合同关系和合同确立的权利与义务。合同的债权债务关系完成消灭，合同方为终止。合同终止，主债权消灭，从债权同时消灭。

《合同法》第91条规定，有下列情形之一的，合同的权利与义务终止：债务已经

① 熊伟：《税法解释与判例评注》，法律出版社2013年版，第279页。

按照约定履行；合同解除；债务相互抵销；债务人依法将标的物提存；债权人免除债务；债权债务同归于一人；法律规定或者当事人约定终止的其他情形。

(1) 履行完毕。它是指债务得以清偿，是由债务人向债权人履行合同规定的义务。合同履行期间届满，如合伙终期届至，都可以致使合同终止。

(2) 解除。它是指合同成立后，由双方协议，或者由一方当事人作出意思表示停止合同的效力，致使合同终止的法律行为。《合同法》第 94 条规定，有下列情形之一的，当事人可以解除合同：因不可抗力致使不能实现合同目的；在履行期限届满之前，当事人一方明确表示或者以自己的行为表明不履行主要债务；当事人一方迟延履行主要债务，经催告后在合理期限内仍未履行；当事人一方迟延履行债务或者有其他违约行为致使不能实现合同目的；法律规定的其他情形。

(3) 抵销。它是指两人互负债务，彼此债务在对等数额内相互消偿，致使双方债权同时消灭的法律行为。抵销可分为单方抵销、合同抵销和判决抵销。当事人互负到期债务，该债务的标的物种类、品质相同的，任何一方可以将自己的债务与对方的债务抵销，但依照法律规定或者按照合同性质不得抵销的除外。当事人互负债务，标的物种类、品质不相同的，经双方协商一致，也可以抵销。

(4) 提存。它是指因债权人受领迟延或者债权人不明难以给付，债务人将提存物提交提存机关，从而消灭债务的法律行为。《合同法》第 101 条规定，有下列情形之一，难以履行债务的，债务人可以将标的物提存：债权人无正当理由拒绝受领；债权人下落不明；债权人死亡未确定继承人或者丧失民事行为能力未确定监护人；法律规定的其他情形。

(5) 免除。它是指债权人向债务人作出免去债务责任的意思表示，债务人表示接受，致使合同终止的双方法律行为。债权人免除债务人部分或者全部债务的，合同的权利与义务部分或者全部终止。

(6) 混同。它是指债权与债务同归于一人，即同一个人既是债权人同时又是债务人，在这种情况下，债的关系归于消灭。混同的原因主要有：民法上的继受、商法上的继受和特定继受。债权和债务同归于一人的，合同的权利与义务终止，但涉及第三人利益的除外。

法律规定或者当事人约定解除权行使期限，期限届满当事人不行使的，该权利消灭。法律没有规定或者当事人没有约定解除权行使期限，经对方催告后在合理期限内不行使的，该权利消灭。合同解除后，尚未履行的，终止履行；已经履行的，根据履行情况和合同性质，当事人可以要求恢复原状，采取其他补救措施，并有权要求赔偿损失。此外，当事人死亡或者丧失民事行为能力等原因，都可以导致合同的终止。

（一）代物清偿的税法评价

合同履行完毕就是债务得以清偿，根据交付的标的是否以合同约定为标准，清偿可以分为实际清偿与代物清偿。实际清偿是严格按照合同约定的内容清偿债务；代物清偿是实际清偿不能或不便，经债权人同意以其他交付代替合同约定的交付，与实际清偿具有相同的账务消灭的效力。无论是营业税、增值税等流转税还是所得税，课税对象虽然不同，但对于代物清偿的双方都纳入税法的评价。

现选择一个集多种税收于一体的案例进行分析。

房地产公司欠建筑公司100万元工程款，经法院判决以房抵债。

税法如何评价房地产公司和建筑公司，具体分析如下：

房地产公司应申报缴纳营业税。《国家税务总局关于以房屋抵顶债务应征收营业税问题的批复》（国税函[1998]771号）规定，单位或个人以房屋抵顶有关债务，不论是经双方（或多方）协商决定的，还是由法院裁定的，其房屋所有权已发生转移，且原房主也取得了经济利益（减少了债务），因此，对单位或个人以房屋或其他不动产抵顶有关债务的行为，应按“销售不动产”税目征收营业税。

房地产公司应申报缴纳企业所得税。国家税务总局《房地产开发经营业务企业所得税处理办法》第7条规定，企业将开发产品用于抵偿债务的行为，应视同销售，于开发产品所有权或使用权转移，或于实际取得利益权利时确认收入（或利润）的实现。

房地产公司应申报缴纳土地增值税。《国家税务总局关于土地增值税清算的通知》（国税发[2006]187号）规定，房地产开发企业将开发产品用于抵偿债务，发生所有权转移时应视同销售房地产。其收入按下列方法和顺序确认：

（1）按本企业在同一地区、同一年度销售的同类房地产的平均价格确定。

（2）由主管税务机关参照当地当年、同类房地产的市场价格或评估价值确定。

房地产公司应申报缴纳印花税。《财政部　国家税务总局关于印花税若干政策的通知》（财税[2006]162号）规定，对商品房销售合同按照产权转移书据征收印花税。

建筑公司应申报缴纳印花税。依据同上，因为印花税对合同双方适用税目、税率是一样的。

建筑公司应申报缴纳契税。《契税暂行条例》第1条规定，在中华人民共和国境内转移土地、房屋权属，承受的单位和个人为契税的纳税人，应当依照本条例的规定缴纳契税。第8条规定契税的纳税义务发生时间为纳税人签订土地、房屋权属转移合同的当天，或是纳税人取得其他具有土地、房屋权属转移合同性质凭证的当天。建筑公司通过抵债方式取得房屋就是承受方，应该为契税的纳税人。

建筑公司应申报缴纳营业税。根据《营业税暂行条例》规定，建筑公司为房地产公司提供建筑劳务，收到的工程款为房屋，也是“有偿”形式表现之一，因此应该按建筑业申报缴纳营业税。《营业税暂行条例实施细则》第3条规定，条例第1条所称提供条例规定的劳务、转让无形资产或者销售不动产，是指有偿提供条例规定的劳务、有偿转让无形资产或者有偿转让不动产所有权的行为；前款所称有偿，是指取得货币、货物或者其他经济利益。房屋抵债就是有偿的经济利益。

建筑公司应申报缴纳房产税、城镇土地使用税。《国家税务总局关于房产税、城镇土地使用税有关政策规定的通知》(国税发[2003]89号)规定如下：

(1) 购置新建商品房，自房屋交付使用之次月起计征房产税和城镇土地使用税。

(2) 购置存量房，自办理房屋权属转移、变更登记手续，房地产权属登记机关签发房屋权属证书之次月起计征房产税和城镇土地使用税。

《财政部　国家税务总局关于房产税、城镇土地使用税有关政策规定的通知》(财税[2006]186号)规定如下：以出让或转让方式有偿取得土地使用权的，应由受让方从合同约定交付土地时间的次月起缴纳城镇土地使用税；合同未约定交付土地时间的，由受让方从合同签订的次月起缴纳城镇土地使用税{备注：《国家税务总局关于房产税城镇土地使用税有关政策规定的通知》(国税发[2003]89号)第2条第4款中有关房地产开发企业城镇土地使用税纳税义务发生时间的规定同时废止}。建筑公司取得抵债房次月起应当申报房产税、应从抵销合同约定交付土地时间的次月起缴纳城镇土地使用税，抵销合同未约定交付土地时间的，由建筑公司从抵销合同签订的次月起缴纳城镇土地使用税。

在对上述集七种税收于一体的抵债案例分析后，在实践中还必须注意税法对代物清偿的一些特殊规定：

其一，代物清偿的金额受到税法的制约。合同当事人之间如果清偿的形式不是货币，而是用物品、劳务、项目清偿，必须注意税法对物品、劳务、项目等价值的确认，税法会按照公允价格确认，而不是按照合同约定的价值确认。比如，针对房地产开发企业将开发产品用于抵偿债务，《国家税务总局关于土地增值税清算的通知》(国税发[2006]187号)规定，其收入按下列方法和顺序确认：①按本企业在同一地区、同一年度销售的同类房地产的平均价格确定；②由主管税务机关参照当地当年、同类房地产的市场价格或评估价值确定。企业所得税法规定，确认收入(或利润)的方法和顺序为：①按本企业近期或本年度最近月份同类开发产品市场销售价格确定；②由主管税务机关参照当地同类开发产品市场公允价值确定；③按开发产品的成本利润率确定。开发产品的成本利润率不得低于15%，具体比例由主管税务机关确定。

其二，并不是所有的债务清偿都必须征税，也可能属于不征税范围，必须具体分析。比如，《国家税务总局关于以土地房屋权属抵缴社会保险费免征契税的批复》（国税函[2001]483号）规定，根据国务院发布的《社会保险费征缴暂行条例》（国务院第259号令）中关于"社会保险基金不计征税费"的规定，对社会保险费（基本养老保险、基本医疗保险、失业保险）征收机构承受用于抵缴社会保险费的土地、房屋权属免征契税。

其三，注意一些特殊的隐蔽方式的债务抵销，必须纳入税法评价。比如，对于用项目投资抵销购置土地的债务，《国家税务总局关于以项目换土地等方式承受土地使用权有关契税问题的批复》（国税函[2002]1094号）规定，土地使用权受让人通过完成土地使用权转让方约定的投资额度或投资特定项目，以此获取的土地使用权，属于契税征收范围，其计税价格由征收机关参照纳税义务发生时当地的市场价格核定。

（二）免除的税法评价

免除是指债权人向债务人作出免去债务责任的意思表示，债务人表示接受，致使合同终止的双方法律行为。债权人免除债务人部分或者全部债务的，合同的权利义务部分或者全部终止。

对于合同法上的免除，每个税种的评价标准不同，具体分析如下：

《企业所得税法实施条例》第22条规定，企业所得税法第6条第(9)项所称其他收入，是指企业取得的除企业所得税法第6条第(1)项至第(8)项规定的收入外的其他收入，包括企业资产溢余收入、逾期未退包装物押金收入、确实无法偿付的应付款项、已作坏账损失处理后又收回的应收款项、债务重组收入、补贴收入、违约金收入、汇兑收益等。债权人向债务人作出免去债务责任的意思表示，债务人取得的免除债务就是税法上的一种收入，纳入税法评价范围；债权人失去的债权就是一种损失，同样纳入税法评价范围，允许税前扣除该支出，相当于冲减原有债权已经被确认的收入。

营业税法、增值税法与消费税法对免除债务没有规定同时免除原有债权产生的应税义务。税法考虑的思路是，原有债权发生时，如果符合征税条件，纳税义务已经发生，纳税人就应该申报缴纳税款，这是一种行为；后来，免除债务行为又是一种行为，不能因为免除行为的出现导致过去产生行为的纳税义务终结。与所得税比较，流转税规定重点在合同交易流转环节与合同交易流转行为上，而不看合同终止的结果。而所得税为什么对免除债务进行税法评价，是因为所得税的课税对象是指所得，免除行为导致双方所得发生了变化，所以所得税法必然将免除行为纳入调整范围。

契税申报中的免除债务是否纳入计税依据？比如，房地产公司中标一块旧城改造土地，合同规定应上缴出让金 12 000 万元，政府有关部门免除出让金 4 000 万元作为旧城改造补贴，另外负责拆迁安置房 2 000 平方米。政府有关部门免除出让金 4 000 万元就是合同法上的免除债务，纳税人契税计税价格是否包含被免除的 4 000万元债务？国税函[2005]436 号文件如此解释："根据《中华人民共和国契税暂行条例》及其细则的有关规定，对承受国有土地使用权所应支付的土地出让金，要计征契税。不得因减免土地出让金，而减免契税。"也就是说，被免除的购买土地的所有债务必需纳入契税计税依据，这与是否实际支出无关。

我们认为，虽然免除债务和无偿赠与的经济结果是同样的，但两者行为不能等同，所以税法不会根据经济结果采取同样处理办法。企业所得税将受赠与方接受的赠与作为收入的一种，与债务重组收入的税法效果是同样的。但是个人所得税又是如何评价债权人向债务人作出免去债务的合同行为的？因为我国个人所得税实行分类税制，对每类所得都有不同的确定方法。但就个人取得债务豁免所得是否征税，目前不明确。在个人转让房屋后放弃应收债权，可以比照财政部、国家税务总局下发的《关于个人无偿受赠房屋有关个人所得税问题的通知》执行，该通知明确规定，除三种情况之外，受赠人因无偿受赠房屋取得的受赠所得，必须按 20% 的税率缴纳个人所得税。

（三）抵销的税法评价

合同法上的抵销即指两人互负债务，彼此债务在对等数额内相互消偿，致使双方债权同时消灭的法律行为。抵销可分为单方抵销、合同抵销和判决抵销。当事人互负到期债务，该债务的标的物种类、品质相同的，任何一方可以将自己的债务与对方的债务抵销，但依照法律规定或者按照合同性质不得抵销的除外。当事人互负债务，标的物种类、品质不相同的，经双方协商一致，也可以抵销。

税法对合同法上抵销的评价表现在程序法与实体法两个方面：

税法程序法对合同法抵销的借鉴之处表现在：《税收征收管理法实施细则》第 79 条规定，当纳税人既有应退税款又有欠缴税款的，税务机关可以将应退税款和利息先抵扣欠缴税款；抵扣后有余额的，退还纳税人。这条规定是将税款作为一种债务处理的方式。纳税人是债务人，税务机关代表国家行使债权人的身份，如果税务机关欠纳税人的税款同时又有当期应收税款，就会形成债务抵销。这里要思考几个方面问题：其一，互相抵销的税款必须已经到期，不能用将来未到期的税款来抵销已经到期的欠款；退税税款和欠缴税款为 2001 年 5 月 1 日后发生的下列各项税金。其二，国家税务局与地方税务局分别征退的税款、滞纳金和罚没款，相互之间不得抵扣；由税务机关征退的农业税及教育费附加、社保费、文化事业建设费等非税收入不得与税收收入相互抵扣。因为纳税人面临国家税务局和地方税务局两个政府代表人，首先不能用国税与地税范围的税种互相抵销；其次在同一税务机关内部征收的不同税种之间能否互相抵销，目前法律没有明确；但是从法律其他条款规定推理不同税款之间应该不能抵销，因为《税收征收管理法》第 53 条规定国家税务局和地方税务局应当按照国家规定的税收征收管理范围和税款入库预算级次，将征收的税款缴入国库；第 76 条规定税务机关违反规定擅自改变税收征收管理范围和税款入库预算级次的，责令限期改正，对直接负责的主管人员和其他直接责任人员依法给予降级或者撤职的行政处分。从上述规定可以得出：不同税种之间一旦能够互相抵销，就极可能会导致税款改变入库预算级次，因此发生违法行为。但是法律也没有明确指出相同预算级次的税款是否就可以抵销，即中央税与中央税之间，地方税与地方税之间，共享税与共享税之间。因为实际税款入库预算级次的划分非常复杂，如果不同税款之间可以互相抵销，则导致财政金库在中央、省、市、县区、乡镇之间调整，操作十分麻烦。其三，纳税人偷税逃税骗税的税款是否依照法律规定与正常多缴税款之间互相抵销。从法律上推论纳税人偷逃税款如果容许抵销，那么纳税人违法承担的客体就不复存在，就无法处理罚款、征缴滞纳金。因此我们认为违法产生的税款与正常申报税款应当理解成性质不同的债务，不可抵销。

税法就税收债务抵销问题在借鉴合同法上的债务抵销规定之外更进一步进行创新突破，表现在以下几个方面：其一，将债务的范围进行扩大，不仅税款、利息可以抵销，还扩大到罚款、滞纳金及没收非法所得。其二，细化规定债务抵销的时间，抵扣欠缴税款时，应按欠缴税款的发生时间逐笔抵扣，先发生的先抵扣。其三，对不同入库预算级次的税款可以互相抵销，采取一些税收会计技术处理方法消除不同种类债务之间抵销的障碍。其四，对检查的税款与正常税款之间可以抵销，采取一些税收会计技术处理方法消除不同性质债务之间抵销的障碍，如《国家税务总局关于增值税一般纳税人将增值税进项留抵税额抵减查补税款欠税问题的批复》（国税函[2005]169 号）规定：①增值税一般纳税人拖欠纳税检查应补缴的增值税税款，如果纳税人有进项留抵税额，可按照《国家税务总局关于增值税一般纳税人用进项留抵税额抵减增值税欠税问题的通知》（国税发[2004]112 号）的规定，用增值税留抵税额抵减查补税款欠税。②为确保税务机关和国库入库数字对账一致，抵减的查补税款不能作为稽查已入库税款统计。

以案例说明税收实体法对合同抵销的税法评价。

【案例 5-1】 张三与房地产公司签订《房屋销售合同》，张三应付 100 万元购房款；双方同时签订《房屋出租合同》，合同约定张三将所购房屋出租给房地产公司，租期 5 年，每年租金 6 万元，共计30万元。房地产公司和张三约定债务互相抵销，张三实际支付房款为70万元。房地产公司开具销售不动产发票70万元。

该案例的基本特征是用将来的债务抵销现在的债务。房地产公司未来5年应付租金30万元，张三现在应付购房款100万元，经双方债务抵销后，张三实际支付房地产公司70万元购房款。

税法对张三行为的法律评价：

张三应该按照出租房屋申报缴纳营业税。张三申报租金营业税的纳税义务发生时间到底是购房合同签订付款时，还是房屋移交开始使用时，还是在5年内按月申报营业税？根据《营业税暂行条例》第12条规定，营业税纳税义务发生时间为纳税人提供应税劳务、转让无形资产或者销售不动产并收讫营业收入款项或者取得索取营业收入款项凭据的当天。国务院财政、税务主管部门另有规定的，从其规定。《营业税暂行条例实施细则》规定，条例第12条所称取得索取营业收入款项凭据的当天，为书面合同确定的付款日期的当天；未签订书面合同或者书面合同未确定付款日期的，为应税行为完成的当天。《营业税暂行条例实施细则》第25条规定，纳税人提供建筑业或者租赁业劳务，采取预收款方式的，其纳税义务发生时间为收到预收款的当天。房地产公司与张三约定债务抵销，就是书面合同确定了房地产公司应付5年租金的日期为张三支付房款的当天。张三支付房款时，房屋尚未交付，属于期房，因此张三收到的抵销租金就是预收款。根据上述规定，张三应该就5年租金在支付购房款时一次性申报缴纳营业税。

张三应该申报5年租金所得的个人所得税。《关于个人与房地产开发企业签订有条件优惠价格协议购买商店征收个人所得税问题》国税函[2008]576号规定，房地产开发企业与商店购买者个人签订协议规定，房地产开发企业按优惠价格出售其开发的商店给购买者个人，但购买者个人在一定期限内必须将购买的商店无偿提供给房地产开发企业对外出租使用。其实质是购买者个人以所购商店交由房地产开发企业出租而取得的房屋租赁收入支付了部分购房价款。

根据个人所得税法的有关规定，对上述情形的购买者个人少支出的购房价款，应视同个人财产租赁所得，按照“财产租赁所得”项目征收个人所得税。

张三申报5年租金所得的个人所得税的时间和计算方法。财产租赁所得的收入额，以每月取得收入为一次，因此张三应该按照少支出的购房价款和协议规定的租赁月份数平均计算确定。张三收到60个月租金30万元，按照每月5 000元租金每月申报个人所得税，还是按照每月5 000元租金计算60个月租金一次性申报个人所得税？税法没有明确规定。此外，还存在一个形式与实质的分析问题。合同租金是每年6万元，这是形式上的数字约定，并不代表房地产公司能够将此房屋实际转租出去，现实中存在三种可能：一是再转租租金正是每年6万元，此时，形式与实质一致；二是转租租金低于每年6万元，比如是3万元，此情况下，其实质是张三以该房屋交由房地产公司出租而取得 3 万元租金收入支付了部分购房价款；三是转租租金高于每年 6 万元，情况正好相反。在发生上述情况时，如何确定初始合同约定的租金收入是一种形式表达，还是一种实质表达。这是税法上形式与实质纠结最深之处。本书主张以 5 年后实际转租收入为真实收入。

税法对房地产公司行为的法律评价：

房地产公司应该按照 100 万元申报缴纳销售不动产营业税、确认企业所得税销售收入 100 万元和确认土地增值税销售收入 100 万元。对于房地产公司来说，最严重的问题不是收入的确认，而是如何确认 30 万元的支出性质；如果将 30 万元理解为 5 年租金支出，就应该按照租赁期分摊费用，每年 6 万元；在房屋尚处在期房的销售阶段，根本无租金可摊销。房屋建成后，面临税法上"交付"标准的确认问题，交付给谁才属于税法上的交付呢？或属于税法上的投入使用？是房地产公司与购房人，还是房地产公司与租房人？也就是说，当房地产公司确认 100 万元销售收入时，租赁费用只有 6 万元，余额 24 万元在以后的 4 个年度内摊销；而对于土地增值税，30 万元租金不在扣除范围。此外，这里也存在一个形式与实质的分析问题，道理如上所述。相对于张三，本书认为张三取得 30 万元租金收入是"纸上收入"，因此房地产公司取得 100 万元收入也是"纸上收入"，其取得的真实收入应是两个部分的组成：现金 70 万元加以后 5 年实际取得的转租收入，即包含了不确定的递延收益。

通过上述分析，我们可以得出结论，税法将抵销理解为经济利益的交换形式，同时税法对抵销的价值认可、未来抵销、特殊抵销、免税抵销都进行了个案规定，丰富了对合同法上债务抵销的税法评价思路，对通过抵销与未通过抵销方式实现经济往来的纳税人来说实现了税法上的公平正义。

（四）混同的税法评价

合同法上的混同是指债权与债务同归于一人，即同一个人既是债权人同时又是债务人，在这种情况下，债的关系归于消灭。

税法对合同法上混同的评价表现在《中华人民共和国税收征收管理法》第 48 条规定上，纳税人有合并、分立情形的，应当向税务机关报告，并依法缴清税款。纳税人合并时未缴清税款的，应当由合并后的纳税人继续履行未履行的纳税义务；纳税人分立时未缴清税款的，分立后的纳税人对未履行的纳税义务应当承担连带责任。纳税人的合并情形就是实现合同法上的混同，债权与债务同归于一人，合同的权利与义务终止，但涉及第三人利益的除外，税收就是第三人利益，基于原债权与债务产生的税法义务不会因为混同而消灭。

（五）提存的税法评价

合同法上的提存是指因债权人受领迟延或者债权人不明难为给付，债务人将提存物提交提存机关，从而消灭债务的法律行为。《合同法》第 101 条规定，有下列情形之一，难以履行债务的，债务人可以将标的物提存：债权人无正当理由拒绝受领；债权人下落不明；债权人死亡未确定继承人或者丧失民事行为能力未确定监护人；法律规定的其他情形。

合同法上的提存对税法产生的影响主要集中在交付环节。因为许多税法将标的物的交付作为应税收入的实现标准，如果标的物无法按照合同完成交付，对应的应税收入也就无法实现，从而影响税法对合同的评价。现举例说明：

(1) 房地产企业商品房的交付。国家税务总局《关于房地产开发企业开发产品完工条件确认问题的通知》(国税函[2010]201 号)规定，就房地产开发企业开发产品完工条件确认有关问题，通知如下：当企业开始办理开发产品交付手续(包括入住手续)，或已开始实际投入使用时，为开发产品开始投入使用，应视为开发产品已经完工。房地产开发企业应按规定及时结算开发产品计税成本，并计算企业当年度应纳税所得额。国税函[2010]201 号规定交付的含义是从两种角度规定的：一是交付手续是否办理；二是是否开始实际投入使用。

如果出现《合同法》第 101 条规定的情形，导致房地产公司难以履行债务的，债务人可以将标的物提存。此时的提存就应该视同办理开发产品交付手续。如果房地产公司不办理交付手续，收到的款项只能是预收账款，无法确认为销售收入。

(2) 销售货物的交付。《增值税暂行条例实施细则》第 38 条规定，纳税义务确认时间按销售结算方式的不同，具体为：①采取托收承付和委托银行收款方式销售货物，为发出货物并办妥托收手续的当天；②采取赊销和分期收款方式销售货物，为书面合同约定的收款日期的当天，无书面合同的或者书面合同没有约定收款日期的，为货物发出的当天；③采取预收货款方式销售货物，为货物发出的当天，但生产销售生产工期超过 12 个月的大型机械设备、船舶、飞机等货物，为收到预收款或者书面合同约定的收款日期的当天。

如果出现《合同法》第 101 条规定的情形，导致难以履行债务的，债务人可以将标的物提存。此时的提存就应该视同办理交付手续。如果不办理交付手续，收到的款项只能是预收账款，无法确认为销售收入。

到目前为止，税法没有明确研究合同法上的提存对税法评价的影响，以上分析思路是将提存理解为交付的一种形式，但在实践中纳税人一般不会主动履行提存的手续，从而导致纳税义务发生时间的提前实现。

(六) 解除的税法评价

解除合同是指合同成立后，由双方协议，或者由一方当事人作出意思表示停止合同的效力，致使合同终止的法律行为。已经履行的，根据履行情况和合同性质，当事人可以要求恢复原状，采取其他补救措施，并有权要求赔偿损失。如果当事人可以要求恢复原状，税法如何评价？如果当事人要求赔偿损失，税法如何评价？

对于恢复原状，各种税法规定如下。《营业税暂行条例实施细则》第14条规定，纳税人的营业额计算缴纳营业税后因发生退款减除营业额的，应当退还已缴纳营业税税款或者从纳税人以后的应缴纳营业税额中减除。《增值税暂行条例实施细则》第11条规定，小规模纳税人以外的纳税人（以下称一般纳税人）因销售货物退回或者折让而退还给购买方的增值税额，应从发生销售货物退回或者折让当期的销项税额中扣减；因购进货物退出或者折让而收回的增值税额，应从发生购进货物退出或者折让当期的进项税额中扣减。一般纳税人销售货物或者应税劳务，开具增值税专用发票后，发生销售货物退回或者折让、开票有误等情形，应按国家税务总局的规定开具红字增值税专用发票。未按规定开具红字增值税专用发票的，增值税额不得从销项税额中扣减。《关于确认企业所得税收入若干问题的通知》（国税函[2008]875号）规定，企业因售出商品质量、品种不符合要求等原因而发生的退货属于销售退回。企业已经确认销售收入的售出商品发生销售折让和销售退回，应当在发生当期冲减当期销售商品收入。

在了解营业税、增值税和企业所得税上述规定后，是否可以得出结论：对于合同法上的恢复原状，同时税法也规定了一个“恢复原状”（退税或退抵收入）的评价？回答是否定的。请看以下两个案例分析。

【案例5-2】 **退房是否退税**

张三于2010年11月购买房地产公司商品房一套，已经全部付款100万元，2011年2月双方解除原签订的《房地产买卖合同》一致同意退房，房地产公司同意退还张三100万元。针对退房行为，税法对张三和房地产公司如何评价？

张三已经于2010年12月缴纳购房契税，完税后办理退房的情况有两种：一是已签订房地产买卖合同，但未办理房地产权属登记；二是已签订合同，并办理了房地产权属登记。

第一种情况，原则上给予办理退税，但也有例外。根据《国家税务总局关于办理期房退房手续后应退还已征契税的批复》（国税函[2002]622号）规定，交易双方已签订房屋买卖合同，由于各种原因最终未能完成交易的，如果购房者已按规定缴纳契税，在办理期房退房手续后，对其已纳税款应予以退还。但其中有例外的情况，即购房人以按揭、抵押贷款方式购买房屋的，根据《国家税务总局关于抵押贷款购买商品房征收契税的批复》（国税函[1999]613号）规定，当购房人从银行取得抵押凭证时，购房人与原产权人之间的房屋产权转移已经完成，必须依法缴纳契税，这种情况下退房就不再给予退税。

第二种情况，原则上已纳契税不予退还，但也有例外，即经法定程序判定（如法院判决）该房地产交易合同及发生的房屋土地权属转移无效的，已缴契税可以给予退税。根据《国家税务总局关于无效产权转移征收契税的批复》（国税函[2008]438号）规定，对经法院判决的无效产权转移行为不征收契税。即只有法院判决该房屋产权交易行为始终无效的情况，才不征收契税，已缴契税可以退还。若法院仅判决撤销房屋所有权证，则不能作为退还契税的政策依据。

按照《财政部　国家税务总局关于购房人办理退房有关契税问题的通知》（财税[2011]32号）规定，对购房单位和个人办理退房有关契税问题时，对已缴纳契税的购房单位和个人，在未办理房屋权属变更登记前退房的，退还已纳契税；在办理房屋权属变更登记后退房的，不予退还已纳契税。

以上文件虽然解决了张三是否退契税问题，但是由于法律是一个整体和谐的体系，因此带来以下问题：张三在办理房屋权属变更登记后退房的，不予退还已纳契税，其潜台词是什么？张三退房行为在目前税法体系中是什么性质行为？既然承认张三已经拥有房屋所有权，那么等于在回答张三退房行为实质是在销售自己二手房行为，既然符合销售二手房行为，因此张三在“退房”环节反而应该按销售不动产税目申报缴纳营业税；按转让财产所得申报个人所得税；按转让财产合同申报印花税。结论是如此不可思议，但是按照税法逻辑推理只有这样的结果。

带来更不可思议的一个问题是，如果张三在“退房”环节反而要按销售不动产税目申报缴纳营业税，那么对于房地产公司而言其“退房”行为就是“购房”行为。在财务会计处理上，房地产行业将商品房按开发产品（存货）处理，现在“退房”变成“购房”，应该按购进固定资产不动产处理，要计提折旧；要申报缴纳房产税、土地使用税、印花税、契税。对于房地产公司2010年11月已经按100万元申报缴纳的营业税5万元、城市维护建设税0.35万元、教育费附加0.15万元，是否退税？根据《营业税暂行条例实施细则》第14条规定，纳税人的营业额计算缴纳营业税后因发生退款减除营业额的，应当退还已缴纳营业税税款或者从纳税人以后的应缴纳营业税税额中减除。回答是肯定的，必须退还已缴纳的5万元营业税、0.35万元城建税、0.15万元教育费附加。根据《关于确认企业所得税收入若干问题的通知》（国税函[2008]875号）规定，企业因售出商品质量、品种不符合要求等原因而发生的退货属于销售退回。企业已经确认销售收入的售出商品发生销售折让和销售退回，应当在发生当期冲减当期销售商品收入（特别注意：企业所得税法规定收入为九种，国税函[2008]875号规定只能适用销售货物收入一种情况，其他八种收入如果发生退款如何处理，则未明确）。房地产公司可以将2010年11月已经确认销售收入100万元，按照销售退回冲减2011年2月当期销售商品收入100万元。如果按照《营业税暂行条例实施细则》和企业所得税有关规定，退房就是属于“因发生退款减除营业额的”和“销售退回”的性质，这种行为就不是从张三处“购房”行为；如果将退还100万元理解为从张三处“购房”支出，就不可能退税。

因此税法内部体系发生了纠结，如何认识这种纠结？暂时不予回答，在继续分析下一个案例之后一并回答。

【案例5-3】　　退股是否退税

张三于2010年11月购买李四拥有的房地产公司股权，已经全部付款100万元，2011年2月双方一致同意解除原《股权转让合同》，张三退还李四股权，李四同意退还张三100万元。针对退还股权行为，税法对张三和李四如何评价？

李四已经于2010年11月缴纳转让股权所得个人所得税6万元，2011年2月退股时是否退税？

具体情况有四种：一是股权已作变更登记，且所得已经实现的。二是股权已作变更登记，但所得未实现（款项应付未付或无偿赠与）。三是股权未作变更登记，但所得已经实现的。四是股权未作变更登记，且所得也未实现的。

根据《国家税务总局关于纳税人收回转让的股权征收个人所得税问题的批复》（国税函[2005]130号）规定，在第一种情况下，税法认为股权转让合同履行完毕、股权已作变更登记，且所得已经实现的，转让人取得的股权转让收入应当依法缴纳个人所得税。转让行为结束后，当事人双方签订并执行解除原股权转让合同、退回股权的协议，是另一次股权转让行为，对前次转让行为征收的个人所得税税款不予退回。

李四同意退还张三100万元时，是另一次股权转让行为，张三应该按照转让财产所得进行申报缴税。张三股权取得成本是100万元，转让价格是100万元，无所得产生，就是平价转让股权。在退股行为中，只有李四之前缴纳6万元个人所得税。但是根据《国家税务总局关于加强股权转让所得征收个人所得税管理的通知》（国税函[2009]285号）的有关规定，张三是否能够以“退股”为平价转让的合理理由，需要主管税务机关确定和裁量。

在第二、第三、第四种情况下，税法认为股权转让合同未履行完毕，并原价收回已转让股权的，由于其股权转让行为尚未完成、收入未完全实现，随着股权转让关系的解除，股权收益不复存在，纳税人不应缴纳个人所得税，所以之前已经缴纳的个人所得税应退回。但是国税函[2005]130号文件将解除股权转让合同和停止执行原股权转让合同的条件限制在唯有执行仲裁委员会作出的裁决之下，按照国税函[2005]130号文件规定人民法院的判决书、调解书也不符合该条件，双方当事人决定的解除股权转让合同和停止执行原股权转让合同更不符合该条件。也就是说，唯有执行仲裁委员会作出的裁决导致解除股权转让合同和停止执行原股权转让合同的，在第二、第三、第四种情况下李四才不视同另一次股权转让申报个人所得税。

第二种情况是股权已作变更登记，但所得未实现。个人所得税法对于什么是“所得的实现”未作明确规定。款项应付未付是否属于一种“所得未实现”？无偿赠与是否属于一种“所得未实现”？因为我国个人所得税法实行一种分类所得税制度，每种所得确认方式不同，从扣缴义务时间推理出，就工作薪金所得应以支付环节确认所得的实现，支付是所得实现的形式；财产转让所得是否也以支付作为所得实现的形式，个人所得税法对此未作明确规定，也无法从扣缴角度推理，因为财产转让可能无扣缴义务人，即使存在扣缴义务人，扣缴义务人也无法确定财产原值，无法计算个人所得税税款。

无偿赠与对于赠与方是否属于一种“所得未实现”？对于受赠方是否属于一种“所得的实现”？回答是具体情况具体分析。根据国家税务总局关于个人无偿赠与房屋视同销售的规定，无偿赠与也是要申报个人所得税和营业税的，但有例外情况，如财政部、国家税务总局下发《关于个人无偿受赠房屋有关个人所得税问题的通知》明确规定，除三种情况之外，受赠人因无偿受赠房屋取得的受赠所得，必须按20%的税率缴纳个人所得税。根据通知，房屋产权无偿赠与的当事双方免征个人所得税的三种情况主要包括：房屋产权所有人将房屋产权无偿赠与配偶、父母、子女、祖父母、外祖父母、孙子女、外孙子女、兄弟姐妹；房屋产权所有人将房屋产权无偿赠与对其承担直接抚养或者赡养义务的抚养人或者赡养人；房屋产权所有人死亡，依法取得房屋产权的法定继承人、遗嘱继承人或者受遗赠人。

《财政部　国家税务总局关于个人金融商品买卖等营业税若干免税政策的通知》（财税[2009]111号）规定，经国务院批准，现将有关营业税优惠政策明确如下：个人无偿赠与不动产、土地使用权，属于下列情形之一的，暂免征收营业税：①离婚财产分割；②无偿赠与配偶、父母、子女、祖父母、外祖父母、孙子女、外孙子女、兄弟姐妹；③无偿赠与对其承担直接抚养或者赡养义务的抚养人或者赡养人；④房屋产权所有人死亡，依法取得房屋产权的法定继承人、遗嘱继承人或者受遗赠人。

如果无偿赠与的是股权或者房屋之外的其他财物，双方是否需要缴纳个人所得税？是否能够按照房屋规定类推？税法未明确。

第三种情况是股权未作变更登记，但所得已经实现的。按照国税函[2005]130号文件反推，如果股权未作变更登记，就一定无法实现税法意义上的所得。但是个人所得税法对于“财产转让所得的实现”并没有要求一定要办理产权过户手续，是否办理变更登记税法未作为构成条件之一。

第四种情况是股权未作变更登记，且所得也未实现的。这种情况指合同已经签订，未登记也未付款，所以不存在所得问题，因此不用申报缴税。

以上案例情况，到底是合同中何种因素在制约税法的评价？或者说税法体系内部因何种因素如此复杂纠结？我们认为，关于合同履行完毕的判断标准是制约税法评价的重要考量因素。合同履行未完毕的，税法认为交易未实现，所得未实现，纳税义务未产生；合同履行完毕的，税法认为交易已经实现，所得已经实现，纳税义务已经产生。那么合同履行完毕的判断标准是遵循税法的一套标准？还是合同法的一套标准？税法体系内部是遵循统一标准？还是每个税种各有各的标准？

合同法上的合同履行是指债务人依据法律和合同的规定全面、适当地履行其合同义务，以使合同债权得到实现的行为。全面、适当地履行是指合同当事人按照合同关于履行主体、标的、数量、质量、履行时间、地点、方式、履行费用等内容的约定，全面、准确地履行自己的义务。通俗地讲，履行就是交付。交付的标准又是什么？不同的标的或劳务、不同的占有方式、不同的交付方式、不同的法律要求等导致交付的标准各不相同。

因此如果税法采取合同法的履行完毕标准，必将导致标准呈现多样化，导致纳税人和税务机关适用法律的困难增多。正是这个原因，契税在判断房屋转让合同行为是否履行完毕，采用房屋产权是否变更登记作为标准，个人所得税在判断转让股份合同行为是否履行完毕，采用股份产权是否变更登记作为标准，是合同法中遵循物权法判断标准的反映。同时营业税、增值税、企业所得税关于合同是否履行完毕的判断标准没有考虑其他因素，主要从资金流上判断。在税法体系内部必须制定统一的对合同履行完毕的评价标准，不能采取一时一物一议的方式制定评价标准，否则会导致税法内部规定与逻辑推理之间的紊乱。

本章小结

税法对原合同的评价是随合同的变动而变动的，合同要素的变更将深刻影响计税依据、纳税义务发生时间、征税范围、发票开具与取得等税收评价。合同转让的税法评价核心问题是，原有合同主体承担的税法义务是否改变？合同转让行为本身是否属于流转税的征税范围？税法在合同转让领域存在立法的空缺。税法对于合同概括转移一般采取豁免的态度。合同履行完毕的判断标准是制约税法评价的重要考量因素，在税法体系内部必须制定统一的对合同履行完毕的评价标准，不能采取一时一物一议的方式制定评价标准。

第六章　合同责任的税法评价

第一节　合同责任进入税法评价的法理

一、合同责任的性质与种类

在大陆法系，合同责任通常被称为违约责任，是指合同当事人不履行合同义务时所依法承担的法律责任。从此定义得知："违约责任"是违反合同义务的产物。同时，反映出立法者立法意图对于违反合同义务这种行为的一种制裁，在于对违约方的违约责任的追究。以此将合同义务不履行划分为各种违约形态，以违约形态为中心，为不同的违约形态设定不同的合同责任。"责任"成为构建合同体系的基点。合同责任的性质这一问题，学术界主要有三种意见：第一种意见认为，合同责任属于补偿性质，补偿债权人利益受损而为之救济，即因受损方的违约行为而给债权人造成的实际损失，债权人因此而获取的救济。第二种意见认为，合同责任是违约行为的一种法律制裁，具有惩罚性，惩罚金可高于受损方实际损失。这是从违约方角度来说，认为责任本身就是一种制裁。第三种意见认为，合同责任既具有补偿性，又具有惩罚性，但以补偿性为主。第三种意见的理由如下：首先，从合同责任的立法目的看，是为了维护合同的严肃性和维护市场经济秩序。违约行为的发生一般都以一定程度的损害事实为显形特征，这种损害是发生在违约方和守约方之间的，并且同违约方的违约行为有关联，就必须找到守约方和违约方之间的利益冲突平衡点，给予守约方权利救济，补偿其损失。同时，给予违约方惩罚，以实现社会法的公平价值。其次，从合同责任的内在要求看，主要侧重于赋予债权人利益的权利救济，弥补其受到的损失。这种损失中应该包括一些不能够精确计算的部分，在某种意义上讲，这一部分是带有对违约方的惩罚性质，而可计算的部分属于补偿性质。再次，从合同当事人意思表示看，双方订立合同时，都希望从合同中获得期待利益，并因此产生了依赖关系。基于这种原因，双方自愿设定一些保证条款以促成合同实现，一旦发生违约行业，守约方将理所当然地取得补偿损失的请求权利，而违约方则承担处罚。这种当事人之间权利的取得和义务的设定都基于双方自愿，只要不违背法律规定，法律是应该支持的。最后，合同责任的社会效果是有利于社会发展的。如果将合同责任只限于补偿性，一旦发生纠纷诉至法院或仲裁机关，将必须花很多时间去弄清一些细小问题，或查清的确很难查清的隐形损失，这样将浪费不必要的人力、物力，对社会资源则无疑是一种浪费，而且也加大了司法机关的工作负荷量。不如根据当事人合同约定及时作出裁决，只有当违约金过高或不合理的情况下，法院才予以变更，这样有利于纠纷的解决，也可减少举证、质证的麻烦，符合诉讼经济原则。

合同概念不仅包括有效合同，而且应该包括无效合同，此外，还应当包括负责的缔结阶段，以及合同消灭之后的后契约阶段。这样，就将整个缔结、成立、生效、履行以及后契约义务的，可以说从合同缔约之日起到履行完毕都应该属于合同范畴。基于以上认识，合同责任范围应该包括：缔约过失责任，预期违约责任、违约责任、后契约责任这四种形态。

二、合同责任为何能够进入税法评价的视野

合同责任作为合同动态运行中的一个形态，作为合同义务的体现形式，除继续履行外主要形式是承担赔偿损失与违约金。如果合同本身的交易纳入税法评价范围，那么伴随应税交易的赔偿金、违约金也作为计税依据的组成部分；如果合同本身的交易不在税法评价范围，那么伴随合同的赔偿金、违约金作为一种经济行为和经济效果，也不会构成征税客体。因此违约金、赔偿金应该是通过构成计税依据的客体从而进入税法评价的范围。

第二节　合同违约金与赔偿金的税法评价

目前税法对合同中的违约金与赔偿金的评价：《企业所得税法实施条例》第 22 条规定，企业所得税法第 6 条第(9)项所称其他收入，包括违约金收入等。《增值税暂行条例实施细则》和《营业税暂行条例实施细则》所称价外费用，包括价外向购买方收取的违约金和赔偿金。为什么企业所得税法仅将违约金收入列入应税收入中，而没有将赔偿金作为收入的一种？为什么增值税和营业税条例又将违约金和赔偿金都作为计税依据的组成部分？

首先从违约金和赔偿金在合同法上的规定分析。违约金和赔偿金都是违约责任形式。违约责任形式主要有四种：继续履行、赔偿损失、支付违约金、其他补救措施。根据我国合同法规定，其他补救措施作为一种与继续履行、赔偿损失等并列的一种违约责任形式。我国违约金如果当事人的约定不明确，原则上推定为赔偿性质的违约金。因此违约金与赔偿金在性质上基本等同。

违约金和赔偿金是否一定构成计税依据？关键看具体税种对违约金赔偿金的具体规定。

从企业所得税角度，只要是一种资金或利益的流入，一般就是收入的组成部分，违约金当然作为应税收入的组成部分；而赔偿金作为企业所得税抵减资产损失的补偿形式出现的，也是收入的一种表现形式。《企业所得税法实施条例》第32条规定，企业发生的损失，减除责任人赔偿和保险赔款后的余额，依照国务院财政、税务主管部门的规定扣除。因此从企业所得税角度，无论作为违约金和赔偿金违约方或收取方，违约金和赔偿金都要纳入企业所得税法调整的范围。

从营业税和增值税角度分析，违约金和赔偿金的支付方在支付环节不构成纳税人，但不能完全排除对计税依据的影响，因为如果赔偿金构成折让款项，对支付方的销售收入将产生冲减的影响。违约金和赔偿金的收取方在收取环节是否确认为纳税人，依据什么税种缴纳税款？主要看收取违约金和赔偿金的原因是什么，是否发生在应税行为的基础之上；如果伴随营业税应税行为收取违约金、赔偿金，就应当申报缴纳营业税；如果伴随增值税应税行为收取违约金、赔偿金，就应当申报缴纳增值税；如果没有伴随营业税、增值税行为而收取违约金、赔偿金，就一定不会产生营业税、增值税纳税义务，但不能完全排除对其他税种计税依据的影响。

另外，需要注意的问题是，违约金一般是从合同违约方收取的，但如果违约是由第三人造成的，从第三人取得的违约金、赔偿金是否应该缴纳营业税、增值税？《营业税暂行条例》第5条规定，纳税人的营业额为纳税人提供应税劳务、转让无形资产或销售不动产收取的全部价款和价外费用。《增值税暂行条例》第6条规定，销售额为纳税人销售货物或者应税劳务向购买方收取的全部价款和价外费用。从上述条文分析发现，如果伴随营业税应税行为收取的违约金、赔偿金，不论向何方收取，都应该缴税；如果伴随增值税应税行为收取的违约金、赔偿金，只能向购买方收取的违约金、赔偿金才发生纳税义务，向购买方之外的任何违约方收取违约金、赔偿金都不会发生纳税义务。

合同责任范围应该包括：缔约过失责任、预期违约责任、违约责任、后契约责任这四种形态。流转税法所指的违约金、赔偿金是哪种违约责任？从税法缴税构成要素分析，纳入税法评价的违约金、赔偿金应该是实际违约责任或后契约责任，而不是预期违约、缔约过失责任。因为预期违约、缔约违约时，应税行为尚未发生，围绕应税行为的应收价款也未形成，那么作为价外费用的违约金、赔偿金就失去征税的基础。

从契税角度分析，纳税人因为购置土地或房屋的所有支出都构成契税的计税依据，因此如果支出中包括违约金和赔偿金支出，那么违约金和赔偿金支出也构成契税的计税依据。契税条例所称成交价格是指土地、房屋权属转移合同确定的价格。因此还需要考察违约金和赔偿金支出是否是建立在合同责任基础之上，如果纳税人因另外行为违反相关规定而支付的违约金和赔偿金则不一定构成计税依据。

个人所得税股权转让中的违约金问题。根据《个人所得税法》及国税函[2006]866号有关规定，股权成功转让后，转让方个人因受让方个人未按规定期限支付价款而取得的违约金收入，属于因财产转让而产生的收入。转让方个人取得的该违约金应并入财产转让收入，按照“财产转让所得”项目计算缴纳个人所得税，税款由取得所得的转让方个人向主管税务机关自行申报缴纳。这个文件强调一个重要前提：股权成功转让后收取的违约金；反之，股权未成功转让，收取的违约金因为无法归纳到个人所得税所得中，即不属于工资、薪金所得，个体工商户的生产、经营所得，对企业、事业单位的承包经营、承租经营所得，劳务报酬所得，稿酬所得，特许权使用费所得，利息、股息、红利所得，财产租赁所得，财产转让所得，偶然所得，国务院财政部门确定征税的其他所得等任何一种应税所得，因此违约金在是否构成征税对象上具有一种依附性与从属性。只有在应税行为成立时，违约金作为应税行为的附属物，才得到税法认可；如果是免税行为，这个附属物免税；如果应税行为不能成立，违约金作为合同行为的附属物，税法不认可征税性质，因此不能对违约金征税。

从纳税义务发生时间分析，违约金或赔偿金到底在什么时间发生纳税义务？是应该支付（收取）时，还是已经支付（收取）时。从合同法对于违约金的规定是事先在合同中约定的，在违约时就应该支付；因此对于违约金的纳税义务发生时间应该规定在合同违约时，即应该支付或收取时确认；而赔偿金在合同中事先没有约定，发生损失时必须双方先确认损失金额，因此可以在双方认可赔偿金额时确认纳税义务发生时间。但是从企业所得税关于违约金和赔偿金的规定推断，其纳税义务发生时间应该在实际支付或已经收取环节，企业所得税在收入原则确认上强调权责发生制，但对于违约金、赔偿金则强调收付实现制。

合同责任的税法评价的创新观点评价①：谁违约谁就是纳税人。这是一个大胆而且创新的观念。根据合同责任的归责原则将违约人作为纳税人，承担税款，体现民法与税法的合意，不能让守约人受到损失的同时承担税款，要通过税法的调节让违约人承担纳税人资格，体现一种惩罚性。

这个观念与税法原则相矛盾。税法具有调节经济与社会发展的政策工具性，但是否应该介入私人合同法领域充当调整合同公平合理的平衡工具，回答是否定

① 参见杨小强、叶金育：《合同的税法考量》，山东人民出版社2007年版，第132页。

的。税法在保持中性原则基础上充当政策工具，其调整的对象主要是宏观经济政策的导向，代表政府通过税收分配职能实现经济、社会等宏观政策的落实。税法首要目的是财政原则，不论课税客体产生的原因是否公平合理，只要具备可税性，税法就完成它的逐利功能。

这个观念不具备可行性。税法对纳税人的定义是建立在一整套体系之上的，如流转税建立在所有流通环节之上，所得税建立在所得基础之上。如果因为合同的违约打破纳税人的体系定位，必然导致税法定义纳税人时发生体系紊乱，税务机关适用税法的基础必须建立在合同法的评价之上，必须等待合同法的评价结果，必须遵循合同法的民法评价。因此税法对于合同责任的评价不可能按照合同责任归责原则确定纳税人。

但是这个观念的提出具有很强的现实意义，也就是说，违约人必须承担因违约导致的税款损失，或承担违约金、赔偿金的税款。守约方得到的违约金、赔偿金必须是税后的净违约金、净赔偿金。从这一点看，这是符合合同法的规定，是公平合理的归责原则在税法领域的正确应用。

第三节 合同强制履行的税法评价

一般来说，税法分析的模式是："纳税人＋应税行为"，这个模式不考虑第三方是否作为一个因素参加进来，完成税法规定的应税行为的主体一定是纳税人，如工厂销售产品、商场销售商品、劳务公司提供应税劳务等，但是不排除由第三方推动完成这个应税行为的模式出现。典型事例是，应税行为的强制发生。

一、案例分析——以房抵债

贸易公司拖欠银行一笔400万元贷款，银行通过诉讼程序由法院强制将贸易公司办公楼拍卖，用拍卖所得抵销银行贷款。

从税法角度分析，发生了两种合同行为：一是借款合同行为；一是销售不动产行为。对于银行来说，就是一个借款行为，销售不动产只是这个行为履行的过程。"税法效应在强制履行的介入下得以体现，其不仅与原合同的内容相关，也与违约进程中的行为相关"①。从这个案例中看出，税法评价与原合同行为可能相关，也可能不相关。从银行角度来看，假定400万元贷款已经作为损失在所得税前扣除，

① 参见杨小强、叶金育：《合同的税法考量》，山东人民出版社2007年版，第147页。

或已经抵减营业税，随着强制执行的完成，400 万元贷款有作为一种收入被收回，减少了损失，纳入企业所得税和营业税调整范围。对于贸易公司来说，税法将借款合同与拍卖房屋认定为两种不同的应税行为，而强制执行的税法结果是，贸易公司必须缴纳营业税及其附加税费、土地增值税、印花税、企业所得税。

假设拍卖所得在扣除强制费用后仅余 400 万元，是全部用于抵销银行债务，还是先缴纳税款？《关于人民法院强制执行被执行人财产有关税收问题的复函》(国税函[2005]869 号)规定：①人民法院的强制执行活动属司法活动，不具有经营性质，不属于应税行为，税务部门不能向人民法院的强制执行活动征税。②无论拍卖、变卖财产的行为是纳税人的自主行为，还是人民法院实施的强制执行活动，对拍卖、变卖财产的全部收入，纳税人均应依法申报缴纳税款。③税收具有优先权。《税收征收管理法》第 45 条规定，税务机关征收税款，税收优先于无担保债权，法律另有规定的除外；纳税人欠缴的税款发生在纳税人以其财产设定抵押、质押或纳税人的财产被留置之前的，税收应当先于抵押权、质权、留置权执行。④鉴于人民法院实际控制纳税人因强制执行活动而被拍卖、变卖财产的收入，根据《税收征收管理法》第 5 条的规定，人民法院应当协助税务机关依法优先从该收入中征收税款。

法院强制拍卖存在的税收问题：被执行纳税人因拖欠合同债务无力偿还，其抵押或抵债的不动产、土地使用权等资产在被法院强制拍卖时，普遍存在着税收滞纳或流失问题。主要原因如下：一是相关部门缺乏沟通和协作。税务机关不能及时掌握法院强制拍卖不动产的情况，及时监督被执行企业申报缴纳相应税款；房屋土地管理部门只对承受方纳税情况做要求，不对拍卖过程中被执行方转移房屋土地的纳税情况做要求，因此对被执行人税款缴纳情况缺乏制约。二是法院强制拍卖程序缺少纳税环节设置。在法院强制拍卖的整个过程中，忽略了纳税环节的设置，纳税义务发生时，法院及拍卖机构不提示或要求纳税人(尤其是被执行方)申报缴纳相应税款。三是由于被执行企业不参与法院强制拍卖过程，或是一进入强制执行阶段便查无下落无法联系，导致纳税主体的缺失，对其监控的力度也就大大降低。四是对法院强制拍卖不动产行为缺乏税收征管方面的实践经验，被执行企业的应缴税款以及以前年度拖欠税款到底从哪个环节入手征收？如何监控被执行人自行申报被拍卖不动产的纳税情况？相关部门如何配合征收等问题都是迫切需要解决的实际问题，同时又都是解决起来难度较大的问题。五是票据使用不规范，法院强制拍卖不动产涉及的当事人和关系人众多，既有法院，又有申请执行人和被执行人，还有拍卖机构、竞买人和买受人等众多对象，拍卖所得价款的流转分配也比较复杂，既有法院与执行当事人之间的以拍卖价款清偿被执行人的债务的划转，又有法院与拍卖机构之间的委托拍卖合同佣金和费用的划转，还有拍卖机构与买受人之间的成交价款的划转。款项转移各环节除了拍卖公司收取拍卖费用须使用专用发票外，拍卖价款的转移应使用什么票据（发票）、由谁来开具相关票据等没有一个严格、统一的规定，各方当事人使用票据种类繁多，或根本不出具任何票据，税务机关无法有效实施“以票控税”。

法院强制拍卖不动产涉及税收问题的建议：①加强与法院配合，获得强制拍卖信息。②探索通过委托代征方式实现对税款的监控和征收，建议由税务机关委托拍卖机构或法院在进行转交或支付拍卖价款之前，先行扣缴纳税人应纳税款，剩余款项再用于清偿纳税人债务，从而实现对税款的源泉控管。③规范票据使用，实现“以票控税”。在法院强制拍卖不动产过程中，拍卖价款分别在买受人—拍卖公司—法院—申请执行人之间进行流转。作为税务机关，除进一步规范拍卖公司使用发票的范围外，应明确拍卖成交价款的转移过程中应使用的发票种类，以及由谁来开具或申请代开发票。④现行《中华人民共和国拍卖法》并未对税款问题作出规定，造成拍卖行为中的税收征管漏洞。建议完善相关立法，对拍卖价款涉及的税收问题如税款缴纳的时限、方式以及相关部门的扣缴义务等作出明确规定。

因此判断本案是先缴税还是先还借款，关键在于银行借款合同是否有担保，如果构成担保借款，则贷款优先于税款；如果借款合同无担保，税收优先于无担保债权。

合同法上的强制履行的目的在于让原有合同价值得到实现，原有合同从签约到实现或终止等整个生命过程已经进入税法评价的范围，实现的动力是自动履行或被动履行或强制履行。税法不关注实现的动力何在或原因何在，税法主要是一个“结果论”者，只看行为的经济效果是否构成课税客体。

但是若要达到合同法上的强制履行的目的，可能发生另外应税行为的产生，因此必须对强制行为的本身进行税法评价。对于原合同来说，强制履行是手段；对于税法来说，强制履行是一种行为。因此必须将这种行为带来的经济效果纳入税法评价。

二、合同法的强制履行与税法的强制履行比较

（一）合同法的强制履行制度

强制履行即强制实际履行，又称特定履行、依约履行、继续履行等，是指在一方当事人不履行合同或履行合同不符合约定的情况下，另一方当事人有权要求其依据约定继续履行合同义务。强制履行是合同实际履行原则的延伸和转化，是发生违约情形时，在国家强制力之下违约方对合同履行的继续，不同于一般的履行合同义务的行为。因此，从性质上来说，它属于一种违约责任形式。

1. 强制履行的法律地位

当事人订立合同的目的在于通过合同的履行，有效分配社会资源，获得自己所

需要的利益。而当事人要获得自己所需要的利益，自然离不开对方当事人对其合同义务的履行。如果一方当事人没有按照合同履行其义务，就应当依法承担违约责任。从受害方当事人获得其根据合同有权期待得到的利益的角度出发，强制履行无疑是一种不错的选择。但是，在大陆法系的不同国家和不同历史时期，强制履行的法律地位是不一样的。大陆法中的强制履行是一种基本的、主要的违约救济措施。在发生违约情形时，债权人可以在满足条件的若干违约救济措施中，选择最适合于当时情形的措施适用。

2. 强制履行的适用范围和条件

尽管强制履行有助于实现当事人最初的合同目的，但在相当多的情况下，当出现了违反履行义务使契约无法正常履行的情况时，继续履行已经不可能，或对债权人已经没有任何好处，以至于他并不希望行使履行请求权。他所真正需要的，是重新获得对其财产自由处分的权利，并能获得“等值履行”，从其他方面满足自己的需求。这就是说，并非在所有违约情形下，都可以适用强制履行的补救措施。适用强制履行应当满足以下几点要求：

（1）债务标的适于强制履行。适于强制履行的债务，其标的物或标的应当具备一定程度的替代性。法律上和事实上能够履行；强制履行不会违反法律的规定，在事实上也具有继续履行的可能性。

（2）强制履行在经济上是合理的。强制履行必然会支付一定的费用，如果该费用过高，以至于在债务人继续履行与其所获得的利益之间极不相称，或强制履行需要花费过长时间等，从经济上来说都是不合理的，不应适用强制履行。除非债权人在合理期限内提出继续履行请求。

3. 强制履行的具体适用

强制履行是在一方当事人违约的情况下实施的违约救济措施。除了依靠债务人的自觉履行以外，还必须以一定的司法强制为后盾。依据国家权力，通过向法院请求强制执行的诉求，达到直接实现债权内容的目的。这是保护债权最有效的方法。

（二）税法的强制履行制度

1. 税法的强制履行的概念和特征

税法的强制履行是指税务机关为维持税收秩序，防止税款流失，或者为履行已经生效的税务处理决定，而对纳税人、扣缴义务人、纳税担保人等行政相对人的财产采取强制性措施的具体行政行为。税法的强制履行主要特征有：具有行政性质、具有强制性、属于执行性行为。

2. 税法的强制履行的原则

（1）期待当事人履行原则。

（2）最小损失原则。

（3）救济原则。

3．税法强制执行措施适用对象

税收强制执行措施的适用对象是从事生产、经营的纳税人、扣缴义务人、纳税担保人，不包括非从事生产、经营的纳税人。对于后者，其他法律、行政法规另有规定可以采取其他强制执行措施的，按其他法律、行政法规的规定执行。比如，税务机关可以申请人民法院强制执行。

4．税法强制执行措施适用前提条件

适用强制执行措施的前提条件是从事生产、经营的纳税人、扣缴义务人未按照规定的期限缴纳或者解缴税款，纳税担保人未按照规定的期限缴纳所担保的税款，即他们都是逾期未履行纳税义务。此外，对已采取税收保全措施的纳税人，限期内仍未履行纳税义务的，可依法采取强制执行措施。对未按照规定办理税务登记的从事生产、经营的纳税人以及临时从事经营的纳税人，由税务机关核定其应纳税额，责令缴纳；不缴纳的，税务机关可以扣押其价值相当于应纳税款的商品、货物；扣押后仍不缴纳的，可依法采取强制执行措施。

5．税收强制执行措施的形式

强制执行措施有以下两种主要形式：

（1）书面通知其开户银行或者其他金融机构从其存款中扣缴税款。

（2）扣押、查封、依法拍卖或者变卖其价值相当于应纳税款的商品、货物或者其他财产，以拍卖或者变卖所得抵缴税款。拍卖是指以公开竞价的方式，将纳税人应纳税款的商品、货物或者其他财产出卖给最高应价人的买卖方式；变卖是指税务机关将纳税人应纳税款的商品、货物或者其他财产依法直接出卖给有关机构的买卖方式。这两种方式都是税务机关依法强制处分纳税人财产的行政措施。

6．适用税收强制执行措施的具体条件、执行程序和应注意的问题

（1）采取强制执行措施，必须坚持告诫在先、执行在后的原则和程序。即从事生产、经营的纳税人、扣缴义务人未按照规定的期限缴纳或者解缴税款，纳税担保人未按照规定的期限缴纳所担保的税款，应当先行告诫，责令限期缴纳；对逾期仍未缴纳者，方可适用强制执行措施。根据《税收征收管理法实施细则》第 73 条规定，税务机关在责令限期缴纳时，应当发出限期缴纳税款通知书，并且责令缴纳或者解缴税款的最长期限不得超过 15 日。

（2）强制执行措施必须发生在责令限期缴纳期满之后；责令限期内有逃避履行纳税义务迹象的，税务机关应采取的是税收保全措施。

（3）采取强制执行措施前，应当依法报经县以上税务局（分局）局长批准。

（4）采取强制执行措施时，对从事生产、经营的纳税人、扣缴义务人、纳税担保

人未缴纳的滞纳金同时强制执行。因为税收强制执行措施是在从事生产、经营纳税人、扣缴义务人、纳税担保人超过规定期限缴纳税款的情况下进行的，应当依法加收滞纳金。当税务机关根据《税收征收管理法》第 88 条第 3 款的规定，为执行行政处罚决定而采取强制执行措施时，罚款应成为强制执行的对象；《税收征收管理法实施细则》第 69 条第 2 款也将罚款作为拍卖或者变卖所得抵缴的对象。

(5) 扣押、查封、拍卖或者变卖等行为具有连续性，即税务机关可以在扣押、查封纳税人、扣缴义务人、纳税担保人应纳税款的商品、货物或者其他财产后，不再给其自动履行纳税义务的期间，可以直接依法拍卖、变卖。同时，税务机关也可以不先行扣押、查封，而是直接将其应纳税款的商品、货物或者其他财产依法拍卖、变卖。

(6) 个人及其所扶养家属维持生活必需的住房和用品，不在强制执行措施的范围之内。这是对公民基本生存权利的特别保障。

(7) 税务机关将扣押、查封的商品、货物或者其他财产变价抵缴税款时，应当交由依法成立的拍卖机构拍卖；无法委托拍卖或者不适于拍卖的，可以交由当地商业企业代为销售，也可以责令纳税人限期处理；无法委托商业企业销售，纳税人也无法处理的，可以由税务机关变价处理，具体办法按照国家税务总局的规定执行。国家禁止自由买卖的商品，应当交由有关单位按照国家规定的价格收购。拍卖或者变卖所得抵缴税款、滞纳金、罚款以及扣押、查封、保管、拍卖、变卖等费用后，剩余部分应当在 3 日内退还被执行人。这是为了保护纳税人合法权益，避免税务人员随意处理扣押、查封纳税人的财产。

(8) 根据《税收征收管理法》第 68 条的规定，纳税人、扣缴义务人在规定的期限内不缴或者少缴应纳或者应解缴税款，税务机关在适用强制执行措施时，可以处不缴或者少缴的税款 50%以上 5 倍以下的罚款。

7. 采取税收保全措施和税收强制执行措施应遵循的规定

(1) 采取税收保全措施、强制执行措施的权力只能由法定的税务机关行使。对纳税人等采取税收保全措施和强制执行措施是法律赋予税务机关的一项行政权力，是促使纳税人履行纳税义务，保证税款征收顺利进行的重要执法手段，只能由税务机关严格依法进行。因此，《税收征管法》第 41 条规定，本法第 37 条、第 38 条、第 40 条规定的采取税收保全措施、强制执行措施的权力，不得由法定的税务机关以外的单位和个人行使。

(2) 税务机关采取税收保全措施和强制执行措施必须依照法定权限和法定程序。由于税收保全措施和强制执行措施直接涉及纳税人自身的利益，为了保护纳税人的合法权益，规范税务机关的执法行为，《税收征收管理法》第 37 条、第 38 条、第 40 条对采取税收保全措施和强制执行措施的权限、方式、步骤和要求等作出了规定，《税收征收管理法实施细则》第 58 条、第 59 条、第 60 条、第 61 条、第 62 条、

第 63 条、第 64 条、第 65 条、第 66 条、第 67 条、第 68 条、第 69 条、第 71 条、第 72 条对其作出了进一步规定，税务机关应严格遵循。

(3) 税务机关采取税收保全措施和强制执行措施时，不得查封、扣押纳税人个人及其所扶养家属维持生活必需的住房和用品。这里需要注意的是：一是住房和用品必须是“纳税人个人及其所扶养家属”的，才不得查封、扣押。也就是说，纳税人的生产、经营用房和企业其他财产，可以依法查封、扣押。“扶养”是指发生在法定的近亲属之间的相互供养的法律责任。我国很多法律都对扶养有规定，如我国《婚姻法》第 20 条规定，夫妻有互相扶养的义务。《税收征收管理法实施细则》第 60 条明确规定，“个人所扶养家属”是指与纳税人共同居住生活的配偶、直系亲属以及无生活来源并由纳税人扶养的其他亲属。二是不得查封、扣押的住房和用品必须是纳税人个人及其所扶养家属“维持生活必需的”。纳税人个人及其所扶养家属作为自然人，其基本生活权利应当得到法律的特别保障，这是量能课税原则的要求，各国一般都在税法中确立了生存权财产不课税或者轻课税原则。所谓“维持生活所必需的”，是指保障纳税人个人及其所扶养家属生存所必备的财产和工具，是公民个人生存下去的最起码的生活需求。《税收征收管理法实施细则》第 59 条第 3 款规定，对单价 5 000 元以下的其他生活用品，税务机关不采取税收保全措施和强制执行措施。《最高人民法院关于贯彻执行中华人民共和国民法通则若干问题的意见(试行)》第 44 条规定，个体工商户、农村承包经营户的债务，如以其家庭共有财产承担责任的，应当保留家庭成员的生活必需品和必要的生产工具。三是不属于维持生活所必需的住房和用品，税务机关可以依法查封、扣押。《税收征收管理法实施细则》第 59 条第 2 款明确规定，机动车辆、金银饰品、古玩字画、豪华住宅或者一处以外的住房不属于“个人及其所扶养家属维持生活必需的住房和用品”的范围，可以采取税收保全措施和强制执行措施。根据《税收征管法》第 79 条规定，税务机关、税务人员查封、扣押纳税人个人及其所扶养家属维持生活必需的住房和用品的，责令退还，依法给予行政处分；构成犯罪的，依法追究刑事责任。四是税务机关扣押商品、货物或者其他财产时，必须开具收据；查封商品、货物或者其他财产时，必须开具清单。

第四节　发票违法责任的税法评价

【案例 6-1】 纳税人甲向纳税人乙支付劳务费用一笔 100 万元，取得不合法发票一张，经税务机关检查，因发票不合法，确认纳税人甲不得将该笔支出的费用在计算企业所得税应纳税所得额中扣除，补缴企业所得税 25 万元，并加收滞纳金、处罚款共计 15 万元。甲要求乙赔偿 40

万元损失。

甲向乙要求赔偿40万元损失是否符合合同法的规定？乙是否应该承担违反合同的责任，是以乙是否应该承担合同义务为前提。纳税人乙在收取甲的款项时根据《中华人民共和国发票管理办法》规定，有义务开具符合税法规定的发票。这里的义务虽然在双方合同中没有约定，但是合同有效的前提是必须遵循国家法律法规的规定，不得侵害国家利益，是乙在履行合同义务中应该尽到法律责任的随附义务，不需在合同中约定。乙开具违法发票，就是侵害国家发票管理秩序和税收利益，因此乙开具违法发票的行为是无效的，乙就此违法行为造成甲的经济损失应该承担赔偿责任。

甲要求乙赔偿40万元损失，是否弥补了甲的实际损失？回答是否定的。因为甲收到乙赔偿的40万元，根据《企业所得税法》有关规定应当作为收入的组成部分，继续按25%缴纳企业所得税10万元，扣除上缴税款后甲实际所得30万元，并没有完全弥补自己的损失。甲应该要求乙赔偿53.33万元损失，在扣除企业所得税后余额恰好是40万元，弥补了甲的实际损失。这就是本章第二节结尾部分表达的税后净赔偿金观点的体现。

【案例6-2】 2011年12月装修公司起诉宾馆公司未按照合同支付装修费用100万元。围绕该问题，当事人双方可谓针锋相对。宾馆公司在法庭辩称，因为装修公司未按照规定开具发票，所以延迟支付装修工程款。装修公司辩称因为装修工程未进行决算，所以一直开具收据，待双方决算完成后再开具总金额发票是行业的交易习惯和常识，因此不能作为逾期付款的理由。

宾馆公司拒付款理由是否成立？装修公司延迟开具发票的理由是否成立？从发票管理办法角度如何评价合同义务责任的完成？

法院认为①：

（1）关于是否能够以未开具发票作为抗辩事由，根据司法实践，基本原则是：合同有具体约定的服从约定；无约定的按照法律规定；法律没有规定的，根据交易习惯。发票不是先履行义务或者同时履行义务的抗辩事由。

（2）两种法律关系不可交集。未按照规定开具发票属于违反《中华人民共和国发票管理办法》的行政法律关系，而不属于民事法律关系。未按照规定开具发票的事实应该由税务机关处理，而不能作为抗辩理由交由法院判断。

（3）实践中的交易习惯。一般认为，只有在付款之后，才有开具发票的问题，

---

① 吴庆宝主编：《权威点评最高法院合同法指导案例》，中国法制出版社2010年版，第320页案例《一方未开具发票能否作为另一方迟延付款的抗辩理由》。

很少有不付款即开具发票的情形。一方以对方没有开具发票作为不付款的抗辩理由是难以成立的，这样的理由与实践中的交易习惯也不相吻合。因此是否开具发票，在我国商事交易中，并没有将其作为对方抗辩的主要理由。

(4) 次要义务不可抗辩主要义务。装修公司已经完成了100万元工程，履行了合同的主要义务，宾馆公司应该履行付款义务。装修公司开具发票这是次要义务，不可以次要义务未完成来抗辩主要义务的完成。

本书观点：

(1) 实践中的交易习惯存在的范围。尊重行业交易习惯有利于市场经济发展的总体社会要求，但是行业领域遵从的特殊规律与习惯本身不是法律，而是法律的一种补充。其地位存在的关键在于，这些习惯和规则不可蚕食法律的领地，不可凌驾在法律之上。如果出现这种法律上的不愉快，被发现有些行业主管部门或法院或行政机关以弘扬行业习惯与规则为理由，侵占法律的地盘，超越了行业的特殊属性，应当为法律法规所禁止。

装修公司辩称，装修工程未进行决算，所以一直未开具发票；待双方决算完成后再开具总金额发票是行业的交易习惯和常识，因此不能作为逾期付款的理由。法院也认为，一方以对方没有开具发票作为不付款的抗辩理由是难以成立的，这样的理由与实践中的交易习惯也不相吻合。因此是否开具发票，在我国商事交易中，并没有将其作为对方抗辩的主要理由。

以行业交易习惯作为不按时开具发票的理由。这个理由在法律上显然是不成立的，这个习惯严重违背我国税法，凌驾与超越税法。《税收征收管理法》第21条规定，单位、个人在购销商品、提供或者接受经营服务以及从事其他经营活动中，应当按照规定开具、使用、取得发票。

《发票管理办法》第19条规定，销售商品、提供服务以及从事其他经营活动的单位和个人，对外发生经营业务收取款项，收款方应当向付款方开具发票。第20条规定，所有单位和从事生产、经营活动的个人在购买商品、接受服务以及从事其他经营活动支付款项，应当向收款方取得发票。取得发票时，不得要求变更品名和金额。第21条规定，不符合规定的发票，不得作为财务报销凭证，任何单位和个人有权拒收。

上述规定是法律的强制性规定，装修公司应当在收取款项时开具发票，宾馆公司在接受支付款项，应当向装修公司取得发票。如果取得不符合规定的发票，不得作为财务报销凭证；一项支出既然不得作为财务报销凭证，从法律潜在要求分析，就是不允许支出。因此宾馆公司有权在未收到发票情况下延迟支付工程款。

(2) 两种法律关系可以交集。未按照规定开具发票属于违反《中华人民共和国发票管理办法》的行政法律关系，而不属于民事法律关系。合同成立、有效、履行、变动等在很多情况下与行政法律关系交集，因为行政法律关系构成合同潜在的基础与遵循的规则，而无论合同中是否明确对此法律关系约定。法院认为如果以未开具发票作为抗辩理由，必须在合同中有具体约定。我们认为，行政法律关系的具体规定可以在合同中有具体约定，也可以在合同中无具体约定。无论合同怎么规定与行政法律的调整、规范是不矛盾的。法院应该就民事合同中涉及的行政法律关系进行选择与判断，不能不支持遵从法律的当事人，而支持遵从行业习惯的当事人。

(3) 法定义务是否一定服从主给付义务。合同债务是按照债权人的请求为一定给付的义务，一般包括法定和约定两种。严格意义上的合同义务，包括主给付义务和从给付义务，有的还包括附随义务。主给付义务决定合同类型，是合同固有的、必要的，必须被履行。在双务合同中，主给付义务构成对等给付义务，在对方未为对等给付义务前，可以拒绝履行。但是如果从合同义务或法定义务若构成违约责任，即应缺少从合同义务或法定义务的不履行，导致根本不能实现合同目的的，债权人利益也不能获得最大满足。装修公司未按照规定开具发票相比较装修工程就是从合同义务，也是法定义务，装修公司虽然履行了主要义务，但由于未及时履行法定的次要义务，导致宾馆公司根据税法强制性规定无法支付工程款，即如果在无发票情况下支付工程款就导致双方违反税法。

【案例 6-3】 张三将一间办公楼出租给贸易公司，年租金 10 万元，合同约定办公楼的房产税、租金营业税、个人所得税等全部由贸易公司负责，由此产生税收责任全部由贸易公司承担，与张三无关。

需要讨论的问题是，张三与贸易公司签订的合同中是否有权约定税款负担？关于税款的条款是否有效？如果贸易公司不缴纳税款，张三是否依合同约定取得法院的支持？

解决以上问题的关键是如何理解《税收征收管理法实施细则》第 3 条关于“纳税人应当依照税收法律、行政法规的规定履行纳税义务；其签订的合同、协议等与税收法律、行政法规相抵触的，一律无效。”的规定。张三应当依照税收法律、行政法规的规定履行出租房屋的纳税义务；但张三与贸易公司签订的合同约定税款由贸易公司负责，该合同条款与税收法律、行政法规不抵触的。“负责”这个词语是指无论由谁缴税，但是税款必须由贸易公司承担，这里的“负责”就是“承担”。张三与贸易公司无权约定谁是纳税人，而且从合同文字整体推断，双方已经认同张三是纳税人这个法律事实，如果张三不构成税法上的纳税人，张三也不可能要求贸易公司承担自己的税款。因此合同本身没有改变谁是纳税人的规定，因此合同没有与税法抵触。这实质是名义纳税人与实际负税人的区别。双方只要没有违反税法关于纳税人、计税依据、税率、纳税义务发生时间等规定，可以就税款承担问题自由约定。

法院从民法角度应该支持这个约定。在这种情况下，民法评价优先于税法评价吗？回答是否定的。张三按照税法规定首先需要将所有税款申报缴纳，然后凭申报表和税款凭据向贸易公司要求支付与税金等额的资金。张三无权根据合同约定自己不去履行纳税义务，而要求贸易公司去履行纳税义务。也就是说，张三无权优先运用合同约定条款要求贸易公司代履行自己的义务。但不排除张三可以在纳税申报期内依据合同约定条款要求贸易公司支付与税款等价的资金由自己去履行纳税义务。是否先由民法评价完全取决于张三具体操作的步骤，但无论如何张三本人都是法律上的名义纳税人和履行纳税人。

本章小结

如果合同本身的交易纳入税法评价范围，那么合同责任也将作为计税依据的组成部分；反之，合同责任不会构成征税客体。完成应税行为的主体一般是纳税人自身，但不排除由第三方推动完成该应税行为，典型事例是应税行为的强制发生。对于原合同来说，强制履行是实现目的的手段；对于税法来说，强制履行是产生应税行为的一种原因。因此，必须对这种行为带来的经济效果进行税法评价。在履行合同义务中应尽法律规定的随附义务时，当事人遵从的税法规定是法定义务，如开具违法发票或不开具发票使对方产生经济损失应承担赔偿责任。行业领域遵从的特殊规律与习惯本身不是法律，而是法律的一种补充，这些习惯和规则不可蚕食税法的领地。

第七章 第三人介入的税法评价

自合同产生之初，因合同当事人的特定性而形成合同相对性原则，即当事人之间基于各自意思表示而产生之效力只能及于当事人各方，不能及于第三人。然而，随着社会经济生活日趋繁杂，这一原则已不能适应法律保障交易安全、便捷的需要。合同中第三人理论作为合同相对性原则的例外已越来越成熟。广义的合同中第三人理论除包括为第三人利益合同及第三人代为给付合同外，还包括债权人代位权、合同转让、债权(务)转让、第三人侵害债权、租赁关系物权化、债权保全等各项法律制度。狭义的合同中第三人理论为第三人利益合同及第三人代为给付合同。

第三人的出现体现了意思自治与自由的契约精神，便于民事能力的扩张和补充，加速经济功能的实现，同时使合同关系与行为复杂化，对纳税人、应税收入、适用税目与纳税义务时间等税制要素确定产生复杂的影响①。税法如何面对突破合同相对性的第三人合同关系与行为，每个税种采取不同处理方法。目前没有统一的执行标准，发现税法依旧在“实质课税原则”与“形式课税原则”之间徘徊不定。

第一节 所得税关于代持股的纠结

由个人出资而由企业代持有的限售股，企业在转让时，谁是纳税人？应该申报企业所得税还是个人所得税？或两税都征收？企业在转让后，分给实际出资人个人时，个人是否再缴纳个人所得税？我们的思考并不局限在这几个问题。

(1) 确定纳税义务人。企业在转让代持有的限售股时，应该是《股权转让合同》的转让方，通过证券登记结算公司可以验证法律上的所有者身份，根据《企业所得税法》及其实施条例的规定，转让限售股取得收入的企业(包括事业单位、社会团体、民办非企业单位等)，为企业所得税的纳税义务人。因此由企业按规定缴纳企

① 参见黄茂荣:《法学方法与现代税法》，北京大学出版社 2011 年版，第 312 页。关于实质课税原则与相对人之认定标准的论述。学者仅关注到纳税人认定问题，没有注意到形式与实质问题对应税收入、适用税目、纳税义务发生时间、重复征税、发票管理等各方面产生复杂影响。

业所得税，体现了税法依据合同法确定的主体确定纳税义务人身份的遵循性。

(2) 确定转让所得计算问题。上述限售股转让收入扣除限售股原值和合理税费后的余额为该限售股转让所得。企业未能提供完整、真实的限售股原值凭证，不能准确计算该限售股原值的，主管税务机关一律按该限售股转让收入的15%，核定为该限售股原值和合理税费。这里有两个问题不明确：其一，该限售股转让所得作为企业所得税收入中一种所得，不可能单独申报缴纳企业所得税，必须并入企业全部所得或亏损中完成纳税义务，如果企业持续亏损，则等于无法实现该笔税款；其二，不同企业主体适用不同税率和不同的征税方式，有25%、15%、20%、12.5%或者处于五免五减半等各种优惠期间或者核定征税，最终导致因主体不同税负不同。

(3) 经济利益归属环节的税收问题。企业在转让股权后，分给实际出资人个人时，个人是否构成个人所得税纳税义务人？是否再缴纳个人所得税？既然税法依据合同法确定的主体确定纳税义务人的身份，那么个人与企业之间签订《代持股协议》，个人取得转让股权所得理所当然构成个人所得税纳税义务人并负有缴纳税款义务。但《国家税务总局关于企业转让上市公司限售股有关所得税问题的公告》(国家税务总局公告2011年第39号)规定，企业在转让股权后，分给实际出资人个人时，个人不再缴纳个人所得税。表面上，国家税务总局公告2011年第39号解决转让代个人持有的限售股重复征税问题。解决代持股重复征税问题可以由两个路径：其一，如2011年第39号公告规定的路径；其二，可以不确认企业转让代持股时构成企业所得税纳税人，仅在支付转让款项时按20%税率代扣代缴个人所得税。方法二彻底解决税负不统一问题，也更接近法律实质原则。但为什么税务总局选择方法一作为解决路径，其深层次依据是什么？我们推测其背后的深刻动因在于，通过证券登记结算公司验证法律上的股权所有者，首先是企业，而不是个人，因此企业作为企业所得税纳税义务人有着双重法律支撑；在权衡个人与企业之间签订的《代持股协议》与《股权转让合同》之间的分量后天平倒向企业，也是因为企业是法律上名义所有者。但既然承认个人与企业之间签订的《代持股协议》，等于承认个人是实质所有者，又为什么豁免个人所得税纳税义务？是否可以得出结论，税制的设计更加注重简化、合理？从个案中无法推出税法上的一些原则是我国税法的特点，一事一时一议才是我国税法的真正特点之一。

(4) 代"代持股"的税收问题。企业持有的限售股在解禁前已签订协议转让给受让方，但未变更股权登记，仍由企业持有。新受让方可能再次以原企业名义转让股权，这就是企业又代新购买者持有股权，即再次代持"代持股"。国家税务总局公告2011年第39号规定，企业实际减持该限售股取得的收入，缴纳企业所得税后，其余额转付给受让方的，受让方不再纳税。无论其后分配，无论受让方是个人或企业都不再纳税。从这个规定分析，在名义代理合同处理上，税法只在法律名义所有人环节收一道所得税，体现税法按实质与形式兼顾征税的原则。

(5) 归名环节的税收问题。通过证券登记结算公司，企业将其代持的个人限售股直接变更到实际所有人名下。税法如何判断归名环节的税收问题，是否视同转让限售股。国家税务总局公告 2011 年第 39 号规定，依法院判决、裁定等原因，通过证券登记结算公司，企业将其代持的个人限售股直接变更到实际所有人名下的，不视同转让限售股。这个规定强调归名的原因，而不强调归名的实质。实质是，企业将其代持的个人限售股直接变更到实际所有人名下，但税法必须要求依法院判决、裁定等原因，如果无法院判决、裁定等原因的归名就视同转让限售股，是对没有走司法程序的纳税人的不信赖表现。

(6) 合同上的事实交易与税法认可交易的比较。按照相关规定，限售股解禁前，不能上市流通，但不会影响持有者事实上的转让交易。对此，国家税务总局 2011 年第 39 号公告规定，企业持有的限售股解禁前的转让行为，仍要缴纳企业所得税。税法只是承认事实上发生转让交易，但在什么时间实现事实上的转让交易转化成税收上的转让交易？根据国税函[2010]79 号文件第 3 条规定，企业转让股权收入，应于转让协议生效、且完成股权变更手续时，确认收入的实现。第 39 号公告规定，应减持在证券登记结算机构登记的限售股取得的全部收入，计入企业当年度应税收入计算纳税。由于没有办理股权变更登记，企业不需要就转让所得并入当期企业应纳税所得额缴纳企业所得税。也就是说，股权转让登记过户才是事实上的转让交易转化成税收上的转让交易的最后依据。

我们再举例一个反例，税法首先承认合同上的事实交易，而不考量是否经过转让登记过户的法律程序。国家税务总局《关于未办理土地使用权证转让土地有关税收问题的批复》(国税函[2007]645 号)规定，土地使用者转让、抵押或置换土地，无论其是否取得了该土地的使用权属证书，无论其在转让、抵押或置换土地过程中是否与对方当事人办理了土地使用权属证书变更登记手续，只要土地使用者享有占有、使用、收益或处分该土地的权利，且有合同等证据表明其实质转让、抵押或置换了土地并取得了相应的经济利益，土地使用者及其对方当事人应当依照税法规定缴纳营业税、土地增值税和契税等相关税收。该例证明，在确认营业税、土地增值税和契税等相关税收时，税法看重是实质的经济利益流入，而不是土地使用权属证书变更登记手续。企业所得税法对于未办理土地使用权证转让土地的收入确认问题尚未明确，是采取与股权转让同样确认方法，还是按照国税函[2007]645 号规定走实质重于形式的路径？税法面临本质上相同的事物采取了一时一事一议的办法，增添纳税遵从成本。

第二节 营业税关于名义的纠结

【案例7-1】 鉴于甲方拥有一项专利，乙方拥有无形资产运作经营经验、无形资产市场开发优势。双方经协商一致，签订《专利经营代理协议》，甲方提供上述专利权，乙方负责无形资产市场运营管理。将专利权许可或转让给其他单位或个人使用，双方对取得的专利权收入在扣除相关成本、费用、依法缴纳国家税收后实现的利润进行分配。后乙方与丙方签订价值700万元的《专利转让合同》。根据分配方案，扣除相关成本、费用、依法缴纳国家税收后共610万元，甲方分得510万元，乙方分得100万元。

针对上述提供服务的各方如何适用税法进行评价，分析的事实与逻辑起点何在？我们认为首先应该关注与考察《专利经营代理协议》与《专利转让合同》，两份合同的法律关系是税法评价的起点。

《专利经营代理协议》是一份受托代理协议，代理人乙方不是专利所有权人，但因为参与经营凭据经营权享有利益分配，乙方分得100万元就是凭据经营权享有利益分配所得；甲方是专利所有权人，天然享有资产用益所得510万元。

《专利转让合同》是一份无形资产转让合同。受让方是明确的，但转让方到底是谁？合同主体是甲方还是乙方？根据我国《中华人民共和国专利法》(以下简称《专利法》)规定，从权利登记过户过程判断，转让方一定是甲方，即专利必须从甲方名下过到受让方名下。这是法律规定。但在实践中，乙方在得到甲方授权许可经营权后可以以自己的名义经营活动，乙方转让专利过程中产生的权利义务由乙方承担。那么《专利转让合同》中转让方是乙方情况下，税法如何判断纳税义务人？国税发[2001]44号为规范转让著作权中涉及的营业税政策，经研究，规定如下：拥有无形资产所有权的单位或个人(以下简称“所有权人”)授权或许可他人(以下简称“受托方”)向第三者转让“所有权人”的无形资产时，如“受托方”以“所有权人”的名义向第三者转让无形资产，转让过程中产生的权利和义务由“所有权人”承担，对“所有权人”应按照“受托方”向第三者收取的全部转让费依“转让无形资产”税目征收营业税，对受托方取得的佣金或手续费等价款按照“服务业”税目中的“代理”项目征收营业税；如“受托方”以自己的名义向第三者转让无形资产，转让过程中产生的权利和义务均由“受托方”承担，对“所有权人”向“受托方”收取的全部转让费和“受托方”向第三者收取的全部转让费，均按照“转让无形资产”税目征收营业税。

国税发[2001]44号文件的核心标准是“名义”，名义是谁，谁就是纳税人。仔细分析这个文件，发现文件的核心标准不仅仅是“名义”，“受托方”以自己的名义向第三者转让无形资产，转让过程中产生的权利和义务均由“受托方”承担，对“受托方”向第三者收取的全部转让费，按照“转让无形资产”税目征收营业税。按照国税发[2001]44 号文件的核心标准“名义是谁，谁就是纳税人”，那么隐名者“所有权人”就不是纳税义务人，但为什么“所有权人”向“受托方”收取的全部转让费也要按照“转让无形资产”税目征收营业税？显然国税发[2001]44 号文件是执行双重名义标准的，既认可《合同法》上的名义，也认可《专利法》上的名义。对《专利经营代理协议》的受托代理法律关系采取有条件的认可，代理人以自己名义进行经营活动就不是代理行为，或是一种隐名代理。对于隐名代理，税法推定就是代理者自己行为，与代理无关。

【案例 7-2】 福州跨洋房地产开发有限公司和福州民天集团有限公司合作开发“闽江世纪广场”。根据双方《合作开发合同》约定，福州民天集团有限公司将分得商品房 39 单元。根据双方《委托销售合同》委托福州跨洋房地产开发有限公司销售，在扣除受托销售的佣金、广告费等手续费收入后余款支付福州民天集团。

但是，国税函[2005]1189 号文件优先认可《物权法》上的名义，没有承认《合同法》上的名义。闽地税函[2006]104 号全文如下：福州市地方税务局：你局《关于福州跨洋房地产开发有限公司与福州民天集团有限公司合作开发“闽光冷冻厂”厂区土地涉及税收问题的请示》(榕地税外[2004]175 号)悉，经请示国家税务总局(国税函[2005]1189 号)文件，现批复如下：福州跨洋房地产开发有限公司和福州民天集团有限公司合作开发“闽江世纪广场”。根据双方约定，福州民天集团有限公司将分得商品房 39 单元，委托福州跨洋房地产开发有限公司销售。福州跨洋房地产开发有限公司对外销售商品房取得的全部收入(包括上述 39 单元的售房款)，应按规定征收销售不动产营业税，对受托销售取得的佣金、广告费等手续费收入，应按照“服务业”税目征收营业税。福州民天集团有限公司取得上述 39 单元售房收入，不应征收营业税。

这里存在三个合同。第一，福州跨洋房地产开发有限公司和福州民天集团有限公司“闽江世纪广场”《合作开发合同》，根据双方约定，福州民天集团有限公司将分得商品房 39 单元。第二，福州跨洋房地产开发有限公司和福州民天集团有限公司《委托销售合同》，福州民天集团有限公司将分得商品房 39 单元，委托福州跨洋房地产开发有限公司销售。第三，福州跨洋房地产开发有限公司与客户签订《商品房销售合同》。按《合同法》规定，福州民天集团有限公司属商品房 39 单元的所有权人，仅仅是没有办理产权过户登记手续，福州跨洋房地产开发有限公司承认福州民天集团是商品房 39 单元的所有权人，所以签订《委托销售合同》，表明处置权在福州民天集团。那么福州民天集团有限公司取得上述 39 单元售房收入，为什么不按规定征收销售不动产营业税？税务主管机关只认可福州跨洋房地产开发有限公司与客户签订《商品房销售合同》，不认可《合作开发合同》和《委托销售合同》。其背后深层次的依据在哪里？就是根据法定形式主义要求，从商品房权属名义角度，认可福州跨洋房地产开发有限公司应按规定征收销售不动产营业税，否定其他合同上的法律关系，从层次分析，三份合同之间有着层次推进关系，《商品房销售合同》是建立在《合作开发合同》、《委托销售合同》基础之上，离开《合作开发合同》、《委托销售合同》，任何人都无权处分商品房 39 单元。显然，税务机关对处在基础地位的合同关系忽略不计，而只顾表层合同关系。

比较[案例 7-1]与[案例 7-2]发现，税法在处理资产销售转让时，优先考虑法律上进行登记的资产所有权方，将资产所有权方确认为纳税人。[案例 7-1]中专利所有者甲方无论是否以自己名义转让资产都构成营业税纳税人，根本原因在于甲方是《专利法》登记者；同样，[案例 7-2]中真正商品房 39 单元的所有者是福州民天集团，但税法认可初始所有权登记者即房地产公司。

两个案例不同之处在于，[案例 7-1]中以受托方名义转让专利，导致营业税征收两道税；[案例 7-2]中以受托方名义转让商品房，营业税征收一道税。从重复征税角度判断，[案例 7-1]税收政策设计有一定缺陷性。[案例 7-2]中虽然确定纳税人身份时忽略重要合同事实，但只征收一道税，而且该税款名义是房地产公司缴纳，实质是代缴性质，因为房地产公司在与福州民天集团结算款项时一定扣下对应的营业税金。两个案例都是受托代理转让，都是隐名代理，在合同效力上每个合同都是有效而且不矛盾，但税法处理结果导致很大的差异，不能不引起我们深刻的思考。

再结合第一节代持股论述，该两个案例引起所得税的考量。假设案例中双方都是企业或一方是个人，在转让专利、商品房收入扣除相应成本、费用及营业税金后，就一项所得是否分别征收两道所得税？国家税务总局公告 2011 年第 39 号明确了转让代持股只征一道所得税。但“只征一道所得税”仅是针对转让代持股行为的，对其他类似转让代持资产行为，就可以征两道税，显然是不公平的税法待遇。

【案例 7-3】　BT 模式的困惑

BT 模式的一般定义为“建设—移交”，是利用资金来进行非经营性基础设施建设项目的一种融资模式。BT 模式参与公共基础设施建设，主要运作主体及模式为合同授予方是(包括有关部门或授权的企业)，BT 项目公司负责该项目的投融资和建设，项目完工后移交合同授予方，根据回购协议合同授予方在期限内支付回购资金(含占用资金的投资回报)。

国家税务总局对此类业务未明确出文，部分省、市、自治区(如湖南、江西、广东、重庆、新疆等)已出台相关文件，不尽相同，现主要就营业额及其适用税目、税率等要素进行分析。湖南省地方税务局于 2011 年 8 月发布《湖南省地方税务局关于 BT 方式建设项目有关营业税问题的公告》：以投融人名义立项的，应作为销售不动产税目征税，营业额为全部回购款，税率为 5%；以项目业主名义立项的，如投资方与施工方为同一家，则按建筑业征税，营业额为回购价款，税率为3%，施工环节不再征税。如投资方与施工方不为同一家，仍按建筑业征税，营业额为回购价款扣除分包额征税，税率为3%。该文主要区别为按立项人的不同分不同税目征税，对分包方营业税明确可以抵扣。广东省惠州地方税务局于2009年发文关于BT项目营业税相关问题，基本上同湖南省以项目业主名义立项不同分别征税。

综上所述，税务局内部对规范BT业务营业税相关问题处理存在两个问题：

(1) 合同还是那个合同，BT业务作为销售不动产还是建筑业，不依据合同内容，而依据立项名义。税法认为经济实质在经济名义之下。

(2) 从目前实务来看，BT合同除建筑安装业务外还包括部分产品购买安装、系统集成、技术培训等业务，这种业务如何定性、如何计缴营业税等问题还待明确。

第三节　税法关于第三人支付的纠结

一、新旧《营业税暂行条例实施细则》个别条文比较(见表7-1)①

表7-1　新旧《营业税暂行条例实施细则》个别条文比较

旧《营业税细则》第11条	新《营业税细则》第10条
除本细则第12条另有规定外，负有营业税纳税义务的单位为发生应税行为并向对方收取货币、货物或其他经济利益的单位，包括独立核算的单位和不独立核算的单位	除本细则第11条和第12条的规定外，负有营业税纳税义务的单位为发生应税行为并收取货币、货物或其他经济利益的单位，但不包括单位依法不需要办理税务登记的内设机构

通过新旧《营业税暂行条例实施细则》个别条文比较发现，旧《营业税暂行条例实施细则》条文规定负有营业税纳税义务的单位包括独立核算的单位和不独立核算的单位，新《营业税暂行条例实施细则》条文规定负有营业税纳税义务的单位不包括单位依法不需要办理税务登记的内设机构，两者表述角度相反，除此之外，还有重要一点差异，旧《营业税暂行条例实施细则》条文规定“向对方”收取货币、货物或其他经济利益，新《营业税暂行条例实施细则》条文仅规定收取货币、货物或其他经济利益，去掉了“向对方”三个字。

① 2008年11月，国务院第34次常务会议修订并通过新的《营业税暂行条例实施细则》、《增值税暂行条例实施细则》自2009年1月1日执行；2008年12月财政部税务总局发布新的细则。

二、新旧《增值税暂行条例实施细则》个别条文比较(见表 7-2)①

表 7-2 新旧《增值税暂行实施细则》个别条文比较

旧《增值税暂行条例实施细则》第 3 条	新《增值税暂行条例实施细则》第 3 条
条例第 1 条所称销售货物,是指有偿转让货物的所有权。条例第 1 条所称提供加工、修理修配劳务,是指有偿提供加工、修理修配劳务。但单位或个体经营者聘用的员工为本单位或雇主提供加工、修理修配劳务,不包括在内 本细则所称有偿,包括从购买方取得货币、货物或其他经济利益	条例第 1 条所称销售货物,是指有偿转让货物的所有权。条例第 1 条所称提供加工、修理修配劳务(以下称应税劳务),是指有偿提供加工、修理修配劳务。单位或个体工商户聘用的员工为本单位或雇主提供加工、修理修配劳务,不包括在内 本细则所称有偿,是指从购买方取得货币、货物或其他经济利益

通过新旧《增值税暂行条例实施细则》个别条文比较发现,旧《增值税暂行条例实施细则》条文规定有偿,包括从购买方取得货币、货物或其他经济利益。新《增值税暂行条例实施细则》条文也规定有偿,是指从购买方取得货币、货物或者其他经济利益。新旧《增值税暂行条例实施细则》条文都强调了“从购买方”。那么购买方是如何定义的? 税法没有回答这个问题。

通过上述两个比较发现,营业税立法语言与立法技术比增值税严谨。新《营业税暂行条例实施细则》条文仅规定收取货币、货物或其他经济利益,去掉了“向对方”三个字,就是在经济生活中负有营业税纳税义务的单位提供了应税行为,但并没有从接受应税行为的单位或个人那里收取货币、货物或其他经济利益,而是从与未接受应税行为的单位或个人收取货币、货物或其他经济利益的。

这就是合同法上第三人出场了。第三人的出场导致税法评价发生了不确定性。合同法就第三人为给付之契约已经形成比较丰富的理论资源。比如,第三人为给付之契约的性质;第三人为给付契约与代理性质的契约;第三人为给付契约与保证契约;第三人为给付契约与债务承担;第三人为给付之契约不同于其他附条件或特别约定之契约,如行纪契约;第三人为给付契约的构成;约定人与受约人订立的契约合法有效;第三人为给付契约中当事人及第三人的行为能力;第三人为给付契约中须有第三人为给付行为之约定;第三人为给付于债权人有利,特别是财产上的利益;第三人为给付之契约的法律效力;对第三人之效力;对债务人之效力;对债权人之效力。

① 2008 年 11 月,国务院第 34 次常务会议修订并通过新的《营业税暂行条例实施细则》、《增值税暂行条例实施细则》自 2009 年 1 月 1 日执行;2008 年 12 月财政部税务总局发布新的细则。

新旧《增值税暂行条例实施细则》条文都强调了“从购买方”取得利益补偿。那么购买方是买卖合同中的付款方？还是真正占有标的物所有权的占有方？这两方可以分开的。更进一步可能是，付款方根本不在买卖合同中，付款方与购买方另有合同。甲方从乙方买衣服，丙方支付款项。丙方并不是替甲方暂时支付，而是不需要甲方偿还的支付。按新旧《增值税暂行条例实施细则》条文理解，如果丙方是购买方，丙方将应取得的衣服无偿赠与甲方。那么丙方无偿赠与行为应视同销售行为再征税。如果甲方是购买方，按新旧《增值税暂行条例实施细则》条文理解，乙方从购买方未取得利益补偿，就不能满足征税条件(视同销售除外)。因此按新旧《增值税暂行条例实施细则》条文理解，谁支付利益谁就是购买方，但经济合同并不如此简单，这条逻辑从根本上忽略合同法上第三人的存在。

在实务中，存在一种复杂行为，表面上看由第三方自己支付，实际上是第三方代为支付。近年来，随着我国金融工具交易和金融产品创新的快速发展，出现了许多既具有传统业务特征，又有别于传统业务的创新业务。鉴于混合性投资业务是企业的一项创新投资业务，已被许多企业大量运用，尤其是信托公司，开展此类投资业务甚多。

比如，信托公司将下属子公司的全部股权以 5 000 万元价格转让给银行，银行享有期限为 5 年的收益权，预期收益率固定为 7.5%，如果子公司税后利润不能支付预期收益，则由信托公司承担连带责任。转让股权协议签订后，从账务上和法律名义上看，每年是由下属子公司向银行支付股息。税务机关与纳税人的纠结之处在于下属子公司向银行支付款项的性质，是股息还是利息，是税后还是税前？现行企业所得税法就这些问题，没有清晰规定，各方由于理解和认识角度不同，出现各地对政策执行口径不一。

税务机关与纳税人纠结之原因在于没有跳出“子公司与银行”之间的法律关系。从股权转让合同和股权变更登记看，子公司与银行之间是股东关系，但是银行享有的股权又不是公司法和税法上规定的股权，而是一种债权关系。那么，股权转让合同的实质是借款合同。①是谁向谁借款的？是信托公司向银行借款 5 000 万元；②又是谁向谁支付利息的？是信托公司下属子公司向银行支付利息的；③支付利息的名义是什么？是以股息名义支付的。弄清楚以上法律关系，就可以轻松回答子公司向银行支付款项的性质，不是股息，也不是利息，而是代支付款项，即由第三方出场代信托公司支付了利息。因此，各方企业所得税的处理非常清晰：下属子公司将应支付给信托公司的税后股利代信托公司以利息名义支付给银行了。从表面上看，信托公司没有支付利息，但实质是用自己的股利请下属子公司支付银行利息；银行收到股权名义下的股利，实质是收到借款的利息。

如果该金融产品在设计上稍微改变细节，信托公司拥有下属子公司的全部股权不变，以增资扩股方式引进银行再投资 5 000 万元，银行仍然享有期限为 5 年的收益权，预期收益率固定为 7.5%；如果子公司的税后利润不能支付预期收益，则由信托公司承担连带责任。在这种条件下，这实际上仍为企业的一种融资形式，但是其变化在于融资主体是子公司，而不是信托公司；这时子公司支付的股利实质是支付自己的融资利息，不存在第三方支付问题了。由信托公司承担连带责任，是代子公司支付利息。对于信托公司与银行之间的赎价股权，双方按照价格高于或低于投资成本的情况作为债务重组收益处理。

通过对税法条文和案例分析，发现税法在很大程度上忽略了第三人支付这个重要而平常的经济交易形式，也没有充分认识第三人支付在合同契约中的法律性质及其地位。造成这种现象产生原因之一，在于我国增值税管理中过分强调资金流与发票付款方必须一致。根据第三人在合同交易中出现频率与重要程序，税法应给予其应有的考量与合理安排。

第四节　代管资产者：财产税上的纳税人

一、车船税的纳税人

取得车船所有权或者管理权的人为车船税的纳税人，明确规定取得管理权的人为车船税的纳税人。《中华人民共和国车船税法》(以下简称《车船税法》)(2011 年 2 月 25 日第十一届全国人民代表大会常务委员会第十九次会议通过)第 1 条规定，在中华人民共和国境内属于本法所附《车船税税目税额表》规定的车辆、船舶(以下简称车船)的所有人或者管理人，为车船税的纳税人，应当依照本法缴纳车船税。《车船税条例》第 21 条规定，车船税法第 8 条所称取得车船所有权或者管理权的当月，应当以购买车船的发票或者其他证明文件所载日期的当月为准。

二、房产税的纳税人

从法理上判断，房产税应该由产权所有人缴纳，但在特殊情况下第三人也作为房产税纳税人出场了，承担纳税义务。房产代管人在一定条件下构成纳税人。根据《中华人民共和国房产税暂行条例》(以下简称《房产税暂行条例》)的规定，房产税由产权所有人缴纳，产权所有人、承典人不在房产所在地的，或者产权未确定及租典纠纷未解决的，由房产代管人或者使用人缴纳。国家税务总局《关于未取得房屋产权证书期间如何确定房产税纳税人的批复》(国税函[2002]284 号)为，北京市地方税务局：你局《关于在未取得房屋产权证书期间如何确定房产税纳税义务人的请示》(京地税地[2002]141 号)收悉,经研究,现批复如下:根据《中华人民共和国房产税暂行条例》第 2 条中"房屋产权未确定及租典纠纷未解决的,由房产代管人或者使用人缴纳"的规定,凡以分期付款方式购买使用商品房,且购销双方均未取得房屋产权证书期间,应确定房屋的实际使用人为房产税的纳税义务人,缴纳房产税。

融资租赁业务涉及销售方、出租方和承租方,对于融资租赁这种特殊形式下的房产纳税人如何确定。财政部、国家税务总局下发《关于房产税城镇土地使用税有关问题的通知》(财税[2009]128 号)规定,融资租赁的房产,由承租人自融资租赁合同约定开始日的次月起依照房产余值缴纳房产税。合同未约定开始日的,由承租人自合同签订的次月起依照房产余值缴纳房产税。融资租赁业务在进行涉税处理时需要注意的问题如下。

1. 融资租赁房产税计税依据以会计规定为准

《房产税暂行条例》规定,房产余值,是指房产原值一次减除 10%~30%后的余值。关于房产原值如何确定的问题,2008 年 12 月 28 日财政部、国家税务总局下发的《关于房产税城镇土地使用税有关问题的通知》(财税[2008]152 号)明确规定,对依照房产原值计税的房产,不论是否记载在会计账簿固定资产科目中,均应按照房屋原价计算缴纳房产税。房屋原价应根据国家有关会计制度规定进行核算。对纳税人未按国家会计制度规定核算并记载的,应按规定予以调整或重新评估。《企业会计准则第 21 号——租赁》(财会[2006]3 号)第 11 条规定,在租赁期开始日,承租人应当将租赁开始日租赁资产公允价值与最低租赁付款额现值两者中较低者作为租入资产的入账价值,将最低租赁付款额作为长期应付款的入账价值,其差额作为未确认融资费用。承租人在租赁谈判和签订租赁合同过程中发生的,可归属于租赁项目的手续费、律师费、差旅费、印花税等初始直接费用,应当计入租入资产价值。租赁期开始日,是指承租人有权行使其使用租赁资产权利的开始日。

财税[2009]128 号文件规定,融资租赁的房产,由承租人自融资租赁合同约定开始日的次月起依照房产余值缴纳房产税。合同未约定开始日的,由承租人自合同签订的次月起依照房产余值缴纳房产税。用实例来说明,甲公司 2009 年 11 月从乙公司融资租入一生产车间,合同约定租赁期限为 10 年,最低租赁付款额合计为 1 500 万元,最低付款额现值为 1 200 万元。该生产车间公允价值为 1 400 万元。则该生产车间会计入账价值为 1 200 万元,即房产原值为 1 200 万元。假设甲公司所在地税务机关规定计征房产税的依据为房产原值一次减除 30%后的余值,那么甲公司融资租入生产车间的房产余值为 840 万元[1 200×(1-30%)]。

2. 融资租赁期间的房产不缴契税

契税是以所有权发生转移变动的不动产为征税对象,向产权承受人征收的一种财产税。《契税暂行条例》第 2 条规定,本条例所称转移土地、房屋权属是指下列行为:①国有土地使用权出让;②土地使用权转让,包括出售、赠与和交换;③房屋买卖;④房屋赠与;⑤房屋交换。而融资租赁,是指出租人根据承租人对供货人和租赁标的物的选择,由出租人向供货人购买租赁标的物,然后租给承租人使用。融资租赁,实质是出租人转移了与资产所有权有关的全部风险和报酬的租赁。资产的所有权最终可以转移,也可以不转移。由于在融资租赁期间房产的所有权仍属于出租方,还没有发生转移变动,因此,融资租赁期间的房产不缴契税。但是如果在融资租赁期过后,租赁双方的房屋所有权发生转移,则承租方应按规定缴纳契税。

3. 融资租赁合同要按"借款合同"计税贴花

《合同法》第237条规定,融资租赁合同是出租人根据承租人对出卖人、租赁物的选择,向出卖人购买租赁物,提供给承租人使用,承租人支付租金的合同。这就是说,融资租赁期间,资产的所有权没有发生转移,融资租赁房产合同不属于产权转移书据。《关于对借款合同贴花问题的具体规定》(国税地[1988]30号)第4条规定,银行及其金融机构经营的融资租赁业务,是一种以融物方式达到融资目的的业务,实际上是分期偿还的固定资金借款。因此,对融资租赁合同,可根据合同所载的租金总额暂按"借款合同"计税贴花。

三、土地使用税的纳税人

从法理上判断,土地使用税应该由产权所有人缴纳,但在特殊情况下第三人也作为土地使用税纳税人出场了,承担纳税义务。

根据《中华人民共和国城镇土地使用税暂行条例》(以下简称《土地使用税暂行条例》)国务院令[1988]17号第2条规定,在城市、县城、建制镇、工矿区范围内使用土地的单位和个人,为城镇土地使用税的纳税义务人,应当依照本条例的规定缴纳土地使用税。

根据《国家税务局关于检发〈关于土地使用税若干具体问题的解释和暂行规定〉的通知》国税地[1988]15号第4条规定,土地使用税由拥有土地使用权的单位或个人缴纳。拥有土地使用权的纳税人不在土地所在地的,由代管人或实际使用人纳税;土地使用权未确定或权属纠纷未解决的,由实际使用人纳税;土地使用权共有的,由共有各方分别纳税。

以上列举相关税法条文,旨在分析税收客体之归属问题。目前各国税法基本达到一致意见,如德国《税捐通则》第39条规定"经济财应归属于其所有权人"。而所有权人之认定应遵从民法物权相关规定。由于第三人出场,导致财产权不明、纠纷、共有、无权占有、信托等情形发生,需要税法重新确定财产税上的纳税人,其时,税法更多考量谁是经济利益受益者或经济管理控制者,从经济实质关系上认定新的纳税人。

第五节 代收与委托代销对税法的影响

税务机关在判断合同性质时往往被合同之外的其他因素所干扰，或者超越税法本身授权规定对合同性质进行主观干预，导致税法适用出现偏差。

国税发[2005]917号文件就是典型的以发票开具干预合同业务性质的代表。该文件全文如下：新疆广汇房地产开发有限公司（以下简称甲方）将自行开发的商品房委托新疆广厦地产交易网络有限责任公司（以下简称乙方）销售，双方以代销基价作为结算价格，甲方向乙方开具销售商品房发票；乙方将商品房销售给购房者并按实际销售价格开具发票，同时为业主办理产权证；这种行为是商品房销售而不是委托代销。因此，对甲方取得的收入应按"销售不动产"税目征收营业税，其计税依据是双方按照协议约定的代销基价实际结算的收入；对乙方也应按"销售不动产"税目征收营业税，其计税依据是商品房实际销售价减除代销基价后的余额。

国税发[2005]917号文件分析问题的起点脱离了纳税人签订的委托合同，将焦点聚集在发票开具上，过分强调了发票在税法适用中的作用①。其实，应该回归纳税人签订的业务合同分析合同双方承担的权利与义务，判断其合同法的法律效力，得出其性质再适用税法。本案例视角应该是，纳税人违反了发票管理办法，根据《发票管理办法》进行处理。根据《税法征收管理法》规定，新疆广厦地产交易网络有限责任公司无权开具销售不动产发票，即双方不能在合同中设置是否开具发票、开具何种发票的权利与义务；事实是双方按照合同进行了发票开具，就应该回归发票管理办法，检讨其是否有税法上开具销售不动产发票的权利，必须从《营业税暂行条例》及税目解释上分析，新疆广厦地产交易网络有限责任公司在没有取得产权情况下是否构成营业税上销售不动产的纳税人，如果不能构成纳税人即其行为没有构成销售不动产应税行为的要素，就无权开具销售不动产发票，甲乙双方开具何种发票约定就是税法上的无效规定。

《企业所得税法》在确认收入上遵从实质重于形式的原则，但作为流转税在确认应税收入上更多偏向形式重于实质的原则，通过对代收代垫款项的分析得到验证；同时说明第三人的合同经济关系存在对计税依据、税法适用产生一定影响。

《增值税暂行条例》第6条规定，销售额为纳税人销售货物或者应税劳务向购

① 强调发票在税法适用中的作用，是对税收稽征技术及征管效率原则的一种典型反映。正如黄茂荣所言"不论是实质课税原则或国会保留之意义下的税收法定主义都有向稽征经济退让的例外情况"。参见黄茂荣：《法学方法与现代税法》，北京大学出版社2011年版，第196页。

买方收取的全部价款和价外费用，但是不包括收取的销项税额。《增值税暂行条例实施细则》第 12 条规定，条例第 6 条第 1 款所称价外费用，包括价外向购买方收取的手续费、补贴、基金、集资费、返还利润、奖励费、违约金、滞纳金、延期付款利息、赔偿金、代收款项、代垫款项、包装费、包装物租金、储备费、优质费、运输装卸费以及其他各种性质的价外收费。但下列项目不包括在内：①受托加工应征消费税的消费品所代收代缴的消费税。②同时符合以下条件的代垫运输费用：一是承运部门的运输费用发票开具给购买方的；二是纳税人将该项发票转交给购买方的。③同时符合以下条件代为收取的政府性基金或者行政事业性收费：一是由国务院或者财政部批准设立的政府性基金，由国务院或者省级人民政府及其财政、价格主管部门批准设立的行政事业性收费；二是收取时开具省级以上财政部门印制的财政票据；三是所收款项全额上缴财政。④销售货物的同时代办保险等而向购买方收取的保险费，以及向购买方收取的代购买方缴纳的车辆购置税、车辆牌照费。

《营业税暂行条例》第 5 条规定，纳税人的营业额为纳税人提供应税劳务、转让无形资产或者销售不动产收取的全部价款和价外费用。《营业税暂行条例实施细则》第 13 条规定，条例第 5 条所称价外费用，包括收取的手续费、补贴、基金、集资费、返还利润、奖励费、违约金、滞纳金、延期付款利息、赔偿金、代收款项、代垫款项、罚息及其他各种性质的价外收费，但不包括同时符合以下条件代为收取的政府性基金或者行政事业性收费：

(1) 由国务院或者财政部批准设立的政府性基金，由国务院或者省级人民政府及其财政、价格主管部门批准设立的行政事业性收费。

(2) 收取时开具省级以上财政部门印制的财政票据。

(3) 所收款项全额上缴财政。

从以上条文不难分析，第三人的出场没有减少纳税人的税收负担，无论增值税还是营业税都明确肯定将代收款项、代垫款项作为价外费用的组成部分，必然构成计税依据的组成部分。在经营实践中，如果甲向丙销售空调 20 000 元，甲请乙方安装，约定 1 000 元安装费，丙向甲方支付安装费 1 000 元和空调 20 000 元。按《增值税暂行条例》规定，甲按 21 000 元缴纳增值税；乙到底是否再就 1 000 元安装费申报增值税、营业税？从增值税链条分析，乙再就 1 000 元缴纳增值税，向甲开具抵扣发票；甲方实质未负担税款。如果乙再就 1 000 元缴纳营业税，向甲开具营业税普通发票，甲方不能抵扣税款，甲方、乙方均负担税款。

从合同关系上分析，甲对丙承担空调和安装两项业务的法律责任，那么甲方收取的 21 000 元就是全部收入，1 000 元是采购成本，不构成税法上的代收款项，不能适用《增值税暂行条例实施细则》第 12 条，应该适用《增值税暂行条例实施细则》第 13 条，即混合销售行为依照本细则第 5 条规定应当缴纳增值税的，其销售额为货物的销售额与非增值税应税劳务营业额的合计。乙方向甲方开具发票,意味着1 000元是乙方收入,是甲方成本。

从合同关系上分析,如果甲不对丙承担安装业务法律责任,是丙单独与乙方签订安装合同,只是款项经过甲方,才构成税法上的代收款项,适用《增值税暂行条例实施细则》第12条。那么甲方收取的21 000元中20 000元是收入,1 000元是代收款项。甲方是否取得乙方发票,取决于甲方、乙方关于代收款项有关税款、发票的约定。如果约定乙方承担税款,甲将扣除税款后的余额支付乙方。如果约定甲方承担税款,甲将1 000元全部支付乙方。但无论甲、乙如何约定,都改变不了乙方收到的款项履行纳税义务,即税务机关不会承认甲就1 000元缴纳的税款是乙方的税款,仍要求乙方履行自己的纳税义务。

如何适用税法条文和判断计税依据组成,其根据是研判甲、乙、丙三方合同关系,而不是仅仅依靠代收代付账务处理方式。

委托代销对纳税义务发生时间的影响。《企业所得税法》及《企业所得税法实施条例》在如何确认收入实现时都没有考虑销售方式这个因素,后来国税函[2008]875号文件第1条第2款考虑销售方式这个因素在收入确认之中的影响,其中一条规定:销售商品采取支付手续费方式委托代销的,在收到代销清单时确认收入。

国税发[2009]31号文件规定房地产企业的售房收入采取委托方式销售开发产品的,应按以下原则确认收入的实现:

(1) 采取支付手续费方式委托销售开发产品的,应按销售合同或协议中约定的价款于收到受托方已销开发产品清单之日确认收入的实现。

(2) 采取视同买断方式委托销售开发产品的,属于企业与购买方签订销售合同或协议,或企业、受托方、购买方三方共同签订销售合同或协议的,如果销售合同或协议中约定的价格高于买断价格,则应按销售合同或协议中约定的价格计算的价款于收到受托方已销开发产品清单之日确认收入的实现;如果属于前两种情况中销售合同或协议中约定的价格低于买断价格,以及属于受托方与购买方签订销售合同或协议的,则应按买断价格计算的价款于收到受托方已销开发产品清单之日确认收入的实现。

(3) 采取基价(保底价)并实行超基价双方分成方式委托销售开发产品的,属于由企业与购买方签订销售合同或协议,或企业、受托方、购买方三方共同签订销售合同或协议的,如果销售合同或协议中约定的价格高于基价,则应按销售合同或协议中约定的价格计算的价款于收到受托方已销开发产品清单之日确认收入的实现,企业按规定支付受托方的分成额,不得直接从销售收入中减除;如果销售合同或协议约定的价格低于基价的,则应按基价计算的价款于收到受托方已销开发产品清单之日确认收入的实现。属于由受托方与购买方直接签订销售合同的,则应按基价加上规定取得的分成额于收到受托方已销开发产品清单之日确认收入的实现。

(4) 采取包销方式委托销售开发产品的，包销期内可根据包销合同的有关约定，参照上述(1)～(3)项规定确认收入的实现；包销期满后尚未出售的开发产品，企业应根据包销合同或协议约定的价款和付款方式确认收入的实现。

《增值税暂行条例实施细则》第 38 条规定，收讫销售款项或取得索取销售款项凭据的当天，按销售结算方式的不同，具体为：委托其他纳税人代销货物，为收到代销单位的代销清单或收到全部或部分货款的当天。未收到代销清单及货款的，为发出代销货物满 180 天的当天。

营业税在销售不动产、转让无形资产如何确认收入方面仅考虑了销售或转让合同本身，而没有考虑到代理合同的出现对收入确认的影响。企业所得税、增值税关于代理委托行为对收入的影响规定值得营业税借鉴。

本章小结

第三人的出现使合同关系与行为复杂化，也对纳税主体、应税行为的性质、应税收入与纳税义务发生时间的确定产生复杂的影响。税法面对第三人介入的合同关系，目前没有统一的评价标准。每个税种采取了不同处理方法。另外，征管因素之一发票的加入，使应税行为的处理更加复杂。税法有时遵循实质重于形式原则，有时侧重于法律名义形式原则，有时偏向于征管效率原则，有时考虑了特定时期特定问题的社会政策。因此，亟须规范第三人介入情况下的税法评价原则与标准。

第八章　合同保全担保的税法借鉴

税法为何能够援引私法的合同保全制度与合同担保制度，其根本原因在于税法的债理论的确立。该理论承认税收是一种债，就寻找到与私法之债相通的基础。纳税保全制度、担保制度是民法的债权保障制度在税法中的引入，是现代各国税法普遍采用的一项制度，它在实现现代国家租税债权方面发挥着重要作用，同时也有利于维护纳税人的合法权益。我国《税收征收管理法》、《税收征收管理法实施细则》及《海关法》中明确地规定了这一制度。

第一节　我国纳税保全制度简述

一、纳税保全制度概述

合同保全制度是一种债的保全，它系债权人基于债主效力对于债务人以外之人所及之一种法律的效力，故称为债之对外效力。合同的保全是指债务人的财产应增加而未增加或不当减少，并危及债权人债权的实现时，法律赋予债权人代债务人之位向第三人行使债务人的权利，或请求法院撤销债务人与第三人的法律行为的法律制度。其中，债权人代债务人之位，以自己的名义向第三人行使债务人的权利的法律制度，叫债权人代位权。债权人请求人民法院撤销债务人与第三人的损害债权人债权的法律行为的制度，叫债权人撤销权。具体而言，我国《合同法》第73条、第74条分别确立了由债权人代位权和债权人撤销权构成的合同保全制度。《税收征收管理法》第50条规定，欠缴税款的纳税人因怠于行使到期债权，或者放弃到期债权，或者无偿转让财产，或者以明显不合理的低价转让财产而受让人知道该情形，对国家税收造成损害的，税务机关可以依照《合同法》第73条、第74条的规定行使代位权、撤销权。税务机关依照前款规定行使代位权、撤销权的，不免除欠缴税款的纳税人尚未履行的纳税义务和应承担的法律责任。

二、保全制度主要特征

第一，合同保全是债的对外效力的体现，也是合同相对性原则的例外。所谓合同相对性原则,是指依法成立的合同只在当事人之间产生效力,合同在当事人之间有相当于法律的效力。法律赋予债权人在一定条件下行使代位权或撤销权,而行使这两项权利的直接后果就会对当事人以外的第三人产生效力,这是对合同相对性原则的突破。税法也有相对性原理,即纳税人与国家之间的债只能够发生在法律规定的纳税人之间,但是《税收征收管理法》第 50 条赋予税务机关在一定条件下行使代位权或撤销权,而行使这两项权利的直接后果就会对纳税人以外的第三人产生效力,这也是对纳税人相对性原则的突破。

第二,合同保全主要发生在合同有效成立期间。也即在合同生效之后到履行完毕前,合同保全措施都可以被采用。这说明合同保全措施的运用,与合同履行期间债务人是否实际履行义务,并没有必然的联系。但如果合同没有生效或者已被宣告解除、无效乃至被撤销的,债权人就没有了行使代位权或撤销权的事实和法律依据。《税收征收管理法》第 50 条强调税务机关行使两权的前提条件是欠缴税款,也就是纳税人没有按照税法规定实际履行纳税义务,而合同法保全措施的运用,与合同履行期间债务人是否实际履行义务,并没有必然的联系,两者有着显著区别。同时税法应该明确所谓欠税的法律效力,即首先确认欠税合法有效。如果纳税人欠税问题没有从税法程序上认可,第三人显然享有抗辩权。

第三,合同保全的基本方法是代位权和撤销权的行使,合同保全措施的根本目的就在于保障合同债权人权利的实现。税法保全的基本方法不仅是代位权和撤销权,更多采用扣押、查封、冻结、担保等方法。税法引入代位权和撤销权的保全措施的根本目的就在于保障清理欠税的实现,对其他税收之债并不能适用。

三、税法保全制度功能

税法保全制度的保全涉及第三人,税法不仅对纳税人生效,也约束并干涉第三人的行为。税法为什么要突破传统税法的纳税人相对性原则,赋予税务机关代位权和撤销权?税法保全的基本功能在于确保税收之债的实现。税法许多规定都有益于保证税收的实现,如滞纳金制度、收缴并停供发票制度、阻止出境制度、罚款制度,但所有制度的实现归根到底受制于纳税人责任财产的多寡,如果纳税人责任财产已经不足以清偿税款,则追究其税法责任亦不能满足国家税款的财政功能。同时又如税法担保,税务机关可以通过责令纳税人提供担保来确保税款的实现。但是纳税担保程序有其弱点,如抵押权的设立需办理登记手续;保证需要保证人的同意,且其实现取决于保证人的资信能力。因此,税法在各种制度之外,又规定了税款的保全制度。纳税人的总财产是税款的一般担保,税款的保全的意义在于通过维持纳税人的总财产,即在纳税人财产应增加未增加时,代其行使权利以增加责任财产;在纳税人财产不应减少而减少时,追回该财产以防止责任财产的不当减少,以确保纳税人的清偿能力，从而从根本上满足国家的债权。税法保全制度可以有效地防止纳税人的财产消极与积极的不正当减少，有利于充分保障国家财政合法权益的实现。

四、税法保全制度的适用

纳税保全制度对于税务机关代位权判断是否有保全的必要，一般是以纳税人有无资力为标准，如果纳税人资力雄厚，即使逾期不履行税款义务，并且怠于行使权利致使其财产总额减少，但其财产仍足以充分清偿其税款，并未危及税款实现，则不得行使代位权，而只能诉诸税务机关或法院予以强制执行。

合同法的保全制度，其功能在保全责任财产，但是债权人行使两权的范围仅以债权人的债权为限。因此，税务机关行使两权也只能限于已经确定的税收债权。这意味着，即使纳税人财产减少或债务增加，造成无法偿还包括税收在内的诸多债务，税务机关在行使撤销权时，也只能以已经确定的税收债权为限，而不能行使其他债权人的权利①。税务机关行使两权就是针对特定债权的保全，即国家税款的保全。税收与一般债权相比享有相对优先权，因此确立特定债权的代位权制度，对于促进法律进步，发展公平正义的理念具有重要意义。

根据合同法有关规定，税务机关在具体运用代位权、撤销权应该注意以下几个问题：①行使代位权、撤销权必须向人民法院提出申请，税务机关自身无权行使。②申请代位权行使的债权如果是专属于纳税人自身的除外。③代位权、撤销权的行使以欠缴税款、滞纳金为限度。④代位权、撤销权行使的必要费用，由纳税人负担。

五、撤销交易的税法评价

按照债的效力，债权人对债务人仅得请求给付，而对其财产无直接支配权，债务人对于自己的财产可以自由处分或者为他人设定担保，但如果允许债务人随意处分其财产，势必影响债务人的清偿能力，甚至导致债权人的权利无法实现。为此，法律特设债权人撤销权制度，以资救济，来维持债务人的责任财产，以备全体债权的清偿，体现了现代民法强化契约信赖以保护债权人利益的价值。债权人撤销权与债权人代位权虽同为债之保全的两种方式，但两者效力不同，相对而言，债权人代位权较弱，债权人撤销权的对外效力较强，其后果对交易安全的影响极大，债权人撤销权的行使将会对已成立的法律关系造成破坏，使债务人和第三人之间发

① 刘剑文、熊伟：《税法基础理论》，北京大学出版社 2004 年版，第 448 页。

生本不应有的事态。债权人撤销权制度显然属于对债的相对性的突破，其效力涉及债务人之外的第三人，是对债务人与第三人之间法律关系的破坏，构成了对交易安全的威胁，也构成了对债务人活动自由和私法自治精神的威胁，所以法律必须在强化债权人利益的同时，加强对债务人的保护，两者不可偏废。

【案例 8-1】　　税法上撤销权的影响

某房地产公司 2011 年欠税 100 万元，该公司 2012 年 2 月以明显低于市场价格出售最后一套商品房给房地产公司股东，房地产公司取得售房收入 60 万元。市场价格为 110 万元。房地产公司已经清盘，无其他财产。税务机关根据《税收征收管理法》第 50 条行使撤销权。

首先，判断税务机关是否有权行使《税收征收管理法》第 50 条撤销权。我们认为行使撤销权的条件具备：①某房地产公司 2011 年欠税 100 万元，构成欠缴税款的纳税人身份。②某房地产公司以明显不合理的低价转让财产，市场价 110 万元一套商品房，仅售出 60 万元。③受让人即某房地产公司股东应该知道该情形。④房地产公司已经清盘，无其他财产供税务机关执行，已经对国家税收造成损害的。因此税务机关可以依照合同法第 74 条的规定行使撤销权。

其次，判断税务机关在行使《税收征收管理法》第 50 条撤销权之前如何对房地产低价售房行为进行税法评价。

（1）根据《营业税暂行条例》第 7 条规定，纳税人提供应税劳务、转让无形资产或销售不动产的价格明显偏低并无正当理由的，由主管税务机关核定其营业额。房地产公司虽然取得售房收入 60 万元，但税务机关有权按照市场价格 110 万元核定营业税计税依据，进一步增加房地产公司的欠税金额。

（2）根据《财政部　国家税务总局关于单位低价向职工售房有关个人所得税问题的通知》（财税[2007]13 号）规定，除本通知第 1 条规定情形外，根据《个人所得税法》及其实施条例的有关规定，单位按低于购置或建造成本价格出售住房给职工，职工因此而少支出的差价部分，属于个人所得税应税所得，应按照“工资、薪金所得”项目缴纳个人所得税，前款所称差价部分，是指职工实际支付的购房价款低于该房屋的购置或建造成本价格的差额。执行这个文件必须弄清两个因素：一是股东是否是房地产公司职工；二是股东实际支付的购房价款 60 万元是否低于该房屋的建造成本价格。如果不能执行这个文件，是否可以推断为股东从公司取得利润分配所得。目前税法没有明确规定。

（3）根据《企业所得税法》规定，房地产公司向股东低价出售房屋构成关联交易，应当按照独立市场价格调整收入。

（4）根据《土地增值税条例》规定，转让房地产的成交价格低于房地产评估价格，又无正当理由的，由税务机关参照房地产评估价格确定转让房地产的收入。

以上四个税种的评价与行使撤销权行为是矛盾的。因为如果一旦撤销权行使完毕，以上四个税种的评价基础即应税行为本身就不复存在，那么如何再进行有效评价？纳税人放弃到期债权，或者无偿转让财产，或者以明显不合理的低价转让财产可能构成应税行为，如果税务机关选择行使撤销权，则意味着放弃对纳税人放弃到期债权，或者无偿转让财产，或者以明显不合理的低价转让财产这三种行为的所有税法评价。

再次，税务机关对债务人（房地产公司）与第三人（股东）之间的法律行为行使撤销权，致使第三人（股东）已经取得所有权的商品房返还债务人（房地产公司），这无异于使债权的效力扩张至可以对抗物权的程度，同时也使民法上关于物的交付和登记制度受到影响，破坏了物权的公示与公信效力，从而动摇了整个物权与债权结构体系的基础。股东取得商品房后由于税务机关行使撤销权，撤销原售房合同，股东已经缴纳购置房屋的契税是否可以退还？根据《国家税务总局关于无效产权转移征收契税的批复》（国税函[2008]438 号）规定，对经法院判决的无效产权转移行为不征收契税。即只有法院判决该房屋产权交易行为始终无效的情况，才不征收契税，已缴契税可以退还。若法院仅判决撤销房屋交易行为，则不能作为退还契税的政策依据。

最后，存在税收强制措施是否应当紧随撤销权行使问题。税务机关在行使撤销权之前或同时应责令纳税人限期缴纳欠税；如果纳税人逾期不缴，在行使撤销权之后，应紧随行使强制措施，当债务人与第三人的行为被撤销后，第三人所占有的债务人的财产，在返还给债务人同时，税务机关应对该财产采取强制措施。

六、纳税保全制度的意义

纳税保全制度的确立体现了现代税法对国家债权保护周密细致化的趋势。纳税保全制度是税法为防止因纳税人财产的不当减少致使税款的实现受到危害，而设置的保全纳税人责任财产的法律制度。具体包括代位权制度和撤销权制度。其中，代位权着眼于纳税人的消极行为，当纳税人有权行使而不行使，以致影响税款的实现时，税法允许税务机关代纳税人之位，以自己的名义向第三人行使纳税人的权利；而撤销权则着眼于纳税人的积极行为，当纳税人在不履行其纳税义务的情况下，实施减少其财产而损害税收实现的行为时，税法赋予税务机关有诉请法院撤销纳税人所为的行为的权利。税务机关有了代位权和撤销权这两项权利，就可以用来保全纳税人的总财产，增强纳税人履行债务的能力，以达到实现其税收的目的。

按照纳税人的相对性原则，税款效力仅及于纳税人，税务机关只能向纳税人要求为一定给付，第三人在税收关系上既不承担义务也不享有权利。而税务机关的代位权和撤销权的行使，须向纳税人以外的第三人进行主张或者请求，其效力已涉及税收关系之外的第三人，是对纳税人相对性原则的突破，被称为税权的对外效力。立法者何以突破传统税法的“纳税人相对性原则”，赋予税务机关以代位权和撤销权？其立法的基础在于确保税权的实现。纳税保全制度的价值在于，它为税款的实现提供了物质基础，保全了作为承担税款基础的责任财产，为将来的强制执行做好了准备①，否则如果纳税人任意处分责任财产而无限制，那么纳税义务也将无从落实。从这一角度出发，保全如同债权所具有的请求权、执行权、保有权、处分权等权能一样，应为债权固有的权能。

《税收征收管理法》第50条规定的内容比较简略，但填补了我国税法立法的空白，纳税保全制度与一般担保、特别担保相互为用，共同担保税权的实现，体现了现代税法对国家财政权保护制度的周密细致化发展趋向，具有重要的现实意义。

第二节　我国纳税担保制度简述

一、纳税担保与担保合同比较

税法上的纳税担保是指经税务机关同意或确认，纳税人或其他自然人、法人、经济组织以保证、抵押、质押方式，为纳税人应当缴纳的税款及滞纳金提供担保的行为。纳税担保人包括以保证方式为纳税人提供纳税担保的纳税保证人和其他以未设置或者未全部设置担保物权的财产为纳税人提供纳税担保的第三人。

合同法上的担保合同是指为促使债务人履行其债务，保障债权人的债权得以实现，而在债权人和债务人之间，或在债权人、债务人和第三人(即担保人)之间协商形成的，当债务人不履行或无法履行债务时，以一定方式保证债权人债权得以实现的协议。担保合同旨在明确担保权人和担保人之间的权利义务关系，保障债权人的债权得以实现。

二、纳税担保书特征描述

(1) 纳税担保书的从属性又称附随性、伴随性，是指纳税担保书的成立和存在必须以一定的税收关系的存在为前提。被担保的税收关系是一种主法律关系，为此而设立的担保关系是一种从法律关系。我国《担保法》第5条第1款规定，担保合同是主合同的从合同。纳税担保书的订立目的是保障所担保的税权履行，保护

① 刘剑文、熊伟:《税法基础理论》，北京大学出版社2004年版，第433页，认为该项制度的设立，一方面有助于保存和增加纳税人的责任财产，另一方面也有助于增加税务机关其他行政措施的实效。

国家债权人利益。

纳税担保的从属性主要表现在以下四个方面：一是成立上的从属性，即纳税担保书的成立应以相应的税收关系的发生和存在为前提，而且纳税担保书所担保的范围不得超过税款及滞纳金的范围。二是处分上的从属性，即纳税担保书应随税收的移转而移转。三是消灭上的从属性，即税收关系消灭，为其所设定的担保关系也随之消灭。四是效力上的从属性，担保合同的效力依发生税款的纳税义务效力而定。

根据我国《担保法》第 5 条第 1 款规定："当事人约定担保合同不从属于被担保的合同的，若被担保的合同无效，担保合同并不因之而无效。"《担保法》第 14 条和第 59 条也明确规定了最高额保证和最高额抵押，允许为将来存在的债权预先设定保证或者抵押权。纳税担保书的订立时间，可以是与纳税义务发生时间同时订立，也可以是在纳税义务发生时间之前订立，也可随后订立。在纳税义务发生时间之前订立的情况是，税务机关有根据认为从事生产、经营的纳税人有逃避纳税义务行为，在规定的纳税期之前经责令其限期缴纳应纳税款，在限期内发现纳税人有明显的转移、隐匿其应纳税的商品、货物以及其他财产或者应纳税收入的迹象，责成纳税人提供纳税担保的；在纳税义务发生时间之后订立的情况是，欠缴税款、滞纳金的纳税人或者其法定代表人需要出境的；在纳税义务发生时间同时订立的情况是，纳税人同税务机关在纳税上发生争议而未缴清税款，需要申请行政复议的。

(2) 纳税担保书的补充性是指税务机关所享有的担保权或者担保利益。纳税担保书的补充性主要体现在以下两个方面：①责任财产的补充，即纳税担保书一经有效成立，就在税收关系的基础上补充了某种权利义务关系，从而使保障税权实现的责任财产得以扩张，或者使税务机关就特定财产享有了优先权，增强了税权得以实现的可能性。②效力的补充，即在税收义务关系因适当履行而正常终止时，纳税担保书中担保人的义务并不实际履行。只有在纳税人不履行时，纳税担保书中担保人的义务才履行，使税权得以实现。

(3) 纳税担保书的相对独立性是指纳税担保书尽管具有从属性，但也具有相对独立的地位，即纳税担保书能够相对独立于被担保的税权而发生或者存在。纳税担保书的相对独立性主要表现在以下两个方面：一是发生或者存在的相对独立性，即纳税担保书也是一种独立的法律关系。纳税担保书的成立，和其他合同的成立一样，须有当事人的合意，或者依照法律的规定而发生，与被担保的税权的成立或者发生分属于两个不同的法律关系，受不同的法律调整。二是效力的相对独立性，即依照法律的规定或者当事人的约定，担保合同可以不依附于被担保的税权而单独发生效力，此时，被担保的税债不成立、无效或者失效，对已经成立的担保书的效力不发生影响。此外，纳税担保书有自己的成立、生效要件和消灭的原因，而且，纳税担保书不成立、无效或者消灭，对其所担保的税债不发生影响。

三、纳税担保书效力的认定

从其含义上来说，纳税担保书是指为保障税权的实现由当事人在平等、自愿、公平、诚实信用的原则基础上设立的一种合同。从法律关系构成看，纳税担保书包括主体、客体和内容三要素。从性质看，纳税担保书是从合同。担保书的目的和作用在于担保税债的实现，由此可见，若没有税债的存在，就没有必要设立纳税担保书。因此，担保合同必须以税债的发生为其存在的前提条件，而且与之共始终。纳税担保书效力的认定主要是从税债的发生是否成立有效、纳税担保书的主体、客体和内容是否合法妥当等几方面予以考察。

首先，纳税担保书是一种从合同，即依附于税债的存在而存在。当税债无效时，纳税担保书作为从合同自然也无效。若当事人在担保合同中另有约定(如约定为不得撤销的担保)，则按当事人约定的内容来处理。

其次，纳税担保书的主体不合格导致担保无效。比如国家机关，学校、幼儿园、医院等事业单位、社会团体不得作为纳税保证人。

企业法人的职能部门不得为纳税保证人。企业法人的分支机构有法人书面授权的，可以在授权范围内提供纳税担保。有以下情形之一的，不得作为纳税保证人：①有偷税、抗税、骗税、逃避追缴欠税行为被税务机关、司法机关追究过法律责任未满 2 年的；②因有税收违法行为正在被税务机关立案处理或涉嫌刑事犯罪被司法机关立案侦查的；③纳税信誉等级被评为 C 级以下的；④在主管税务机关所在地的市(地、州)没有住所的自然人或税务登记不在本市(地、州)的企业；⑤无民事行为能力或限制民事行为能力的自然人；⑥与纳税人存在担保关联关系的；⑦有欠税行为的。以上主体订立保证书，作为保证人都应认定为无效。具有纳税担保能力的纳税保证人，是指在中国境内具有纳税担保能力的自然人、法人或者其他经济组织。法人或其他经济组织的财务报表资产净值超过需要担保的税额及滞纳金 2 倍以上的，自然人、法人或其他经济组织所拥有或者依法可以处分的未设置担保的财产的价值超过需要担保的税额及滞纳金。

最后，纳税担保书的客体若是违背国家法律、政策、公序良俗或有害社会利益的也应认定为无效。比如，不能以人身为标的设立担保合同；不能以法律明确规定不能作为抵押物的财产作为担保合同的标的；如以土地所有权作为抵押标的担保合同无效；担保的内容如违背法律或有害社会公共秩序应为无效，如保证人向税务机关保证若纳税人不履行税债就砍下纳税人的一只胳膊，这样的担保合同无效。

下列财产可以抵押：①抵押人所有的房屋和其他地上定着物；②抵押人所有的机器、交通运输工具和其他财产；③抵押人依法有权处分的国有的房屋和其他地上定着物；④抵押人依法有权处分的国有的机器、交通运输工具和其他财产；⑤经设区的市、自治州以上税务机关确认的其他可以抵押的合法财产。以依法取得的国有土地上的房屋抵押的，该房屋占用范围内的国有土地使用权同时抵押。以乡(镇)、村企业的厂房等建筑物抵押的，其占用范围内的土地使用权同时抵押。

下列财产不得抵押：①土地所有权。②土地使用权，但本办法第 16 条规定的除外。③学校、幼儿园、医院等以公益为目的的事业单位、社会团体、民办非企业单位的教育设施、医疗卫生设施和其他社会公益设施。④所有权、使用权不明或者有争议的财产。⑤依法被查封、扣押、监管的财产。⑥依法定程序确认为违法、违章的建筑物。⑦法律、行政法规规定禁止流通的财产或者不可转让的财产。⑧经设区的市、自治州以上税务机关确认的其他不予抵押的财产。学校、幼儿园、医院等以公益为目的事业单位、社会团体，可以其教育设施、医疗卫生设施和其他社会公益设施以外的财产为其应缴纳的税款及滞纳金提供抵押。

纳税担保书被确认无效后，其税收责任的承担应依据当事人各方的过错程序予以确定，如纳税人、担保人、税务机关都有过错的，应当根据其过错各自承担相应的法律责任。纳税人、纳税担保人采取欺骗、隐瞒等手段提供担保的，由税务机关处以 1 000 元以下的罚款；属于经营行为的，处以 10 000 元以下的罚款。非法为纳税人、纳税担保人实施虚假纳税担保提供方便的，由税务机关处以 1 000 元以下的罚款。纳税人采取欺骗、隐瞒等手段提供担保，造成应缴税款损失的，由税务机关按照《税收征收管理法》第 68 条规定处以未缴、少缴税款 50%以上 5 倍以下的罚款。

纳税义务期限届满或担保期间，纳税人或者纳税担保人请求税务机关及时行使权利，而税务机关怠于行使权利致使质物价格下跌造成损失的，税务机关应当对直接损失承担赔偿责任。

税务机关工作人员有下列情形之一的，根据情节轻重给予行政处分：①违反本办法规定，对符合担保条件的纳税担保，不予同意或故意刁难的；②违反本办法规定，对不符合担保条件的纳税担保，予以批准，致使国家税款及滞纳金遭受损失的；③私分、挪用、占用、擅自处分担保财物的。

四、纳税担保内容

纳税担保的内容即担保权与担保义务组成的权利与义务关系。税务机关的担保权因人的担保和物的担保的性质不同，也表现不同的属性。在人的担保即保证中，担保权是一种债权性的请求权，属债权范围；而在物的担保中，则是一种物权性的优先受偿权，也称为担保物权，两者间的效力相差较大。与此相对应，担保义务人的义务在人的担保中，实为一种债务，而在物的担保中则是一种物权负担。

1. 纳税保证的内容

纳税保证人同意为纳税人提供纳税担保的，应当填写纳税担保书。纳税担保书应当包括以下内容：

（1）纳税人应缴纳的税款及滞纳金数额、所属期间、税种、税目名称。

（2）纳税人应当履行缴纳税款及滞纳金的期限。

（3）保证担保范围及担保责任。

（4）保证期间和履行保证责任的期限。

（5）保证人的存款账号或者开户银行及其账号。

（6）税务机关认为需要说明的其他事项。

2. 抵押内容

纳税人提供抵押担保的，应当填写纳税担保书和纳税担保财产清单。纳税担保书应当包括以下内容：

（1）担保的纳税人应缴纳的税款及滞纳金数额、所属期间、税种名称、税目。

（2）纳税人履行应缴纳税款及滞纳金的期限。

（3）抵押物的名称、数量、质量、状况、所在地、所有权权属或者使用权权属。

（4）抵押担保的范围及担保责任。

（5）税务机关认为需要说明的其他事项。

3. 质押内容

纳税担保财产清单应当写明财产价值以及相关事项。纳税担保书和纳税担保财产清单须经纳税人签字盖章并经税务机关确认。

纳税担保书应当包括以下内容：

（1）担保的税款及滞纳金数额、所属期间、税种名称、税目。

（2）纳税人履行应缴纳税款、滞纳金的期限。

（3）质物的名称、数量、质量、价值、状况、移交前所在地、所有权权属或者使用权权属。

（4）质押担保的范围及担保责任。

（5）纳税担保的财产价值。

（6）税务机关认为需要说明的其他事项。

4. 生效的时间

纳税担保书须经纳税人、纳税保证人签字盖章并经税务机关签字盖章同意方为有效。纳税担保从税务机关在纳税担保书签字盖章之日起生效。纳税抵押财产应当办理抵押物登记。纳税抵押自抵押物登记之日起生效。纳税质押自纳税担保书和纳税担保财产清单经税务机关确认和质物移交之日起生效。

5. 无效的原因

主体违法：当事人是无行为能力人或限制行为能力人；保证人资格不合法；法律规定的其他情况。

客体违法：抵押财产是担保法禁止的；抵押或质押财产是赃物或遗失物。

内容违法：债权人以欺诈、胁迫的手段或乘人之危而使人在违背真实意思的情况下做担保的无效。

五、纳税担保的履行

1. 纳税保证的履行

保证期间为纳税人应缴纳税款期限届满之日起 60 日，即税务机关自纳税人应缴纳税款的期限届满之日起 60 日内有权要求纳税保证人承担保证责任，缴纳税款、滞纳金。履行保证责任的期限为 15 日，即纳税保证人应当自收到税务机关的纳税通知书之日起 15 日内履行保证责任，缴纳税款及滞纳金。纳税保证期间内税务机关未通知纳税保证人缴纳税款及滞纳金以承担担保责任的，纳税保证人免除担保责任。纳税人在规定的期限届满未缴清税款及滞纳金，税务机关在保证期限内书面通知纳税保证人的，纳税保证人应按照纳税担保书约定的范围，自收到纳税通知书之日起 15 日内缴纳税款及滞纳金，履行担保责任。

纳税保证人未按照规定的履行保证责任的期限缴纳税款及滞纳金的，由税务机关发出责令限期缴纳通知书，责令纳税保证人在限期 15 日内缴纳；逾期仍未缴纳的，经县以上税务局（分局）局长批准，对纳税保证人采取强制执行措施，通知其开户银行或其他金融机构从其存款中扣缴所担保的纳税人应缴纳的税款、滞纳金，或扣押、查封、拍卖、变卖其价值相当于所担保的纳税人应缴纳的税款、滞纳金的商品、货物或其他财产，以拍卖、变卖所得抵缴担保的税款、滞纳金。

2. 纳税抵押的履行

纳税人在规定的期限届满未缴清税款、滞纳金的，税务机关应当在期限届满之日起 15 日内书面通知纳税担保人自收到纳税通知书之日起 15 日内缴纳担保的税款、滞纳金。纳税担保人未按照前款规定的期限缴纳所担保的税款、滞纳金的，由税务机关责令限期在 15 日内缴纳；逾期仍未缴纳的，经县以上税务局（分局）局长批准，税务机关依法拍卖、变卖抵押物，抵缴税款、滞纳金。

3. 纳税质押的履行

纳税人逾期未缴清税款及滞纳金的，税务机关有权依法处置该动产或权利凭证以抵缴税款及滞纳金。纳税质押分为动产质押和权利质押。纳税人在规定的期限内缴清税款及滞纳金的，税务机关应当自纳税人缴清税款及滞纳金之日起 3 个工作日内返还质物，解除质押关系。纳税人在规定的期限内未缴清税款、滞纳金的，税务机关应当依法拍卖、变卖质物，抵缴税款、滞纳金。

纳税人在规定的期限内未缴清税款、滞纳金的，税务机关应当在期限届满之日起 15 日内书面通知纳税担保人自收到纳税通知书之日起 15 日内缴纳担保的税款、滞纳金。

纳税担保人未按照前款规定的期限缴纳所担保的税款、滞纳金，由税务机关责令限期在15日内缴纳；缴清税款、滞纳金的，税务机关自纳税担保人缴清税款及滞纳金之日起3个工作日内返还质物、解除质押关系；逾期仍未缴纳的，经县以上税务局（分局）局长批准，税务机关依法拍卖、变卖质物，抵缴税款、滞纳金。

第三节　担保合同转化为应税合同

一、对担保行为的评价

担保行为有益于债务人与债权人双方合同的正常履行，但对于作为担保的第三人来说是充满风险的行为，没有无缘无故的担保，因此从市场经济原理得出有风险就有收益的结论。因为担保行为取得一定的经济收益，所以担保行为本身也就纳入税法评价范围。

(1) 营业税评价担保行为：金融保险单位从事担保按照“金融保险业”缴纳营业税，其他担保公司从事担保按照“服务业——其他服务业”缴纳营业税，适用税目虽然不同，但税法评价效果是同样的。

(2) 企业所得税评价担保行为：①从征税角度看，同样担保费用因企业所得税纳税人身份不同而适用不同征税办法。对于居民企业来说，担保收入构成应税收入的一种；但是非居民企业取得来源于中国境内的担保费，应按照企业所得税法对利息所得规定的税率计算缴纳企业所得税。上述来源于中国境内的担保费，是指中国境内企业、机构或个人在借贷、买卖、货物运输、加工承揽、租赁、工程承包等经济活动中，接受非居民企业提供的担保所支付或负担的担保费或相同性质的费用。②从管理角度看，担保关系被企业所得税法视作关联关系标志之一，如在判断债权性投资是否属于关联方提供，企业所得税法认为，从无关联方提供的，但由关联方提供担保且负有连带责任的债权投资应该作为关联企业提供的债权投资。③担保损失的税务处理。企业所得税法对担保损失并不是一律允许扣除的，关键在于担保行为本身是否与企业生产经营有关。如果企业对外提供与本企业生产经营活动有关的担保，因被担保人不能按期偿还债务而承担连带责任，经追索，被担保人无偿还能力，对无法追回的金额，比照资产损失扣除办法规定的应收款项损失进行处理。与本企业生产经营活动有关的担保是指企业对外提供的与本企业应税收入、投资、融资、材料采购、产品销售等生产经营活动相关的担保；反之，企业对外提供的担保与自身生产经营活动无关，因此造成的担保损失不能在税前扣除。④资产损失扣除办法中企业发生的债权损失(应收账款、预付账款、债权投资、担保债权等)确认条件之一,是在条件具备情况下企业必须行使代位权、撤销权,作为向债务人和担保人追偿的尽责表现。如果债务人因怠于行使到期债权,或者放弃到期债权,或者无偿转让财产,或者以明显不合理的低价转让财产而纳税人知道该情形,又没有按照合同法行使代位权、撤销权的,因此造成的债权损失不得扣除。

(3) 个人所得税评价担保行为:个人为单位或他人提供担保获得报酬,应按照个人所得税法规定的“其他所得”项目缴纳个人所得税,税款由支付所得的单位或个人代扣代缴。

《税收征管法》将担保作为行政复议、行政诉讼的满足条件之一。如果纳税人、扣缴义务人在纳税上与税务机关发生纳税争议,必须先依法或按照税务机关规定缴纳税款及滞纳金,或提供纳税担保,才享有行政复议、行政诉讼的救济权利。这里显然将纳税担保的法律地位等同于缴纳税款及滞纳金取得的法律地位。其实是孕育一定风险的,因为缴纳税款及滞纳金就是履行了国家债权,而纳税担保仅是为履行国家债权提供一种保证,这种保证本身同样具备不能履行的风险;但《税收征收管理法》赋予债权担保视同债权履行的法律地位,可以说仅是为纳税人、扣缴义务人能够行使法律救济权利打开方便之门。

二、担保合同转化为涉税合同

上文已经对担保合同行为本身进行了税法评价,但随着担保合同向前发展,在一定的条件下,担保合同实现向纳税合同转化。如果被担保人不履行债务,或不完全履行债务,同时在担保合同有效情况下,担保人必须向债权人履行担保义务。

如果将担保物进行折价、拍卖、变卖或提存以实现担保,无论实现的方式如何,只要担保物属于增值税、营业税、企业所得税、个人所得税、印花税等税种征税范围,必须就取得的对价申报缴纳相应的税。担保人完成了向纳税人身份的转化,是借助担保物变动进入征税范围而取得的。

纳税担保合同下的双重纳税人身份。如果担保合同是纳税担保,被担保人不履行纳税义务,或不完全履行纳税义务,同时在纳税担保书有效情况下,担保人必须向税务机关履行担保义务。因为担保合同的实现使担保人取得纳税人身份。

同样是纳税人身份,因为纳税担保书实现方式不同其内涵也不同。借助担保物变动进入征税范围而使担保人取得纳税人身份的,具有双重纳税人身份资格,即担保人不但是因自己的担保物变动转化成纳税人,还因担保合同的实现兼有原纳税人身份。双重纳税人身份资格的取得具有非常重要的税法意义。担保人不仅可以就自身担保物缴税行为取得享有纳税咨询服务、了解纳税程序、要求保密、申请减税、免税、退税、陈述权、申辩权、申请行政复议、提起行政诉讼、请求国家赔偿等权利；还可以取代原纳税人资格享有原纳税人享有的法律权益。

如果担保人以资金实现担保，此时担保人仅取代原纳税人资格，享有纳税咨询服务、了解纳税程序、要求保密、申请减税、免税、退税、陈述权、申辩权、申请行政复议、提起行政诉讼、请求国家赔偿等权利。

【案例 8-2】 从事餐饮的个体户张三接受税务机关检查，税务机关下达补税及滞纳金 70 万元的处理决定书；张三对税务机关处理决定表示异议，但张三又无资金完税，因此张三请一家房地产公司用商品房一套提供纳税担保，张三取得行政复议资格后申请复议，复议结论是维持原有补税决定。张三接到复议决定书以后仍然拒绝缴纳税款，税务机关对房地产公司用于抵押担保的商品房进行拍卖，用拍卖所得缴纳了张三欠税及滞纳金 70 万元。

对房地产公司的税法评价分两个层次：

(1) 纳税担保书的实现让房地产公司成为纳税人。房地产公司用于抵押担保的商品房进行拍卖抵税行为属于营业税、企业所得税、印花税、土地增值税的征税范围。

(2) 房地产公司因为替张三缴纳税款成为纳税人。房地产公司不仅可以就自身担保物缴税行为取得享有纳税咨询服务、了解纳税程序、要求保密、申请减税、免税、退税、陈述权、申辩权、申请行政复议、提起行政诉讼、请求国家赔偿等权利；还可以取代张三原纳税人资格享有继续起诉原有征税行为的权利。

本章小结

纳税保全制度、担保制度是民法的债权保障制度在税法中的引入，其根本原因在于“税也是债”的理论确定。纳税保全制度与一般担保、特别担保相互为用，共同担保税权的实现，体现了现代税法对国家财政权保护制度的周密细致化发展趋向。担保行为本身也是一种应税行为，纳入税法评价范围。将担保物进行折价、拍卖、变卖或提存以实现担保，无论实现的方式如何，只要担保物属于征税范围，担保人就完成了向纳税人身份的转化。纳税担保合同下的双重纳税人身份的发生。随着担保合同向前发展，在一定的条件下，担保合同将实现向纳税合同转化。

第九章 合同解释的税法借鉴

第一节 税法意义上的合同解释

一、合同解释在税法适用中的重要地位

应税事实是如何形成的?

现举例说明如何从合同行为作为分析的起点,探讨应税行为(事实)形成的法学路径。甲公司与张三签订一份佣金合同,张三为甲公司介绍业务,达成交易后,甲公司支付张三佣金。

从合同法上考虑佣金合同是否平等、真实、合法、有效,是否实际履行,履行方式与情况如何。其中一个重要之处是,自然人张三是否有权签订佣金合同?《合同法》第 7 条规定:当事人订立履行合同,应当遵循法律、行政法规,尊重社会公德,不得扰乱社会经济秩序,损害社会公共利益。自然人张三从事居间介绍经营活动是否符合相关法律、行政法规规定。

(1)《反不正当竞争法》第 8 条规定,经营者销售或者购买商品,可以以明示方式给对方折扣,可以给中间人佣金。经营者给对方折扣、给中间人佣金的,必须如实入账。接受折扣、佣金的经营者必须如实入账。

(2)《关于禁止商业贿赂行为的暂行规定》(国家工商行政管理局第 60 号)第 7 条规定,经营者销售或者购买商品,可以以明示方式给中间人佣金。经营者给中间人佣金的,必须如实入账;中间人接受佣金的,必须如实入账。本规定所称佣金,是指经营者在市场交易中给予为其提供服务的具有合法经营资格的中间人的劳务报酬。

(3) 根据《经纪人管理办法》(国家工商行政管理总局第 14 号)相关规定,必须判断两个问题:第一,自然人张三是否具备从事经纪活动的经纪人资格、是否取得经纪人资格证书或在工商机关进行登记管理。第二,自然人张三以什么样身份或名义去签订佣金合同,从事经纪活动。个体户、个人独资企业、合伙企业或公司,经纪人名称中是否表述为“经纪”字样;经纪人的经营范围是否明确经纪方式和经纪项目。从法理上,《经纪人管理办法》作为国务院部门规章是不能超越《合同法》第

7条中“法律、行政法规”规定，只要张三未违反“法律、行政法规”规定，《反不正当竞争法》仅要求“如实反映”佣金，即使张三未具备《经纪人管理办法》规定的条件，只要“如实反映”佣金，甲公司与张三签订佣金合同仍然是合法有效的。

合法有效的佣金支出，甲公司是否一定可以在企业所得税税前扣除？《财政部 国家税务总局关于企业手续费及佣金支出税前扣除政策的通知》（财税[2009]29号）规定四个条件：①企业发生与生产经营有关的手续费及佣金支出，不超过规定的计算限额以内的部分，准予扣除；超过部分，不得扣除（一般行业按照所签订服务协议或合同确认的收入金额的5%计算限额）。②具有合法经营资格的中介服务企业或个人才是手续费及佣金的支付对象。③企业应当如实向当地主管税务机关提供当年手续费及佣金计算分配表和其他相关资料，并依法取得合法真实凭证。④除委托个人代理外，企业以现金等非转账方式支付的手续费及佣金不得在税前扣除。

这里需要考虑合法经营资格的中介服务企业或个人，是否包含取得经纪人资格的自然人张三，有权确定经纪人资格的是工商局还是经纪人协会。因为许多地方将经纪人资格的培训、证书发放与登记备案等职能放到了经纪人协会。经纪人协会是否有权取得经纪人资格认证。此外，财税[2009]29号文中个人代理是指自然人代理还是个体户代理。经纪人资格和从事经纪经营活动的经营资格应该是两回事，张三取得经纪人资格后，要从事居间经营活动，必须办理个体或企业经营执照。如果没有取得从事经纪活动的经营资格，其经营活动是否违法，或补办后是否对以前活动具有追溯效力。

从法理上讲，财税[2009]29号文是根据《企业所得税法》和《企业所得税法实施条例》有关规定制定的。财税[2009]29号文具体是根据《企业所得税法》第20条授权制定的。《企业所得税法》第二十条规定：“本章规定的收入、扣除的具体范围、标准和资产的税务处理的具体办法，由国务院财政、税务主管部门规定。”所谓“具体范围、标准”的前提应该是法律、行政法规已经存在一个“一般范围、标准”，而《企业所得税法》和《企业所得税法实施条例》中并没有出现佣金扣除的一般规定，因此财税[2009]29号文规定了佣金的“具体范围、标准”：扣除比例和支付对象必须具备“合法经营资格”等条件，存在扩大授权的嫌疑。

合同行为在合同法、行政规章和税法及涉税规章之间如此穿梭往返，是否就能确定佣金扣除的应税事实？回答是否定的，还必须考虑到会计上的处理规定。财税[2009]29号文规定“所签订服务协议或合同确认的收入金额的5%计算限额”。疑问之一，佣金扣除的基数问题。这里的合同确认的收入金额是指税法上确认的收入还是会计上确认的收入，或仅是合同确认的收入？还存在合同或协议中并无收入约定的或按照数量支付定额佣金的情况。因为三者可能存在金额和时间确认不一致现象。比如，甲公司经张三介绍与乙公司签订一份国际货运运输代理协议，其中涉及货物金额、代理运输金额和港口费用等，甲公司是按照从乙公司全部收取的收入确定佣金扣除比例还是按照劳务净收入确定佣金扣除比例？疑问之二，佣金扣除的时间问题。按照财税[2009]29号文规定除需要资本化佣金外，一般是支付当期扣除。这里没有明确“所签订服务协议或合同确认的收入”的确切含义，还应该将佣金区分为费用支出和成本支出。如果佣金构成甲企业的成本支出，那么其扣除必须按照权责发生制的原则，待收入实现时再实际扣除；如果佣金构成甲企业的期间费用，则按照实际支出当期计算扣除。将佣金区分为费用支出和成本支出，需要考虑相关行业的财务会计处理规定。此外，佣金支出一旦作为企业成本支出时，税法相关规定考虑到特殊行业，其扣除不再受到比例的限制，这里就产生一个问题，是佣金构成成本，是仅指收入对应的营业成本，还是包含采购成本在内？税法对佣金支出的合法性条件是否适用于成本支出。疑问之三，佣金扣除并不一定表现为销售方为取得收入而支出，也存在采购方需要支付佣金问题。“所签订服务协议或合同确认的收入”，对于销售方是收入，对于采购方是成本。如果采购方支付佣金构成资产成本的一部分，根据《企业所得税法》和《企业所得税法实施条例》关于资产的计税基础的规定，没有相关比例限制，是否按照财税[2009]29号文规定限制计入资产的计税基础？如果采购方支付佣金构成费用的一部分，是否受到财税[2009]29号文规定的限制？因此从甲企业角度出发，必须考虑其收入的确认、佣金支出的归集和佣金支付方式，这些问题都和会计处理密切相关联，不是税法能够穷尽的，而考虑这些问题时又牵连到企业所得税法上关于“收入”、“支出”、“费用”、“成本”等概念与会计的区别。

行文到此，没有回答甲公司支付张三佣金到底如何扣除问题。如此分析和拷问，只是为了表达应税行为(事实)的形成是相当艰难。在实践层次，从国家税务总局到省局、市县局，到数以万计的税务人员，长期以来忽略了这个问题，仅将应税事实的形成等同于证据的采集。在理论层次，学者们没有重视这个重要课题，更没有意识到应税事实的形成在法学上具有独特的魅力。

如果按照这样的思路判断应税行为(事实)的形成，结果只有一条：累坏税务机关，征税效率极低。因此这样的考量过程仅是理论上的推演，由于税务工作的大量重复性，在执行层次是不需要在大脑中跑完这段漫长又纠结的路径，但是在制定税法及规章、查处税务案件、应对税收复议与诉讼、处理个案纠纷等特殊情形下，必须跑完这段漫长又纠结的路径。

跑完这段漫长又纠结的路径，其中最难的“技经肯綮”之处应属合同的解释，以上例证中虽然存在税法、会计两个角度的交集与考量，但是其简单之处在于张三与甲企业之间对合同事实、性质、履行等没有异议。如果在税务机关和张三及甲企业对合同本身存在异议，问题就会非常复杂，如甲企业认为这不是佣金合同，而张三与甲企业因为合同发生诉讼，法院对合同事实的认定及判决结果对税法适用将产生如何影响。

此时，合同解释在税法适用上的重要性浮现了出来。

我国法学界一直强调“以事实为依据，以法律为准绳”，在这个原则中“以事实为依据”列在“以法律为准绳”前面，体现了在法律适用过程中“事实认定”的重要地位，“事实认定”是首要的环节，是法律选择的前提条件和基础。这个原则同样适用在税法领域。笔者考察了国内外一些重要税法案例，发现税务机关与纳税人之间的分歧大部分在于“事实解释的认定”，而不在于“税法解释的认定”（占税法案件总量较少）；税企双方或法院部门对于“事实解释的认定”的分歧，往往集中表现为对纳税人签订的合同表达出不同的意思解释，税务机关与纳税人或司法部门根据不同的合同解释，产生对合同性质的不同把握与定性，从而导致不同的民法评价与税法评价；进而税法案件的分歧直接表现为合同解释的分歧。目前作为税法适用的主体税务机关对合同解释的重要性和复杂性尚缺少深刻的认识：合同解释普遍存在于税法适用实践之中。应税事实是税法适用的前提，而对应税事实的认定，又集中表现为合同解释，因此合同解释成为税法适用前提中的前提。税法对合同解释过程失之毫厘，案件结果谬以千里；合同内容千差万别，合同解释需要遵循一定的原则，运用众多的方法和规则，部分税务机关存在对合同解释理论所知较少、理解不透等问题，已经严重影响我国依法治税进程。

回顾税法理论研究领域，在相当长时间里，学者忽略应税事实是如何形成的这个重要课题，应税事实的形成仅被当做一种行政证据的采集，或随手可得的事实材料，在整个税法理论和方法体系中处于被遗忘的角落，它所承载的重要意义，在于汇集民商法、行政法与税法之间的交集整合，各种法学方法的应用，多种法益价值的平衡。它旨在回答课税要素的形成过程，也在探讨税收管理的认知过程，探讨其法律思维展开与判断过程。它最终的启发是，税收法定原则的法，不仅是税法的法，而是整个法律体系的法，是依靠法的整体将合同行为转化到应税行为上，是依靠对应税事实、应税行为的整体法律判断，才最终寻找到税制要素要确定的法效果。

二、税企对合同解释产生分歧的原因

合同是当事人意思表示一致的结果，然而在税法适用过程中，一些外观上完美无瑕的合同往往产生争议。税法上认定的合同与纳税人签订的事实合同之间的差异，在法理上表现为“法律意义上的合同”与“客观存在的合同”之间的差异。税务机关应当要求“法律意义上的合同”以“客观存在的合同”为追求目标，这是所有法律事实追求的目标；但是由于“客观存在的合同”在不同主体视角下认知结果具有相对性、多元性和不确定性，加剧了“法律意义上合同”的复杂性和认知艰巨性。税务机关与纳税人就纳税人签订的业务合同为什么会发生分歧，也就是说，业务合同之所以需要税法解释的具体原因是什么？

（1）文字因素。合同通常以语言文字为载体，而语言文字的含义具有多义性、不稳定性和模糊性。卡尔拉伦茨指出：“语言是一种不断变化着的，具有适应能力的，常常充满歧义的表达工具”。某个表达方式的意义，可能随着它所处的不同的上下文，它所指的不同情况以及说话者所属的阶层所独有的表达特点，而具有不同的意义。特别是我国的汉字，文字本身具有的多重意思特性，一字多义、一词多义往往使得合同中的文字语句在不同的人、从不同的角度去理解时会出现不同的含义，因而不经解释无法判明其真实意思。比如，纳税人发生一份《技术服务合同》，税务机关认为是技术购买合同，应该按照无形资产处理，分期摊销费用；企业认为是技术服务合同，应该按照外购劳务处理，一次进入成本费用。

（2）知识欠缺。一方面，订立合同的当事人因法律知识和文字理解能力的欠缺往往造成合同中的用词不当或表达缺陷；另一方面，税务机关对税法之外的法律知识把握不透、片面理解，对合同解释适用不正确的解释原则和解释方法。

（3）虚伪表达。一些当事人出于不正当目的（不局限于少缴税款目的），故意使用多义的文字词句，或使用表面明白无误的文字来掩盖其真实目的。合同本身文字意思与合同目的产生分离。合同目的有时候成为税法适用中主要考量因素。比如，我国《企业所得税法》规定，如果纳税人签订的业务合同主要目的是减少、延迟税款缴纳，而没有合理商业目的，其业务合同在税法上遭遇否定评价。

（4）当事人分歧。订立合同的当事人之间因为各种因素就合同产生分歧。税务机关在适用税法过程中需要对双方分歧进行再认识，因为当事人的分歧可能对合同性质、金额与履行方式产生变更，这些因素的变更可能导致适用不同的税法评价。

（5）司法结论。法院或仲裁部门对合同判断产生与原合同不同的结论。订立合同的当事人之间因为各种因素就合同产生分歧，走上司法裁决之路。其结果可能在当事人意料之外，税务机关需要考量司法判决的结论对税法适用的影响（司法系统对合同解释在税法适用上的效力问题，下面专门论述）。

（6）立场不同。税务机关与纳税人对合同的认识、理解由于彼此立场和依据不同产生分歧。纳税人将合同作为交易的一种工具和手段，主要考虑自身的利益，如何实现利益最大化是其首要目的。而税务机关必须考虑税款与税收征管秩序两个因素，合同不能侵害税款或税收征管秩序。

（7）语境之差异。涉外合同牵连到外国语境下的文字表达与法律适用，税法如何解读必须面临国内民法与国外民法之间的协调沟通，更面临税法与国外民法之间承接与调整问题。因为双方文化、法律、政经等差异,必然加剧税企双方对涉外合同的解释差异与分歧。

正是由于上述原因的存在,合同在税法适用过程中出现税务机关与纳税人对同一内容有着不同的理解,引发合同解释纠纷。这是普遍存在的一种现象,也是制约税务机关能否依法治税和纳税人能否依法遵从的重要前提,故必须对税法意义上合同解释进行深入细致的分析。

三、税法意义上合同解释与合同法意义上的合同解释

1. 税法与合同法意义上的合同解释

关于合同法意义上的合同解释的学术观点、法律规定及司法实践因法系、国家、法域而异。我国学者从不同的角度下过多个定义:

梁慧星:合同解释是“法院对意思表示的解释,即对于合同的文字、词句、用语、条款的解释”。王利明:合同解释是指“法官或仲裁员依据一定事实、遵循有关的原则,对合同的内容和含义所作的准确说明”。崔建远:合同解释是“确定当事人双方的共同意思,是指对合同及其相关资料的含义所作出的分析和说明”。韩世远:所谓合同的解释,是对于既已成立的合同确定何为其内容的一种作业。邱聪智:一般以为合同解释是把握合同所使用语言、文字的意义,以阐明当事人真意,从而确定或补充合同内容之作业。唯就实情而言,文字解释之情形占大部分,故亦有认为,合同解释是把握合同文字上当事人真意的作业。胡基:广义的合同解释包括确定合同是否成立,确定合同的性质,补充合同隐含条款、明确合同含义等,狭义的合同解释仅指明确合同条款含义。徐涤宇:广义的合同解释包括阐明解释、补充解释和修正解释。王泽鉴:合同解释可分为阐释性的合同解释及补充的合同解释,前者意在探求合同条款的规范意义,后者意在填补合同漏洞。合同解释包括合同种类辨明,合同是否成立,合同条款解释三个层次的问题。尹田:法国民法中的合同解释,是指对合同设立的权利与义务予以更为具体的确定。苏号朋:在英美法上,一般认为合同的解释就是法院确定合同当事人之间权利与义务关系,以明责任归属的作业。

学者们的观点可以分为三种,其内容也可分为三类:一是狭义说,即阐明解释,认为合同解释是指对合同语义进行分析和说明。梁慧星、王利明、崔建远、韩世远等先生的观点属此。二是广义说,认为合同解释包括阐明解释、补充解释。补充解释是指基于合同的目的和当事人真实意思的探求,对合同中应予约定而没有约定的条款或者约定不明确的条款予以补充。王泽鉴先生可为代表。法国法、英国法中的合同解释概念是从解释的目的予以界定的,结合《法国民法典》的规定和英国判例规则,其含义当属广义说。三是最广义说,认为合同解释包括阐明解释、补充解释、修正解释。修正解释是指法院无视当事人本来所表示的意思,基于公共政策

或公平诚信之衡量，对合同进行价值判断，进而拟定合理妥当之特定合同意思，使合同内容发生变动之作业。修正解释的实质是合同的司法变更。这一观点较早见于日本学者的著作，为我国台湾学者和大陆学者所引用。合同争议一旦进入司法程序，裁判者必须运用法律思维、遵循一定的原则、运用一定的方法和规则进行解释，并依法作出判决。

合同解释的基本含义是对含义模糊的条款内容进行解释，即阐明解释。然而，事实上在立法、司法实践和法学研究中，合同解释的含义和范围都超出了阐明解释的范围。在立法方面，大陆法系的代表性法典《法国民法典》和《意大利民法典》都设有“合同的解释”一节，内容包括阐明解释和补充解释。《国际商事合同通则》第四章的内容包括阐明解释和补充解释。

通过对我国公布的大量合同争议案例的考察，在司法实践中阐明解释也融入了法律行为内容补充乃至修正的原理，表明实际上阐明解释与补充解释、修正解释是密切结合的。我国《合同法》规定的内容也包括了阐明解释和补充解释。我国关于合同解释专著的内容基本上都超出了狭义合同解释的范围。绝大多数的论者持广义说。通过对立法传统和学术研究成果的考察，可见广义说已经形成通说。基于对传统的尊重，合同解释宜采广义说：合同解释是指法官、仲裁员基于当事人的诉讼请求，依照法定职权和程序，对合同内容进行分析说明以及填补合同漏洞的行为。

税法意义上合同解释应该借鉴最广义学说，应该包括阐明解释、补充解释、修正解释，因为税务机关不仅要对合同内容含义进行阐明，也要从合同目的和税法原则对合同进行补充和修正解释。只有进行全面解释才可能准确适用税法，但同时意味着行政权力对合同意思自治原则的干预和调整，意味着对权力调整的边界把握问题。

2. 税法意义上的合同解释的主体与客体

合同解释的主体是指从事合同解释实践和认识活动的人。任何人都可以对某一合同争议发表自己的见解，但是只有依照法定职权和程序作出的解释才可能对合同权利与义务的确定产生实质性的影响。其他人的解释或许对查明案情或学术研究有一定的价值，但不会直接产生法律上的效果。因此，传统意义上的合同解释作为司法行为，其主体应该限定为法官或仲裁员。但是，税法意义上的合同解释的主体应该限定为税务机关，因为税务机关依照法定职权和程序作出的合同解释可能对合同当事人纳税义务的确定产生实质性的影响，直接产生税法上的效果。

与主体对应的概念是合同解释的客体，是进入主体活动领域、为主体所指向的客观事物，即合同的意思表示。意思表示是合同行为最核心的构成要素，合同解释也可以称作意思表示的解释。梁慧星教授对合同解释所下的定义揭示了合同解释的客体是当事人的意思表示，但将意思表示等同于合同的“文字、词句、用语、条款”。事实上，意思表示不仅表现于合同组成的“文字、词句、用语、条款”上，还表现于合同行为履行等本身活动上。“听其言，观其行”，合同行为活动最能反映当事人意思，如考察缔约行为、履约行为和违约行为有助于认定当事人意思。

对于税务机关而言，不仅应当考察纳税人合同文字的组成内容，更应当强烈关注纳税人的合同行为，才能全面把握合同的性质及合同真实目的，才能更准确适用税法。比如，关注行为与内容之间关系问题、关联企业之间的合同、文字合同掩盖其他事实行为等。

税法对合同解释的客体在物理边界上与合同法解释的客体应该是一致的，但其解释的结果，即税法所追求的税意义上的合同解释，可能与合同解释相差甚远，也可能完全符合，也可能在合同法解释范围内添加或省略一些“意思表示”，也可能重视或强调部分意思表示，因此在结论上，两者呈现重叠、交集或对立的状态。

四、合同解释目的

各国法律对合同解释的目的规定。《法国民法典》第 1156 条规定，解释合同，应从合同中寻找缔结合同之诸当事人的共同本意，而不应局限于用语的字面意思。《德国民法典》第 133 条规定，解释意思表示时，应查明真实意思，并且不得拘泥于所用词句的表面意义。《瑞士债法典》第 18 条规定，对合同内容和形式的解释，应当考虑合同当事人的真实的意思表示和当事人由于差错或者有意掩盖合同的真实性质而使用的不正确的词语或者表达方式。《意大利民法典》第 1362 条规定，在解释合同时，应当探究什么是当事人的共同意愿而不应当局限于语言的字面意思。我国台湾地区的“民法典”也有近似规定。由以上法条可以看出，大陆法系立法普遍认为合同解释应以查明当事人的真实意思为目的。我国《合同法》第 125 条规定，当事人对合同条款的理解有争议的，应当按照合同所使用的词句、合同的有关条款、合同的目的、交易习惯以及诚实信用原则，确定该条款的真实意思。

因此探求当事人“共同意愿”或“真实意思”主要是阐明解释的目的，补充解释的目的在于填补合同漏洞，其所表现的意思是基于对合同目的的判断和对当事人意图的推测而作出的。至于修正解释，则是裁判者对当事人真实意思的司法变更。因此，合同解释的目的应当是为公正裁判提供合理的支持，探求真意、补充漏洞乃至修正解释只是解释的手段。

对于税务机关而言，合同解释目的有两个：一是从民法角度探究合同法上的当事人“共同意愿”或“真实意思”，对合同目的的判断和对当事人意图的推测；二是合同目的是否与少缴迟缴税款和违反税收征管秩序有关。

五、合同解释的法律性质

讨论合同解释的法律性质，首先必须弄清事实问题与法律问题的含义。事实问题即事实认定问题。《牛津法律大辞典》解释："事实问题是指如果争议中的事实不能得到承认，必须由听取和评价证据来决定的任何问题。""事实问题是通过感官或通过从行为或事件中的推论而确定的，它包括诸如时间、地点、气候、光线、速度、颜色以及对人的所说、所做、所听的认定，也包括人的目的、精神状态、心理状况及知识等需要推断的问题。事实问题需要通过证人、专家及证书、记录、报告等提供的合法和相关的证据来确定或否定。"事实认定是裁判者通过对证据的收集、审查、判断、采纳，对某一事实进行推理和认知，对举证责任进行分配，最后按一定的证明标准通过内心确认对案件的事实作出结论的过程。法律问题即法律适用问题，是与事实问题相对应的一个法学概念。事实问题或法律问题的定性在很多国家和地区关系到判决能否上诉的问题。在这些国家和地区，合同解释的定性具有重大的意义。

关于合同解释的法律性质存在事实问题说、法律问题说、折中说三种观点。

其一是事实问题说，认为法律行为的解释是事实问题。

其二是法律问题说，持此论者甚多，以王泽鉴先生为代表，认为合同的解释乃法律上的判断，应由法院依职权为之，不受当事人陈述的拘束，并不发生举证责任问题。该说对于税务机关的重要意义，在于税务机关是否采纳法院对合同的定性解释，并作为税法适用的证据。在实践中这是一个巨大的难题，即由法院依职权进行的合同解释只能对当事人产生法律效力，是否能够影响税法，目前有待论证。本书认为生效力的法院文书仅对税务机关认识合同事实提供参考意见，因为法院在依职权进行合同解释时，一般不会考虑到税法因素。

其三是折中说，认为在一定的社会环境中，将某合同上记载的言词以其所有的义项去理解是事实问题，判断某内容的习惯是否存在也是事实问题。但是，法院在解释合同时常常作出法的价值评价。比如，根据强行法规限制甚至无视当事人的意图、以任意法规补充当事人的意思、以解释为名否定合同中某条款的效力甚至否定合同的效力。这样的法律性评价就是法律问题。因此合同解释的性质有其复杂性，就合同解释的目的是探求当事人真意而言，合同解释应是事实问题；从合同解释的过程看，它是法律问题，认为法院完全依照现有证据确定合同含义的，此类合同解释为事实问题，除此之外，均为法律问题。

但是，事实问题与法律问题的界限边缘存在着难以区分的模糊区域。抽象的法律问题往往需要结合具体的案件事实才可能找出答案。事实问题与法律问题以不可分解的方式纠结缠绕在一起。纵使传统上非常注重两者区分的英美法系国家，也没有找到令人十分满意的划分标准。我国台湾地区“最高法院”对合同解释的定性也“迭经变更”。通过以上的辨析，我们可以得知：事实问题与法律问题的一个显著区别在于前者需要以证据来证实，而后者不需要。在阐明解释中，讼争的条款言辞通常可以作多种解释，裁判者需要遵循一定的法律原则去甄别和选择。而法律原则本身就蕴含着法的价值判断。因此不能说阐明解释就是事实问题。至于学者所言“对合同的意思表示的事实客观性进行判断”，若理解为判断有无表示行为，固然属于事实问题，但已非合同解释；若理解为探求当事人真意，需要遵循多个解释原则和规则，不可避免地要进行法的价值评价，不能说这就是事实问题。需要强调的是，法律问题和事实问题并非两个因为主题的差异而形成的相互排斥的问题类型。法律问题向下发展即到了事实的根源；事实问题不断向上就会演化为法律问题。这种区分在理论上可行，但在司法实践中仅仅依照现有证据确定合同含义的情况是很少见的。此说对于税务机关的重要意义，在于税务机关不仅要在法律问题与事实问题之间来回穿梭，更重要的是要在税法与民商法之间来回穿梭。因为当事人的真实意思是抽象的、主观的，并非可以像时间、地点、气候、光线、速度、颜色那样感知和测量。判断解释结果正确与否的标准是合理和合法，合同解释行为不可避免地融入了裁判者的主观因素。换言之，解释结果是不可能像行为、事件那样证实或证伪的。此外，补充解释意在补充阐明解释之不足，修正解释意在变更阐明解释的法律效果，它们都以阐明解释为基础，三者之间并无不可逾越的界限。一个解释结论的得出，需要持续地往返穿梭于案件事实与法律规则之间。因此，笔者认为，如果把合同解释分解为若干具体的环节，有的环节可以称为事实问题或者法律问题，但合同解释就其整体而言，应当是法律问题和事实问题的混合体。

第二节　税法对合同解释的借鉴

税法意义上的合同解释与合同法意义上的合同解释相比较，其判断更具有复杂性。税法意义上的合同解释变得复杂的主要因素在于其双重性：就解释依据而言，既依据合同法，又依据税法；就解释目的而言，既探讨民法上的意图，也探讨税法上的意图；就解释原则与方法而言，既运用合同法上的解释原则与方法，也运用税法上的解释原则与方法；就解释性质而言，其事实解释、合同法性质解释、税法性质解释三者不可避免地融入一起，一项解释要在事实、合同法与税法之间持续地往返穿梭。

如何辩证地把握合同法上的解释原则与方法，是税法合同解释的难点，因为合同法上的解释原则与方法，既是税法分析的视角，又是税法分析的阻碍。税法在对合同解释时,在何时何种场合何种范围何种程度上运用合同法上的解释原则与方法,同时如何扬弃合同法上的解释原则与方法,对税务机关是一项极其重要的课题。

按照以上思路,分析合同法上的解释原则与方法在税法适用中的借鉴作用。

一、我国《合同法》对合同解释的基准规定

我国《合同法》第125条规定:“当事人对合同条款的理解有争议的,应当按照合同所使用的词句、合同的有关条款、合同的目的、交易习惯以及诚实信用原则,确定合同条款的真实意思。合同文本采用两种以上文字订立并约定具有同等效力的,对各文本使用的词句推定具有相同含义。各文本使用的词句不一致的,应当根据合同的目的予以解释。”这一条是对合同解释的一般性规定,即在当事人对合同条款的真实意思发生争议时,在通常情形下如何解释合同所作的普遍性规定。合同解释的基准,即裁判者在解释合同时据以评价合同行为,确定当事人权利与义务的依据。日本学者铃木禄弥认为:合同解释的基准依次是强行性规则、当事人意思、习惯、任意性规则。我国《合同法》对合同解释的基准缺乏明确的规定,但根据蕴涵于《合同法》第61条、第62条、第125条之中的法理以及对司法实践的考察,我国合同解释的基准及其适用次序如下。

1. 强行性规则

强行性规则是指内容规定具有强制性质,不允许人们随便加以更改的法律规则。法律的目的不仅在于保障个人的自由,而且更重要的是保障个人利益和社会利益的和谐、个人利益和个人利益的协调。在现代合同法中,秩序和公共利益作为价值取向优先于个人自由。强行性规则的内容关系到最重要的社会秩序和公共利益,是对当事人意思自治的必要限制。因此合同解释的基准首先是强行性规则。我国《合同法》第52条规定的合同无效的五种情形即属于强行法规则。合同有所列情形之一,裁判者即据之判决合同无效。强行性规则主要适用于合同效力的判断和对当事人意思的修正。

税法作为重要的社会秩序和公共利益的典型代表,成为合同解释的强行性规则之一。比如,合同双方约定,在销售方不开具发票前提下,货款进行一定折扣优惠。该条规定就是侵害税款与税收征管秩序(销售方不开发票隐瞒收入少缴税款,购买方不要发票侵害发票管理秩序),从合同法与税法上都能判断该条约定无效。因此强行性规则同时适用于合同法与税法意思上的合同解释。税务机关要求销售方开具发票,按照正常价款作为计税依据。

2. 公序良俗

公序良俗即公共秩序和善良风俗。其适用的范围与强行法规定的范围有交叉,违反强行法的行为通常也违反公共秩序,但并不一定违反善良风俗。成文法的

制定因受社会历史环境、政治因素、立法技术、立法者理性等因素的制约而具有不可克服的局限性。在内容方面，不可能把所有应予规定的事项罗列无遗；在时间方面，成文法具有滞后性，不可能对未来社会进行超前立法；基于成文法的稳定性要求，立法者也不能随时修改、增补法条。公序良俗的范围远比强行法规定的范围宽广。

税法对公序良俗的考量主要在于某些违反税收政策性规定的行为有可能是风俗习惯认同的，如我国消费者长期以来在业务往来中养成不开发票和不要发票习惯，这种行为本身是违反《税收征收管理法》和《发票管理办法》的，对税收秩序造成一定侵害。在合同争议所涉事项未严重背离“社会妥当性”，而法却有明文规定时，税务机关进行定性时公序良俗可以作为考量情节轻重的重要标准。

3. 当事人意思自治

近代民法尊崇形式正义。按照合同自由原则，自由订立的合同就等于当事人之间的法律，当事人必须严格遵守，法官对合同的解释和裁判也必须按照当事人之间的约定。因此在19世纪初期，当事人意思是合同解释的首要基准。然而进入20世纪以后，随着社会经济生活条件的变化，社会正义逐渐产生形式正义与实质正义之分，民法理念逐渐由形式正义转向实质正义。对社会秩序、公共利益、公平理念以及善良风俗的维护优先于对当事人意思的尊重。因此，当事人的意思须在不违背强行法和公序良俗的前提下才能作为合同解释的基准。

税法对合同进行解释的前提是当事人的意思必须不违背税法，在这个大前提下更加尊重当事人的意思自治。处理这个难点在于如何把握“违背税法”的程度和标准，因为税法有实体法和程序法之分别；税法违法责任有很多类型；税法体系十分庞杂；违法情节轻重、手段如何等。当事人的意思约定违背税法，是违背什么层级的税法，在何种程度上侵害税款和税收征管秩序。这要求对违背税法的合同必须采取辩证的实事求是的分析方法，不能采取“一刀切”的方法，也就是说，这个前提需要结合法律和事实进行合理的解释。

在对当事人的意思是否违背税法考察完毕情况下，税法对合同解释应该完全尊重当事人的意思，根据当事人的意思把握合同的性质、标的、质量、数量及履行方式、违约责任，税务机关不要充当当事人的角色采取干预合同意思的行为。

4. 习惯

《日本民法典》第92条规定，有与法令中无关公共秩序的规定相异的习惯，如果可以认定法律行为当事人有依该习惯的意思时，则从其习惯。我国《合同法》第61条规定，合同生效后，当事人就质量、价款或者报酬、履行地点等内容没有约定或者约定不明确的，可以协议补充；不能达成补充协议的，按照合同有关条款或者交易习惯确定。

税法以习惯作为合同解释基准应当注意：首先，违反税法的习惯不能作为解释基准。其次，习惯效力劣后于当事人意思。假设当事人在合同中明确表示不遵守该习惯时，习惯就不能作为解释基准。再次，需要考虑当事人对该习惯的了解程度。习惯并不要求在全国范围内存在，它可以仅仅存在于某一局部地区甚至某一交易行业或交易场所；也不要求是全社会普遍认同的习惯，只要在该交易进行的领域、从业者间乃至合同当事人之间存在即可。

5．任意性规则

任意性规则是指规定在一定范围内，允许人们自行选择或协商确定为与不为、为的方式以及法律关系中的权利义务内容的法律规则。合同法中的任意性规则是基于对当事人意思的推测并加入了立法者的价值判断因素而制定的。任意性规则通常符合公序良俗但不代表公序良俗，因而当事人可以排除任意性规则。而任意性规则之所以劣后于习惯，是因为它是普遍的、一般的规定，而习惯存在的范围相对确定，根据习惯作出的判断可能更符合当事人的愿望，更具有社会妥当性。因此，在无强行法及习惯存在，当事人的意思不明确的场合，可以任意性规则作为解释的基准。

税法在运用任意性规则解释合同时，必须将任意性规则限制在一定范围内，才能允许人们自行选择或协商确定为与不为、为的方式以及法律关系中的权利义务内容，当事人不能通过滥用任意性规则反复修改合同导致对税法的侵害。比如营业税条例规定纳税义务时间为合同约定付款时间，如果当事人反复修改合同约定付款时间条款，导致税务机关难以执行税法，这时税务机关可以运用习惯解释，认为这种反复修改合同条款的做法劣后于习惯，税法从而否定当事人之间运用任意性规则对合同修改进行的解释。

二、合同解释的原则在税法适用中的借鉴作用

合同解释的原则普遍适用于各类合同的解释，在探求当事人真意、补充合同漏洞、修正解释结果中具有重要的指导意义。现代民法的基本理念是秩序、公平和自由。合同作为民事行为必须遵循民法的基本原则和合同法特有的原则。我国《民法通则》规定了当事人法律地位平等原则、自愿原则、公平原则、诚实信用原则、民事权益受法律保护原则、合法原则、社会公德和社会公共利益的原则。这些原则都适用于合同法，而合同法特有的基本原则还有合同自由原则、合同正义原则和鼓励交易原则等。具体到合同解释工作中，合同解释的原则主要有公序良俗原则、公平原则、最小介入原则、目的解释原则、诚实信用原则、主客观相结合原则。这些原则既是当事人缔结合同、履行合同的准则，也是裁判者处理合同争议的准则，也是税务机关正确解释合同必须把握的准则。

1. 公序良俗原则

公序良俗即公共秩序和善良风俗。公序意味着国家、社会的一般的利益,良俗意味着社会的一般的伦理。公序良俗原则是各国民法普遍确立的一项基本原则。其基本含义是民事活动应当维护公共秩序、尊重社会公德和善良风俗。我国《民法通则》第 7 条规定,民事活动应当尊重社会公德,不得损害社会公共利益,破坏国家经济计划,扰乱社会经济秩序。《合同法》第 7 条规定,当事人订立、履行合同,应当遵守法律、行政法规,尊重社会公德,不得扰乱社会经济秩序,损害社会公共利益。这两条规定是公序良俗原则在我国民法中的具体化。公序良俗原则的理论原点是秩序。秩序是民法最重要的价值理念之一。公序良俗原则所昭示的是私权与公权,即个人利益与社会利益所必然发生的冲突之临界点及平衡点。公共秩序作为国家利益的载体,善良风俗作为社会伦理的载体,共同表现了社会之存在及其发展所必需的一般秩序要求。法律通常意味着秩序、公共利益和最低限度的道德。因此,遵守法律也就包含了尊重公序良俗。

在合同解释活动中,司法机关运用公序良俗原则主要目的在于为合同效力判断提供基准,在合同的效力判定时,违反强行法的合同通常也违背公序良俗,而法无明文规定时,则可以按公序良俗原则确定条款的效力。税务机关运用公序良俗原则的主要目的不在于判断合同效力,而是考虑合同违反税法的程度与情节,不会对是否满足课税要件产生实质影响。

2. 公平原则

公平原则是民法的基本原则。我国《民法通则》第 4 条规定,民事活动应当遵循自愿、公平、等价有偿、诚实信用的原则。《合同法》第 5 条规定,当事人应当遵循公平原则确定各方的权利和义务。

公平原则有着极其丰富的含义,司法机关在合同解释活动中运用公平原则主要是指应当注意平衡双方当事人的利益,其评价标准是社会妥当性。税法对合同解释的目的不是平衡双方当事人的利益,也不是维护交易秩序。"平衡双方当事人的利益"仅是税法寻找"平衡计税依据和纳税义务时间"的工具。

税法在合同解释中运用公平原则时应注意以下几个方面:

第一,其目的不在于对合同条款效力的判定,明显违背公平原则的条款可能被判定为可撤销、可变更。显失公平合同的成就需要满足两个条件:一是一方利用优势或对方没有经验;二是合同中存在价款与标的物价值过于悬殊或风险承担显然不合理的情况;在这种情况下,计税依据是否应当按照"过于悬殊"的价值进行征税才是税法判断的难题。流转税和企业所得税都规定了计税依据的基准价值是市场公平成交价,按照这个原则对于"过于悬殊"的价值,税务机关就应当运用公平原则对合同解释,从而调整计税依据,而不是按照合同约定的不公平价值。

目前，税法对此调整的范围大部分局限在关联方之间，根据公平原则应当对所有的合同约定的不公平价值进行调整。同时税务机关不应当局限在“调整明显低于公平价值的计税依据”，从公平出发，这种调整也应当“调整明显高于公平价值的计税依据”，这不仅是民法公平原则的要求，也是税法公平的要求。因为“过于悬殊”的价值是对双方而言的，如房地产企业将100万元房产按照500万元销售给商业企业，如果满足显失公平合同的两个条件，税务机关对商业企业的资产价值只能按照100万元作为企业所得税的计税基础，作为房产税计税依据；同时应该按照100万元对房地产企业征税还是按照500万元对房地产企业征税，确实是一个法律难题。难处在于：税务机关对公平原则运用范围到底应当如何把握，是对税款有利时就运用公平原则，对税款不利时就否定公平原则？各个税种之间、各个纳税人之间是否统一受到公平原则的庇护与调整。

第二，税务机关在阐明解释中，当多种解释结果都有理由成立时，应当采纳最能兼顾双方利益的解释；税法强调“收入与成本费用配比”原则，实质就是要求一方所获得的利益不仅要与其承担的义务大体均衡，同时还要与对方所获得的利益大致均衡。税法上关于成本费用分摊协议的规定就体现双方利益大致均衡原则。

第三，在补充解释中，补充的内容应当尽可能兼顾双方利益。税务机关应当根据公平原则进行补充解释，在计税依据划分上兼顾双方利益。

司法机关运用公平原则进行合同解释，主要是出于对交易地位上处于弱势一方予以特殊保护的考虑。税务机关侧重于对整体税收负担应按较公平的原则在双方之间进行分配。这种分配的完美目标应该由一种完美的税收体系和征管体系来完成，而现实中税制本身对此考虑不健全，征管存在利益倾向，最终导致公平原则服从财政原则，凡是对财政收入有益的就运用公平原则，对财政收入无利的就放弃公平原则。

3. 最小介入原则

古罗马法学家乌尔比安以法律调整的对象为标准，将法律划分为公法和私法两大领域。规定国家公务的为公法，规定个人利益的为私法。公法的规范是强制性的，当事人必须遵守。而私法规范则是任意性的，可以由当事人的意志而更改，对当事人来说，“协议就是法律”。这种划分得到了后世学者的普遍认同。私法强调意思自治。按照意思自治的理论，人的意志可以依其自身的法则去创设自己的权利与义务，当事人的意志不仅是权利与义务的渊源，而且是其发生的根据。合同自由是意思自治在合同法领域的具体化，意思自治是合同行为的灵魂。无意思自治的行为即使有合同的形式，也无合同的实质，不是真正的合同。人们对合同自由的认识是随着社会的发展而逐渐深化的。在罗马法时代，对合同自由的认识尚停留在直观、感性的层面。1804 年《法国民法典》第 1134 条规定："依法成立的合同对于缔约当事人双方具有相当于法律的效力。"这一条款将当事人的特别约定置于与来源于公共权力的法律以同等的地位，即赋予当事人的约定以强制力，是对意思自治原则的直接确认。1896 年《德国民法典》的颁布标志着以意思自治和合同自由为中心的抽象的合同理论的最终完成。它虽然没有以明确的言词表明合同自由或意思自治，但却处处体现出合同自由的底蕴。合同自由具体可以分解为是否缔约的自由，选择相对人的自由，决定合同内容和形式的自由。

税务机关运用最小介入原则对合同解释时应注意的事项：

首先，在解释的态度上，基于意思自治的要求，税法应该尽可能以超然的姿态面对当事人的合同。合同一般应以当事人的意思为前提，税务机关不要轻易主动地去认定、解释和宣告，要慎重行使税法和合同法赋予的解释权。

其次，在合同解释的对象方面，应仅限于与纳税人产生争议相关的内容，没有争议的合同条款不需要解释，非争议条款只可作为解释的参照，而不是解释的对象本身。理由是如果允许税务机关对合同的非争议条款进行解释，就容易造成公权对私法的过分干预，为税务机关滥用行政权力打开方便之门，导致通过合同解释加重纳税人的税收负担。

4. 目的解释原则

合同目的解释是指合同所使用的文字或某个条款可能有两种以上合理解释时，应采取最适合于合同目的的解释。合同的目的是指当事人合同行为所欲实现的法律效果。目的解释原则是基于对当事人意思自治的尊重和促进交易的现实需要而产生的，已为多国民法所确认。比如，《法国民法典》第 1158 条规定，用语可做两种解释时，应取最适于合同之实际目的的解释。《意大利民法典》第 1369 条规定，在有疑问的情况下，对有多重意思表达的解释，应当取其更符合合同性质和目的的解释。《美国合同法重述》第 202(1)条规定，如果当事人的主要目的能够确定，则应当给予充分的考虑。日本判例认为，条款矛盾，应当参照当事人的目的做统一的解释，并应当尽可能使之有效。我国《合同法》第 125 条规定，当事人对合同条款的理解有争议的，应当按照合同所使用的词句、合同的有关条款、合同的目的、交易习惯以及诚实信用原则，确定该条款的真实意思。合同文本采用两种以上文字订立并约定具有同等效力的，对各文本使用的词句推定具有相同含义。各文本使用的词句不一致的，应当根据合同的目的予以解释。

因为当事人订立合同均是为达到一定目的，合同的各项条款及其用语均是达到该目的的手段。所以，确定合同用语的含义乃至整个合同内容自然须适合于合同目的，也就是依照当事人所欲达到的经济或社会价值而对合同进行解释。

合同目的可分为有效目的与价值目的。当事人在订立合同时总是希望合同是有效的,它是合同解释的粗略方向。如果合同条款相互矛盾而出现合同有效与无效两种解释,那么应采纳使合同有效的解释。价值目的是指合同本身所欲追求的具体的经济或社会价值,这是合同目的意思的内容。

目的解释原则可以分解为以下两个子原则。

(1) 宁使合同成立、有效原则。法官在对案件进行裁决时,首先应该对合同是否成立、是否有效作出判断。合同成立,是指当事人对合同实质性内容达成合意;合同有效,是指依法成立的合同具有拘束当事人的强制力。在司法实践中,并非所有合同的效力都是清晰易辨的。由于词语的多义性和词义的不确定性,按不同的义项解释可能得出效力完全相反的结果。对此,《法国民法典》第1157条规定,一项条款可作两种解释时,宁取该条款能够产生某种效果的解释,而不取不能产生任何效果的那种解释。《意大利民法典》第1367条规定,在有疑问的情况下,不应当将合同或个别条款解释为无任何效力,而应当在可有一定效力的意思内进行解释。英美法系判例也确立了"与其使其无效,不如使其有效"规则,这一规则就是说,一个合同文本,应按使其产生法律效力而不是使其无效的方式来赋予意思。这并非一个要求法院必须对文书赋予这样的意思的规则,而只是在其他因素并不导致相反的确信时,赋予文书以这样的意思较为妥当的政策。我国学者何宝玉认为,如果对协议进行某一种特定的解释将使合同无效,从而使当事人明显的合同意图受挫,另一种解释虽然从字面上看不那么恰当,却能产生不同的效果,那么,只要后一种解释能够得到合同中任何东西的支持,就应当采用后一种解释,使当事人的合同意图生效;强调应该尽可能寻找使合同有效的根据,更符合这一原则的精神。有效原则宁使合同成立,有利于促进流通,稳定交易秩序。现行《合同法》基于发展社会主义市场经济、与国际接轨的需要和对当事人意思自治的价值反思,多处体现了鼓励交易的原则,如严格限制无效合同的范围,将一部分过去被规定为无效的合同归入了效力待定合同和可撤销合同的范围、在承诺制度中承认非实质性修改、在可撤销合同制度中倡导变更而不是撤销、严格限制违约解除的条件,其目的均在于维护合同效力,鼓励交易。虽然合同法没有作出明确规定,但在司法实践中遵循宁使合同成立、有效的合同解释原则是符合立法精神的。

税务机关运用这一规则进行合同解释,必须注意以下三个方面。首先,虽然法律没有授予税务机关进行裁决的权力,但在合同是否成立方面,在导致合同成立与不成立的解释均有理由成立时,应当采用导致合同成立的解释;其次,在合法性方面,在使合同合法的解释与不合法的解释均有理由成立时,应当采用使合同合法的解释;最后,在有效性方面,当使合同有效与无效的解释均有理由成立时,应当采用使合同有效的解释。纳税人通过主张"合同不成立、合同无效"进而认为已经履行的合同不能满足课税要件,此时税务机关不予采纳,对已经履行的合同只要不是违反法律强制性规定，即使有瑕疵，也应尽可能维持其效力。

(2) 符合交易目的原则。《合同法》第 125 条规定了按照合同的目的解释合同的原则，合同目的具体而言是指合同的典型交易目的。这类典型交易目的在每一类合同中是相同的，不因当事人订立某一具体合同的动机不同而改变。比如，在买卖合同中，交易人的典型交易目的是取得标的物的所有权，出卖人的典型交易目的是获得价款。

税务机关解释合同时首先应当判断当事人的目的，在合同争议可做多种解释时，应取最符合合同目的的解释，而不是取税收利益最大化目的的解释；其次当一项条款可做两种解释时，宁取该条款能够产生某种效果的解释，而不取不能产生任何效果的那种解释，因为只有能够产生某种效果的解释才能产生某种税法上的效果。

税务机关依据符合交易目的的原则解释合同，可以锁定合同的性质、种类，进而确定适用于被解释合同的税收法律法规。根据合同目的进行解释时，税务机关应当考虑的是当事人双方而非一方缔约时的目的，因为一份合同当事人不可能是单方的，税务机关也不能因为针对一方纳税人进行合同目的解释。如果难以确定双方当事人的缔约目的，则应以一方当事人表现于外部的并能够为对方所合理理解的目的解释合同条款。税务机关不能从税收利益立场出发解释合同目的，而是可以选择从合同对方所能够合理理解的目的出发解释合同目的。

税务机关还必须对合同目的进行全面考虑，因为合同目的不仅指合同整体目的，还可区分为部分合同目的和条款目的。部分合同目的、条款目的仅可用于解释与之关联的部分内容，其解释结果应尽可能符合合同整体目的。在条款目的与整体目的不可能调和时，应采用符合整体目的的解释。如果依据部分合同目的、条款目的和整体目的得出的税务处理结论相差甚远，在这种情况下，应该不考虑税款的多少，而应该选择按照整体目的得出的税务处理结论。

税务机关根据合同目的解释原则，其解释结果可以用来印证文义解释、体系解释、习惯解释的结果是否正确。合同目的应被认为是当事人真意的核心，是决定合同条款内容的指针。如果文义解释、体系解释、习惯解释的结果与依合同目的解释的结果不一致，导致税务处理结果异常，应取后者。

5. 诚实信用原则

诚实信用原则通常被称为民法特别是债法的"帝王条款"。诚实信用原则也是合同解释的重要原则，在多国民法中都有规定。比如，《德国民法典》第 157 条规定：解释合同应遵守诚信原则，并考虑交易习惯。《意大利民法典》第 1366 条规定：解释合同应当遵守诚实信用原则。我国《合同法》第 125 条也规定了当事人对合同条款的理解有争议时按照诚实信用原则确定该条款真实意思的原则。诚实信用原则的基本含义是忠实不欺、信守诺言、当事人不能从否定自己的行为中获益，行使权利不得自己主张不法事实。诚实信用原则广泛适用于合同订立、履行、变更、解除等各个阶段，基于诚实信用原则，合同当事人必须承担前合同义务、合同义务、后合同义务。前合同义务是指当事人在订立合同过程中不得恶意进行磋商，故意隐瞒重要事实或提供虚假情况，损害对方利益及国家、集体、他人的利益；无论合同是否成立，不得泄露或者不正当地使用在订立合同过程中知悉的商业秘密。《合同法》第 42 条、第 43 条对前合同义务及缔约过失责任都作出了明确的规定。合同义务是指依照《合同法》第 60 条、第 119 条等条款的规定，当事人在订立和履行合同过程中，不得有欺诈行为，应当按照合同约定全面履行自己的义务；应当根据合同性质、目的和交易习惯履行通知、协助、保密等义务，以及承担提供必要条件，防止损失扩大等义务。后合同义务是指依照《合同法》第 92 条的规定，在合同终止后，当事人应当遵循诚实信用的原则，根据交易习惯履行通知、协助、保密等附随义务。在分则的许多规定中也体现了诚实信用原则的精神。作为民法的基本原则，诚实信用原则应当贯穿于在合同解释的始终。

税务机关运用诚实信用原则解释合同时，主要体现在四个方面：其一是判断合同效力。纳税人不能从否定自己的行为中获得税收利益，不得自己主张不法事实否定合同的税法效力。其二是填补合同漏洞。在合同没有约定或约定不明确，适用《合同法》相关规定仍不能解决的情况下，可以运用诚实信用原则去解释合同，确定计税依据。其三是在合同解释结果明显违背诚实信用原则的情况下，对原有税法评价作修正。其四是填补法律漏洞，在法律没有具体规定时，税务机关可以援用诚实信用原则解释合同具体含义。

6. 主、客观相结合原则

合同是当事人意思的载体，意思是合同的灵魂。意思表示是合同行为的核心，它包括内心意思和表示行为两个基本构成要件，两者的关系密不可分。内心意思具有主观性、抽象性，表示行为具有客观性、具体性。一个完美的合同应该是内心意思与表示行为高度一致的结晶。

然而，由于当事人的误解、疏忽、故意或者语言本身的歧义，表示行为和内心意思总会有一定的偏差。在合同解释过程中，根据解释的目的是理解当事人的内心意思还是通过表示行为所体现出来的意思，存在意思主义（又称意思说或主观解释）与表示主义（又称表示说或客观解释）的争论。意思主义理论认为意思是产生、变更消灭权利与义务的实质性因素，而表示仅起从属作用，因此解释的目的是探求当事人的“真意”，解释的对象应是当事人的内心意思。在解释技术上注重当事人订约时的主观想法。这一理论源自德国，后为《法国民法典》、《德国民法典》、《瑞士债务法》等予以确认。表示主义理论的渊源可以追溯到古罗马，但作为系统理论于

19世纪末在德国产生。该理论认为行为人的内心意思不必为意思表示的成立条件，而以有外部表示的意思即足以认定其成立。法律行为成立的全部问题，仅仅在于意志是如何表示的，或意志怎样才能被理解，认为合同解释的对象应是行为人的表示意思。

现代民法以追求实质正义为理念，以社会妥当性为价值取向，税务机关对合同解释时应该采取主观和客观相结合的原则，注意两个方面：一方面，税务机关不能局限在合同的客观表现上作出税务处理决定，而自认为税务结论是客观公正的。因为纳税人的表示行为存在偏离内心意思的可能，一个内心意思可以通过多种方式表示、一个行为可以表达多个意思、同样的行为在不同的场景也可能会有不同的意思；作为合同载体的语言文字本身存在歧义，当事人由于个人认识能力、表达能力的局限，可能词不达意；税务机关不能用孤立、静止、片面、表面的观点去看待合同行为，翻着字典解释条款，则可能导致形而上学地适用税法。另一方面，税务机关即使站在合理第三人的立场，也不可能克隆出双方的内心意思，因此片面探求内心意思，将会陷入唯心主义的泥潭。在存在权力腐败的情况下，主观解释可能为税务机关上下其手提供了方便。因此税务机关对合同解释时采取主观和客观相结合的原则，应该以表示行为作为合同解释的基础，以合理第三人的立场探究当事人的内心意思，衡量各方当事人利益，才能作出能够为纳税人所普遍接受的解释，从而为税法的适用提供合理的事实依据。

三、合同解释的方法在税法适用中的借鉴作用

合同解释的方法主要有文义解释、论理解释、整体解释、换位解释、场景模拟、参照与准用、历史考察法等。

1. 文义解释

合同文义解释是指通过对合同所使用的客观文字词句的含义的解释，以探求合同所表达当事人的真实意思。合同以语言文字为载体，文义解释是合同解释最基本的方法。文义解释的含义来源有四类：其一是辞典确定的义项。这些义项是专家学者对字词在历史和现实中存在的意思进行辨析、归纳的结晶，是文义解释的基础。然而，辞典通常是以标准语为基础编纂的，对地方性的用法、含义不可能巨细无遗地收录；而且辞典只收录已经定型化的义项而不收录正在形成过程中的义项，具有滞后性。其二是习惯和惯例中的含义。语言文字随着社会的发展日趋丰富，新的词汇不断涌现，已有的词汇也可能被赋予新的含义。这种存在于生活习惯中的含义往往更能准确地解释合同；某些词汇在不同行业中具有不同的含义。在合同涉及某一特定行业时，应使用其作为行业术语所具有的义项。其三是当事人之间认可的含义。合同是意思自治的产物，当事人可以约定某些字词、符号表示

独特的意义甚至是与通常含义完全相反的意义。当事人甚至还可以采用特定的密码缔结合同，赋予密码独特的用法和定义。其四是合同文本使用了法律语言，此时对合同含义的解释就必须返回到法律解释中，不可避免地带有法律判断的含义，合同文义解释与法律适用纠缠起来，等于在解释合同含义时同时开始了法律判断。

税务机关根据此方法在探求当事人共同的真实意思时，不应仅满足于对合同词语书面含义的解释，或拘泥于某些不当词句，在遵循文本书面含义的同时也应探寻当事人的真实含义的意思。在解释文义时，首先应以辞典所收录的义项为基础考察词汇通常的含义，其次要结合习惯和惯例予以选择和修正。但是在当事人之间就该字词约定了独特的意义时，应尊重当事人的约定。在多个义项均有理由存在时，应按第三人合理理解的标准作出选择。在对书面中使用的税法语言进行探求时必须回归税法，同时考虑双方当事人对税法的理解。

2. 论理解释

论理解释是指不拘泥于合同文字，而用扩张或限缩文义的方法补充和修正合同。字词所具有的通常含义能够有效解释合同时，税务机关应当运用文义解释的方法去解释合同。在文义过于狭窄或过于广泛时，则应当采用论理解释的方法。论理解释包括扩张解释和限缩解释两种。扩张解释是指合同条款文义过于狭窄，不足以表达当事人的真实意思、满足合同目的时，税务机关在合同解释原则的指导下，赋予其超出字面意义的含义；限缩解释是指合同条款含义过于广泛，超出当事人所欲表达的意思，税务机关对其含义予以限制、缩减，以求符合当事人真实意思的方法。文义的扩张和限缩缺乏客观的标准，任意使用可能导致税务机关对当事人意思自治的过度干预。因此，论理解释的适用必须慎重，在税务处理文书中必须予以充分的说明。

3. 体系解释方法

体系解释又称整体解释，是指把全部合同条款和构成部分看做一个有机统一的整体，从各个合同条款及构成部分之间的相互关联、所处的地位和总体联系上阐明当事人有争议的合同用语的含义。整体解释方法已在多国法律中得到确认。比如，《法国民法典》第 1161 条规定，合同之诸条款可以互为解释，以赋予每一条款依据整个合同而产生的意义。《意大利民法典》第 1362 条第 2 款规定，为了确定当事人的共同意愿，应当全面考虑包括合同成立后在内的行为；第 1363 条规定，合同应当相互对照着解释，给每一个条款以源于文件整体性的含义。《美国合同法重述》第 235 条第 2 款规定，文书之解释，应就其全部作为整体而为之。同一交易行为，有多种文书形成其部分者，应合并解释。任何事物都是作为系统或系统中的一个要素而存在的。合同成立前后的相关行为可以视为一个整体、各种相关的合同文件也可以视为一个整体、同一文件内的各个条款也构成一个整体。整体是部分的有机统一，整体离不开部分、部分也离不开整体。对部分的认识不能脱离整体。整体解释是将合同争议置于当事人的合同行为及全部合同文件中进行解释的方法，它强调解释合同不能断章取义，不能前后矛盾，不能背离合同目的。我国《合同法》第 61 条规定，合同生效后，当事人就质量、价款或者报酬、履行地点等内容没有约定或者约定不明确的，可以按照合同有关条款确定。《合同法》第 125 条规定当事人对合同条款的理解有争议的，应当按照合同所使用的词句、合同的有关条款等确定该条款的真实意思。这也体现了整体解释方法。

基于以上规定，整体解释方法在明确合同文义、推导隐含条款、填补合同漏洞中具有重要的作用。税务机关运用整体解释方法的具体注意事项有：

其一是税务机关收集合同证据时应该收集围绕合同的链条证据，而不是将考察要点全部放在单独的合同本身上。因为合同内容通常不是一个单独合同文本上具有的词语所能完全涵盖的，且在合同订立过程中有诸多的其他行为和书面材料出现，如双方的初步谈判、要约、反要约、信件、电报、电传等，而这些行为和材料可能包含有某些合同文字尚未记载的特别要求。因此，在确定某一条款或词语的意思过程中，应该把这些证据材料都放在一起进行解释，以便通过订立合同过程中其他证据材料的帮助，明确争议内容所具有的真实意义。

其二是税务机关应当将同一文件内的所有条款作为一个整体解释。表达和传递当事人对合同意图所使用的语言文字，在合同的整个内容中是有机统一的，而不是毫无联系、彼此分离的单纯的词语排列，因而在对合同解释时要把争议的条款或词语与其上下文所使用的其他词语联系起来，整体地确定当事人的实际意图。一个合同包含多个文件时，所有文件作为一个整体解释；在合同一个条款包含两个以上的内容时，对各个内容的解释也应当是一致，不能任意进行解释。

4. 换位解释与场景模拟

位置不同立场不同。科宾认为："在合同解释中，法院面临的第一个问题是确定法律要给予谁的意思和意图以法律效果，接下来的问题是确定该意思和意图是什么。""一旦确定了要探求其意思和意图的人或人们，法官最好能尽可能使自己置身于该人或人们的地位，了解其历史和经历以及他们与其他人和事的关系，然后确定他自己的意思和意图会是怎样的。"另外，场景不同含义不同。当事人基于特定的需要而签订合同，意思表示总是在特定的场景下作出的，同样的言词或行为，在不同场景中表达不同的意思。任何人使用的任何词语或符号所表达的意思，随时间、地点以及所使用词语或符号的环境而变化。

换位解释要求税务机关不要站在国家执法者立场思考合同意思，但是税务机关又确实是国家征税权力的执法者，因此"换位"只能是一场观察角度的转换。税务机关只有在弄清各方当事人的意思后才可能决定应当赋予谁的意思以税法效果。在税务机关与纳税人就合同含义产生争议过程中,纳税人会对合同作出有利于己方的解释,税务机关既要保持消极中立,充分听取当事人的陈述又不能为其陈述所左右,又要以合理第三人的立场去探求当事人的真意。在这存在矛盾的角色中,税务机关应该尝试以不同的身份进行解释,结合合同解释的其他规则形成内心确信。

场景模拟解释要求税务机关采用换位这一假想的角色时,还必须把自己放到当事人所处的同样的相关的场景中,要求自己在该相关情况的场景中适用它自己的智力、情感和判断力。

简单地说,税务机关解释合同,不但要“设身”,而且要“处地”,以求得最妥当的解释。

5. 参照与准用

参照与准用包括三种方法:

其一是无名合同参照有名合同的规则予以解释。随着社会经济的发展,新类型的合同不断出现,法典中予以规定的合同即有名合同只是现实存在的各类合同中的主要部分。有名合同发生争议时可以引用法典的规定作为解释基准,无名合同发生争议时可以通过比较分析,参照和准用最相接近的有名合同的规定为解释基准。税务机关面对纳税人创新业务和复杂业务合同,可以参照和准用最相接近的有名合同的规定去理解和解释无名合同。

其二是参照判例予以解释。判例在我国不是法律渊源,但最高法院公布的案例对税务机关的合同解释确认工作有很大的参考价值。

其三是参考国外立法和判例规则。各国税法的法理是普遍相通的,国外立法和判例规则虽然不能直接适用于我国,但税务机关可以运用其中蕴涵的法理丰富合同解释的方法和规则。

6. 借鉴其他学科的方法

法学研究可以借鉴经济学、社会学以及其他学科的研究方法,合同解释亦然。合同的作用在于通过自愿交换,促进各种资源的优化配置。合同法应当充分鼓励交易,保护双方当事人自愿、合法的交易,因为更多的交易意味着更多的资源流向有需求的使用者手中,带来更多的财产增值。

在合同解释活动中,税务机关运用经济分析方法主要体现在两个方面:其一当事人利益的平衡方面。对于合同的当事人双方全部涉及纳税并围绕税收发生争议时,税务机关应当充分考虑税收如何分配问题,在整体税负不变情况下考虑双方税务身份的不同特征和征管要求等因素平衡双方的负担,协调平衡双方在税收管理秩序中权利与义务问题。其二是意外风险的分配。假设税收负担属于双方订立合同时没有充分考虑到,而且发生金额导致合同一方难以承担,这种“意外税收风险”

没有明确地分配，税务机关只能根据税法确定该种风险的应承担者，不能判断在合同条款中隐含地分配给了当事人中的一方，或判断应由预防或承担该意外风险成本低的一方当事人承担。即使在合同中如果明确地分配给了当事人中的一方，就应当根据合同条款履行合同和承担风险，此时税务机关仍是根据税法确定该种风险的应承担者，而不能对税款进行平衡分配。

税务机关在认定合同性质、关系和合同解释时，既要考虑符合法律，又要维护实质正义，判决是否具有社会妥当性。税务机关在进行合同解释活动可以借鉴社会学研究的某些方法。

在合同解释实践中，还可以运用论辩的方法。比如，可以用归谬法对双方的主张进行分析，如果某种解释的结果将导致合同不成立、不合法、无效、可撤销、可变更或者明显不公平、不合理等消极的结果，则可以排除该种解释，采用结果相对积极的解释。因为税法主要目的是针对税款制定的，但在征税过程中依据的合同解释结果经过归谬法证明十分消极，虽然从形式上享有征税权力，但在实质上违背公平正义等宪法价值，也是不足取的。

7. 历史解释方法

历史解释方法是指在解释合同时应当考虑到合同仅为当事人交易过程的一个部分，因而解释合同不能掐头去尾。

税务机关运用历史解释方法进行合同解释时，应当重视合同的历史性，回归过去社会经济的背景，考虑签订合同整个过程中所发生的事实和材料，如磋商过程、来往文件和合同草案等一系列签订合同之前所发生的历史事实加以解释。例如，有一份房地产销售合同订立在 2011 年 6 月，按照 2011 年 6 月房价平均价格每平方 8 000 元，但是该份合同显示价格是每平方米 5 100 元，在解释合同价是否显著低于当时价时，税务机关应当考虑签订合同之前所发生的背景事实：在 2008 年金融危机时该房地产与该客户就图纸（未开工建设、未预售许可）已经达成意向，考虑这个历史原因才能理解现在销售价格低于当月价格的合理正当理由。

以上论述税法适用中应借鉴合同解释中的私法原则与方法，其目的在于，其一，缩小税务机关对应税事实形成及判断的自由空间，借用私法规则限制税权的扩张和肆意；其二，帮助税务机关寻找到接近“真意”的意思表达，为下一步适用税法提供客观、公正的事实基础；其三，有助于纳税人利用私法规则确定自我真意，与税务机关发生争议时提供经系列规则加工后的结论，而不是自我主观判断，引导税务机关确信合同意图。

务必说明，合同解释虽然有助于应税事实的形成，但并非是每一个应税事实都需要如此反复推敲，否则，税务机关及税官将精疲力竭，也无法满足政府组织收入的需要。它在实务中让步于稽征效率原则，仅在以下三个方面显示其独特的价值：

其一，税务机关与纳税人就应税事实形成发生争议；其二，税务机关在调查处理案例程序中；其三，在税法修改和适用政策实证研究中。

第三节　税法对合同解释的实证分析

现代税法与民事法的关系，不论中外学者如何论述，从表现领域看，现代税法与民事法的关系集中体现在现代税法与合同法的关系上，现代税法与合同法的关系又集中体现在现代税法与合同解释的关系上。从法理上看，现代税法与民事法的关系统领与指导现代税法与合同解释的关系；现代税法与合同解释的关系进一步深化与细化现代税法与民事法的关系，是税法与民法法际协调的落脚点。

下面我们主要从实务研究中抽出“现代税法与合同解释的关系”来探讨合同解释在税法适用中的重要意义和运用原则及方法。

【案例 9-1】　　台湾林志玲补税案中的合同解释①

台湾税务部门观点：林志玲因漏报 2003—2005 年度薪资所得 1 732 万余元，要求补缴 6 844 433元税额。

林志玲观点：台湾税务部门把她从自由签约表演的模特，改为凯渥员工，使她在税务上原应属“执行业务所得”，却被认定成“薪资所得”，大幅削减她报税可使用的扣除额，税赋大增；凯渥只是她委托的经纪公司，并声称自己并非凯渥公司的模特，可扣除 45%的成本费用。林表示不服，提起行政诉讼。

台北高等行政法院审理：认定林志玲受雇凯渥公司，由凯渥对外签约，林志玲的收入不符合“执行业务所得”，应属薪资所得，但法官认为，林志玲并非故意认定错误，只判需补税 684 万余元，不需缴罚款。

最高行政法院判决：2011 年 8 月 25 日判林志玲败诉，须补税新台币 684 万余元，全案定结。

各方对本案中的合同如何进行解释，决定税法如何适用。

林志玲认为，她与凯渥公司之间签订的合同应当是行纪合同或委任合同，而非雇佣合同。凯渥公司担任她的专属经纪人，提供经纪服务；她执行表演活动是自己事业所从事的活动，并非为凯渥公司提供劳务。

税务部门认为，根据林志玲与凯渥公司之间签订的经纪合同书可以认定林志玲为该公司的专属模特。合同约定期间，林志玲不得再行委托他人担任经纪人，不得从事未经该公司安排的活动，其肖像权归属该公司；因此该合同虽然名义上为经纪合同，实质在业务上具有主属雇佣关系。

---

① 熊伟：《税法解释与判例评注》第 2 卷，法律出版社 2011 年版，第 124 页。

法院认为，假定林志玲与凯渥公司之间签订的经纪合同性质系代理委托关系，那么凯渥公司与客户之间签订广告代言合同时应该以“林志玲之代理人凯渥公司”之名义对外签约，这样才能呈现显名代理的法律效果，其法律效力直接归属林志玲；但证据查明，凯渥公司并无“以林志玲之代理人”之名义与客户发生法律行为之客观事实，而是直接作为广告代言合同当事人承担广告代言合同的法律责任。因此，林志玲与凯渥公司之间签订的经纪合同性质不是代理委托关系。

本案双方争议之处在于林志玲 2003—2005 年度所得 1 732 万余元性质到底是“执行业务所得”还是“工资薪金所得”，这种争议集中体现在林志玲与凯渥公司之间签订的经纪合同性质之分歧上。法院在进行合同解释时没有单独纠结在林志玲与凯渥公司之间签订的经纪合同分析上，而是从凯渥公司与客户之间签订的广告代言合同上寻找证据，证明林志玲与凯渥公司之间签订的经纪合同性质不是代理委任关系，从而认定凯渥公司在独立承担“执行业务”的法律效果，林志玲不在独立承担“执行业务”的法律效果，因此林志玲从凯渥公司取得所得不能认定为“执行业务所得”而是“工资薪金所得”。

本书且不讨论该案判决是否合理，本案带来的启示在于：法院对合同的这种解释并没有考虑税法上的种种规定，仅是依据民法上有关代理合同履行的外部特征决定了代理合同性质能否成立，从合同解释角度认定争议所得的性质，从而为税法适用找到一种判断方向。

【案例 9-2】　　**美国纽广金补税案中的合同解释**①

案件判决：2008 年 3 月美国税务法院就纽广金(New York Guangdong Finance, Inc. v. Commissioner of I. R. S.)一案判决，纽广金应补缴预提所得税，并缴纳罚款。纽广金不服，上诉至美国第五区巡回法院，上诉法院维持一审判决。

事实情况：在 1990—1996 年，纽广金与广国投(广东人民政府控股公司)及广国投全资控股的中国香港子公司之间建立借贷关系。纽广金根据《中美税收协定》，由中国政府所有的金融机构在美国提供资金取得的利息免税，对支付广国投和中国香港子公司的利息未扣缴预提所得税。

美国税务局观点：纽广金向广国投支付的利息属于免税收入，而纽广金向广国投全资控股的中国香港子公司支付的利息不属于免税范围的收入，应该补缴预提所得税。

纽广金观点：纽广金与香港子公司借贷关系，实质是纽广金与广国投之间借贷关系，因为香港子公司仅是代理广国投向纽广金提供资金，香港子公司的资金、人员和办公场所与广国投在香港共有。

本案争议焦点之一是各方对纽广金与香港子公司之间借贷合同的解释。

---

① 熊伟主编：《税法解释与判例评注》第 2 卷，法律出版社 2011 年版，第 242 页。

法院认为:交易双方应该受到交易合同的约束,纽广金与香港子公司之间签订的借贷合同中从未提及广国投,香港子公司为合同的当事人;由香港子公司的法定代表人签字;贷款合同中就担保只字未提;没有证据证明广国投与香港子公司就向纽广金提供资金一事属于代理关系。因此法院支持原判。

纽广金认为:虽然贷款合同由纽广金与香港子公司之间签订,但是借贷关系实质是发生在纽广金与广国投之间,因为香港子公司的资金、人员(含董事)、办公场所、财务决策、融资担保等都与广国投存在共同拥有与被控制关系。因此根据实质重于形式原则,贷款合同关系应该是发生在纽广金与广国投之间。

本书且不讨论该案判决是否合理,本案带来的启示在于:美国法院从合同解读角度分析:①交易事实是建立在合同文本之上,交易实质受到交易合同形成的法律关系制约,纳税人应该受到交易形式的约束。纽广金本来可以选择与香港子公司之间签订一份代理委托贷款合同,就可以享受免税待遇,但事实上纽广金没有与香港子公司之间签订一份代理委托贷款合同,因此要对自己的选择负责。②合同的当事人、签字人、合同条款等合同内容除有相反的证据外其表现出的意义是不能否定的。

【案例 9-3】　泛美卫星公司卫星租赁税案中的合同解释①

案情简要:1995 年泛美卫星公司与中央电视台签订《数字压缩电视全时卫星传送服务协议》,电视台支付了订金、保证金、季度服务费和设备费。1999 年 1 月北京市国税部门发出《关于对央视租赁泛美卫星等外国卫星公司卫星通讯线路支付的租赁费用代扣代缴预提所得税限期入库的通知》。泛美卫星公司不服,提起复议申请,税务局维持原决定。原告向市第二中级法院提起行政诉讼。2001 年 10 月 11 日,市第一中级法院判决维持税务机关决定。泛美卫星公司向市高院起诉,2002 年 12 月 26 日市高院作出终审判决,驳回上诉,维持原判。

本案各方对《卫星传送服务协议》的解释:

泛美卫星公司认为:依据《合同法》规定,租赁合同特征之一是转移租赁物的占有,但是该《卫星传送服务协议》约定由泛美卫星公司操作位于外层空间的卫星及美国地面设备,在为中央电视台服务过程中未发生任何设备的占有和使用权转移,完全不符合租赁合同特征。依据《合同法》认定《卫星传送服务协议》的性质应该不属于租赁合同,所以其服务收入不属于租赁收入或特许权使用费收入,不应该在中国缴纳所得税。

税务机关认为:泛美卫星公司与中央电视台虽然签订了名义上的《卫星传送服务协议》,但根据《卫星传送服务协议》内容和我国《合同法》规定,该协议实质是租赁协议,中央电视台支付的服务费实质是租赁费;根据《中美税收协定》规定,属于特许权使用费征税范围,按国内法属于租赁征税范围,因此应该扣缴其所得税。

我国《合同法》第 212 条规定,租赁合同是出租人将租赁物交付承租人使用、收益,承租人支付租金的合同。本条是关于租赁合同的概念的规定,从这条规定中可

---

① 滕祥志:《税法实务与理论研究》,法律出版社 2008 年版,第 11 页。

以看出，租赁合同有以下特征：①租赁合同是转移财产使用权的合同。租赁合同是一方当事人（出租人）将租赁物有限期地交给另一方当事人（承租人）使用，承租人按照约定使用该租赁物并获得收益。在租赁的有效期内，承租人可以对租赁物占有、使用、收益，而不能任意处分租赁物。当租赁合同期满，承租人要将租赁物返还出租人。因此，租赁合同只是将租赁物的使用权转让给承租人，而租赁物的所有权或处分权仍属于出租人。租赁合同的这一特征区别于买卖合同和赠与合同。买卖合同是出卖人转移标的物的所有权于买受人的合同。赠与合同是赠与人将自己的财产给予受赠人。这两类合同都是以转移财产的所有权为基本特征的。②承租人取得租赁物的使用权是以支付租金为代价。承租人使用租赁物是为了满足自己的生产或生活需要的，出租人出租租赁物是为了使租赁物的价值得以实现，取得一定的收益。承租人要取得使用权不是无偿的，是要向出租人支付租金的。支付租金是租赁合同的本质特征。这一特征区别于借用合同，借用合同虽然借用人取得了借用物的使用权，但是借用是无偿的，不需付出任何代价。同时这一特征也区别于借款合同，虽然两者都是有偿的，但借款合同支付的是利息。利息不同于租金，租金双方当事人可以约定，利息在很多情况下是法定的，当事人是不能约定的，即使是自然人之间的借款利息也有一个上限要求，不能放高利贷；租金可以不按租期的时间长短来计算，利息往往是根据借款时间的长短来计算。③租赁合同的标的物是有形物、非消耗物。租赁物必须是有形的财产，这是租赁合同的特征之一。租赁可以是动产，如汽车、机械设备、计算机等，也可以是不动产，如房屋。但无论是动产还是不动产，它们都是有形的，都是能以一定的物质形式表现出来的。无形的财产不能作为租赁的标的物。这是与租赁合同中承租人占有、使用租赁物的特征紧密联系的。非消耗物是指能够多次使用而不改变其形态和基本价值的物。一次性使用的物品或很快就消耗掉的物品不能作为租赁物，如洗涤用品、粮食等，因为这些物品一经使用，就已丧失其自身的价值，甚至物本身已经消失了，根本不可能再要求出租人返还。因此，消耗物不能作为租赁合同的标的物。④租赁合同是双务有偿的合同。在租赁合同中，出租人和承租人均享有权利和承担义务，出租人须将租赁物交付承租人，并保证租赁物符合约定的使用状态。承租人负有妥善保管租赁物并按约定按期向出租人支付租金。任何一方当事人在享有权利的同时都是以履行一定义务为代价的。因此，租赁合同是双务有偿的合同。它区别于赠与合同，赠与合同在通常情况下一般是单务合同，赠与人向受赠人赠与财物并不以对方承担一定义务为条件。⑤租赁合同具有临时性。租赁合同是出租人将其财产的使用收益在一定期限内转让给承租人，因为不是所有权的转移，因此，承租人不可能对租赁物永久地使用，物的使用价值也是有一定期限的。各国法律一般都对租赁期限的最长时间有所限制。我国《合同法》规定，租赁期限最长不能超过 20 年。租赁合同根据租赁的不同可分为动产租赁和不动产租赁,不动产租赁在我国主要指房屋租赁。根据租赁合同是否约定期限可分为定期租赁和不定期租赁。定期租赁关系到租金的交付日期、租赁物的返还的日期、合同终止的时间等问题。不定期租赁赋予合同当事人随时解除合同的权利。

《卫星传送服务协议》体现出的特征完全符合合同法规定的特征。

本书且不讨论该案判决是否合理,本案带来的启示在于,从合同解读角度分析:

(1) 合同性质是由合同内容(标的、权利与义务)决定的,而不是由合同名称决定。

(2) 税法对合同进行解释往往形成在"合同、合同法与税法"三个要素之间来往穿梭求证的解释路径。我国《合同法》第 212 条规定租赁合同是出租人将租赁物交付承租人使用、收益,承租人支付租金的合同。这里对"租赁物"和"交付"都没有严格规定,而税法也没有对"租赁物"和"交付"进行规定。也就是说,法律没有对"租赁物"和"交付"含义进行限制,因此税务总局国税发(1998)201 号文件与国税函(1999)566 号文件将"卫星线路"纳入"租赁物"范围,将"使用"理解为各种"交付"方式之后的结果,并不是一种手把手方式才是交付。

泛美卫星公司认为未发生任何设备的占有和使用权转移,卫星必须依靠美国员工不停操作,才能为中央电视台提供传导服务。这个认识应该不是反对租赁合同性质成立的理由,而是丰富了我国《合同法》其中租赁合同规定的"交付"与"使用"两个概念的内涵。

(3) 税务总局文件另外的根据是《中美税收协定》。《中美税收协定》认定"使用或有权使用科学设备所支付的报酬"属于特许权使用费征税范围,只是中国国内税法将"使用或有权使用科学设备所支付的报酬"从"特许权使用"改称"租赁"名称。

通过以上实证分析展现了合同解释在税法适用中的关键作用,但远远没有穷尽其互相作用的各种表现形式,以下作些探讨:

(1)《合同法》作为税务机关进行合同解读的工具存在,而不是依据。一方面,税务机关有时依靠《合同法》规定的合同构成要素来解释当事人合同的性质、内容与效果,此时《合同法》规定的标准成为肯定或否定合同解释的法律依据。从表现形态上看税法解释对于合同法是唯唯诺诺,唯马首是瞻,税法视角拘束于合同本身。另一方面,税务机关有时否定已经具备了《合同法》规定的构成要素的合同,依据合同之前、之中和之后的当事人行为和其他证据来解释当事人合同的性质、内容与效果,税法的标准成为合同解释的法律依据。

税务机关有时对《合同法》规定的构成要素进行补充和细化解释。《合同法》规定的构成要素存在模糊性、概括性和落后性时,税法充当进一步完善细化的角色。这种解释结论只能运用在税法适用上,而不能运用在合同法适用上。

(2) 合同法意义上的解释原则与方法也仅是税法解释合同时的参考角度,而不是税法意义上的解释原则与方法。税法进行合同解释,有着非常强烈的财政功利色彩,而不具备法学学理,即使使用了法学的方法,也是功利权宜之计。合同解释从事实发生时间和属性上应归属于合同法解释范畴,但是在解释时遵从的合同法原则及方法是多样的,因此存在如何选择问题,在选择过程中税法原则(法定主义、量能课税、征税效率等原则)如何指导、参透和协调于其中,是法学上的难题,也是研判应税行为(事实)如何形成的难题。最好的证明是,人们很少见到税务机关依据合同解释少征或不征税款的案例。

(3) 法院判决税务案件时,为了弄清合同事实,需要进行合同解释,其法律依据应该是合同法还是税法?本书认为在行政诉讼中按照举证责任,税务机关对当事人合同进行解释必须要有证据支持,如果没有特别证据支撑,法院应该按照合同法对合同进行解释认定,在解释认定基础上才能考量税法问题。

法院在判决民事案件时,已经对当事人合同作出解释结论。已经生效的司法文书中包含的合同解释结论是否一定能够被税法采纳?从证据效力层次看,已经生效的司法文书优先于一般证据;但是从法理看,法院在判决民事案件时一般是不会考量税法因素的,因此司法程序对当事人合同作出解释应该单纯从民法角度进行的解释,它代替不了税法解释。

一般认为,司法生效的判决书或裁决书认定的事实直接作为定案的证据。但是否可以直接引用为应税行为的税法定性?本书认为需要考虑以下四个问题:其一,如果发现裁判文书或者裁决文书认定的事实有重大问题的,应当中止诉讼,通过法定程序予以纠正后恢复诉讼;其二,司法认定的事实的证据范围是否全面,是否包含了与应税行为有关的重要证据;其三,法官论理说明的过程、法律依据等,这个过程与依据是否存在与税法交集或矛盾的地方;其四,考量司法认定事实的目的,是否存在为了平衡当事人利益而忽视、牺牲、放弃其中税法利益。

此外,行政机关生效的法律文书认定的事实是否可以直接引用为应税行为的税法定性?本书认为需要考虑以下五个问题:其一,是否发现行政机关生效的法律文书认定的事实有重大问题的,是否处于行政复议、诉讼过程中。其二,行政文书认定的事实的证据范围是否全面,是否包含了与应税行为有关的重要证据。其三,行政机关论理说明的过程、法律依据等,这个过程与依据是否存在与税法交集或矛盾的地方。即使在税务机关内部仍存在国税与地税之分,对同样事实认定都需要考虑说明过程和法律依据等。其四,考量行政机关认定事实的目的,是否存在为了平衡当事人利益而忽视、牺牲、放弃其中税法利益。其五,税法是否将有关行政机关确认的事实作为税法要素条件。如果税法将其他行政机关认定的事实作为要件构成,就应当遵从行政机关生效的法律文书认定的事实。这里有一个问题,就是在认定与事实实际发生之间存在时间上的脱节问题，产生税法上是否存在追溯效力问题。

本章小结

税法案件的分歧往往直接表现为税企双方对合同解释的分歧。税务机关对合同解释的重要性和复杂性尚缺少深刻的认识。税法意义上的合同解释与合同法意义上的合同解释相比较，其判断更具有复杂性和一定的难度。合同法上的解释原则与方法，既是税法分析的视角，又是税法分析的局限所在。如何辩证地把握合同法上的解释原则与方法，对税务机关是一项极其重要的课题。三个合同解释案例表明：合同事实解释、合同性质解释、税法性质解释三者不可避免地融入一起，一项解释要在事实、合同法与税法之间持续地往返穿梭。

第十章 合同类推的税法借鉴

第一节 合同法上的类推适用

一、类推适用的概述

类推，取相似的事物来推论或衡量，比照某一事物的道理推出跟它同类的其他事物的道理。类推解释是指对于相类似的案件应作相同处理，其法理基础在于平等原则，也是正义的要求。类推适用是填补法律漏洞的方法之一，是民法适用中运用较多的一种方法，理论界对于类推的概念并无太大的分歧。德国卡尔·拉伦茨认为："类推适用系指：针对某构成要件（A）或多数彼此相类的构成要件而赋予之规则，转用于法律所未规定而与前述构成要件相类的构成要件（B）。"美国法学者博登·海默的定义是："类推推理，亦就是把一条法律规则扩大适用于一种并不为该规则的词语所涉及的，但却被认为属于构成该规则之基础的政策原则范围之内的事实情形。"我国学者梁慧星先生认为："类推适用，是指法官受理的案件在法律上未有规定，采用类似案件的法律规则裁判本案。"

从上述定义可以看出适用类推的案件，首先，必须是法律未对案件制定法律规范，即案件本身没有法律依据；其次，在现有法律规范中有一个条文所规范的案件类型与本案有类似或相似性；再次，法官通过自己的自由裁量，运用这个条文裁判本案。其中重点在于案件之间的相类似性，如果案件类型之间没有这种相似性，则不能适用类推，而只能考虑其他法律解释的方法。

立法主旨的相同性和法律平等原则是类推适用的理论基础。平等原则是现代法律追求的基本价值理念，类推适用依据的正是"相同的案件，应为相同之处理"的平等原则，即就特定事项，法律没有规定时，于其他类似事项，应适用之，以贯彻正义理念。正如博登·海默所说："对于一项规则进行类推适用是否合法的问题，并不取决于演绎逻辑，而是取决于对政策与正义的考虑。"

法律漏洞是类推适用的原因。所谓法律漏洞，是指关于某一法律问题，法律依其内在目的及规范计划，应有所规定，而未设规定。所谓未设规定，指不为法律的可能定义所涵盖。由于制定法本身的缺陷，当一部法律被制定出来时，一方面受到立法文字表达的限制,另一方面在内容上便已经落后于不断发展的社会,因此法律漏洞的出现是不可避免的。

基于立法者的预见能力所限和社会的发展变化,法律必有漏洞。现代的法治发展表明,在民事案件中,法官不得因为法律没有规定而拒绝裁判;此时,便允许法官根据法律原则作相应的解释以填补法律漏洞,类推解释便是填补法律漏洞的一种解释方法。

王泽鉴先生曾举过一个例子,说的是罗马法上的一个非常绝妙的案例,能很好地说明类推解释的适用原理。

罗马法规定四条脚动物致人损害的,该动物的所有人应对受害人给予赔偿。有人从非洲带回来一只二条脚的鸵鸟,致他人受到了损害,被害人便将鸵鸟的所有人告上法庭,要求损害赔偿,引起争议。原因是,罗马法只规定了四条脚动物致人损害其所有人应负赔偿责任,而没有规定二条脚的鸵鸟致人损害其所有人应否承担赔偿责任?罗马法学家认为,鸵鸟的所有人应承担责任,其推理过程如下:

(1) 法律之所以仅规定四条脚的动物的所有人应负损害赔偿责任,而不规定二条脚的鸵鸟致人损害赔偿责任,是因为未能预见到还有二条脚的鸵鸟,四条脚的动物显然不能解释为二条脚的鸵鸟,但如不给受害人予以救济,显然不符合法律的目的和正义的要求。所以,法律存在漏洞,没有规定二条脚的鸵鸟致人损害的赔偿问题。

(2) 四条脚的动物的所有人应负损害赔偿责任的规定,其立法目的在于使动物的所有人尽其管束动物的义务,避免损害他人。对任何动物,不论其为二脚或四脚都应如此。

(3) 基于同一法律理由,关于四条脚动物所有人的侵权责任,对鸵鸟所有人,应类推适用。

二、类推适用的逻辑形式

类推适用的逻辑形式是类比推理,是一种从"特殊到特殊",从"个别到个别"的间接推理。类比推理通常被定义为:"根据两个(或两类)对象在一系列属性上是相同(相似)的,而且已知其中的一个对象还具有其他特定属性,由此推出另一个对象也具有同样的其他属性的结论。"类推适用的逻辑形式应该是从特殊到一般再到特殊。其逻辑形式被表示为案件 A 对象具有属性特征或构成特征 B;案件 C 对象具有属性特征或构成特征 B,由此断定案件 A 和案件 C 相似,案件 C 也具有案件 A 的法律效果。

应当注意,类推不单纯指逻辑上推理,在确定从"特殊到特殊"的背后,隐藏着一个共同的价值判断,法律属性及其价值评价才是联结两个对象的真正链条。"类似性"是一种价值评价结果。

三、类推限制问题

适用类推的案件都是法律上没有明文规定的案件，因此，法官在处理类推案件中拥有较大的自由裁量权，在一定程度上可以认为是一种"造法"的行为，所以，法官在类推适用时应当受到严格的限制。

（1）对于法律保留事项绝对禁止类推。所谓法律保留，是指必须由法律规定的事项(包括绝对保留事项和相对保留事项)。对于法律保留的事项，其本身不应当属于法律漏洞，而是国家在制定法律时由于当时的政治经济社会等因素的影响而作出的政策性保留，保留的事项必须由法律规定，因此不能类推适用。

（2）在法官类推适用的过程和结果应当合法、合理。合法主要是说法官在适用类推时使用的法律规范必须是现行有效的；合理主要是指类推的结果是能被当事人乃至绝大多数人所接受的，其标准应当是没有超过一般国民预测的可能性。

（3）类推适用时应当遵守民法的基本原则。民法的基本原则是民事立法，民事行为和民事司法的基本准则是调整社会关系和民法观念的综合反映，因此，法官在运用价值判断进行类推时，一定要以民法基本原则为前提，如果有违于诚实信用，公序良俗等民法基本原则则不能适用类推。

四、类推适用在合同法上的具体运用

合同法上类推适用有着明确的法律条文规定，《合同法》第 124 条规定："本法分则或其他法律没有明文规定的合同，适用本法总则的规定，并可以参照本法分则或者其他法律最相类似的规定。"又如该法第 174 条规定："法律对其他有偿合同有规定的，依照其规定；没有规定的，参照买卖合同的有关规定。"从以上规定分析，合同法上类推适用针对的对象是无名合同在合同法上的适用问题，而不是针对有名合同适用存在漏洞问题的补充适用。

填补法律漏洞，通常是以类推适用，或回归法律所包含的原则之方式行之。在逻辑顺序上，一般无名合同法律适用首先选择合同法上总则的规定，并不是优先适用类推方法。法律所包含的原则规定被优先适用，其次可以参照法律最类似的规定进行适用。一般无名合同类推适用的运用过程，是将类推适用看作形式规则与价值判断的统一，并首先适用价值判断，其次参照形式规则。

但是，对于其他有偿合同没有法律规定的，参照买卖合同的有关规定。这里突出强调有偿性可以类推买卖性质，直接参照买卖合同的有关规定进行处理。有偿无名合同类推适用的运用过程，在认定性质前提下，是直接将类推适用看作形式规则与价值判断的统一，并首先参照形式规则。

以上具体分析了类推适用在合同法上的运用，可以得出的结论是法律漏洞的存在是类推适用的前提,因为合同法承认没有法律明文规定的无名合同的存在,并在此基础上就无名合同适用规则进行细化。由于民法与合同法基本原则与类推适用在填补成文法漏洞上具有相似的功能,合同法规定了基本原则与类推适用的两者关系,并理顺了两者在填补合同法漏洞的先后顺序即:当合同法出现漏洞时,应当先运用一般总则的方法进行漏洞补充,同时可以采用类推适用填补法律漏洞;但是针对无名有偿合同可以直接采用类推方法。

第二节　无名合同的税法评价

一、无名合同的概念、类型

1. 无名合同的概念

无名合同又称非典型合同,是指法律尚未确定特定名称的合同;与有名合同(即典型合同)相对应,是指法律确定特定名称的合同。我国现行合同法对无名合同的概念未作规定。学术上对无名合同的理解多出于与有名合同的比较。这里需要特别指出两点:一是,无名合同在法律上尚未确定特定名称,并非指该合同没有名称,因为源于“契约自由”“意思自治”原则,合同名称可以根据当事人需要自由命名。二是,无名合同的概念不局限在“法律未规定名称”上,其调整内容超出一般法律规定的调整范围。有名合同立法的本意不仅在于列举合同名称,而且重要的是对列举名称合同的调整范围作出具体规定,使这些合同成为法定的典型合同,从而使之与无名合同区别开来。

2. 无名合同的类型

法律将典型合同加以明文规定,使市场主体对自己的经济行为所能产生的后果及纠纷事先可以预见、预防,使合同订立得更加规范,并注意合同的成立要件,以使一定的经济目的得以实现。无名合同则是随着时代的发展而不断产生和更新的合同。从发展趋势上看,诉讼到法院的无名合同类案件占全部合同纠纷案件的比例在逐年上升。根据司法实践中对无名合同概况的了解,无名合同可以划分为四种类型:

(1) 纯无名合同,是指不仅法律未列举其名称,而且其内容部分与有名合同的构成部分均不同,如团体就餐合同、承办比赛合同、演出合同等。

(2) 准无名合同,是指虽然法律未作规定,但国家行政法规、规章、条例对其合同名称、调整范围、实体处理规则均有明确、具体的规定,而且同时具备纯无名合同的全部特点,如国务院发布的有关企业承包、租赁经营的行政法规中关于“企业承包经营合同”“企业租赁经营合同”等。

(3) 混合合同,是指合同的构成是由两个以上的有名合同条款或有名合同条款与无名合同条款的结合所成立的合同。这类无名合同可分为两种情况:一种是由两个以上有名合同构成条款的结合;另一种是由有名合同与无名合同构成条款的结合。

(4) 联立合同,是指两个以上的有名合同或有名合同与无名合同不失个体独立存在而相结合的合同,也称“契约之联立”。此类型无名合同的订立有三种情形:①单纯结合,通常是因同一主体之间为实现一定的经济目的而订立一系列合同的行为,在外观形式上相牵连。个体合同独立存在,合同适用各自固有的法律法规,但当履行合同发生纠纷时,主体之间相互制约的牵连常常影响合同的正常履行。②依存结合。其一是单方依存,一个合同的成立依存于另一个合同的存在。其二是互为依存,两个不同性质的合同互为存在。③附条件结合,是指约定条件成就后,使甲合同效力终止,则乙合同即发生效力。

二、税法对无名合同的分析探讨

由于无名合同具有主体多元化、标的物广泛、法律关系复杂且无相应的法律规定、类型不断创新等特点,造成税法针对无名合同的评价呈现艰难一面。

有名合同为税法适用提供了类型化评价套路,方便税法对应税行为或应税合同的税法属性进行判断,但是税法并不是根据合同的名称进行评价的,税法上对收入、支出等名称与有名合同具有不完全一致性。企业所得税法对收入的类型进行有名划分,共分九种:①销售货物收入。销售货物收入,是指企业销售商品、产品、原材料、包装物、低值易耗品以及其他存货取得的收入。②提供劳务收入。提供劳务收入,是指企业从事建筑安装、修理修配、交通运输、仓储租赁、金融保险、邮电通信、咨询经纪、文化体育、科学研究、技术服务、教育培训、餐饮住宿、中介代理、卫生保健、社区服务、旅游、娱乐、加工以及其他劳务服务活动取得的收入。③转让财产收入。转让财产收入,是指企业转让固定资产、生物资产、无形资产、股权、债权等财产取得的收入。④股息、红利等权益性投资收益。股息、红利等权益性投资收益,是指企业因权益性投资从被投资方取得的收入。⑤利息收入。利息收入,是指企业将资金提供他人使用但不构成权益性投资,或者因他人占用本企业资金取得的收入,包括存款利息、贷款利息、债券利息、欠款利息等收入。⑥租金收入。租金收入,是指企业提供固定资产、包装物或者其他有形资产的使用权取得的收入。⑦特许权使用费收入。特许权使用费收入,是指企业提供专利权、非专利技术、商标权、著作权以及其他特许权的使用权取得的收入。⑧接受捐赠收入。接受捐赠收入,是指企业接受的来自其他企业、组织或者个人无偿给予的货币性资产、非货币性资产。⑨其他收入。其他收入,包括企业资产溢余收入、逾期未退包装物押金收入、确实无法偿付的应付款项、已作坏账损失处理后又收回的应收款项、债务重组收入、补贴收入、违约金收入、汇兑收益等。

合同法中有名合同共分为:买卖合同,供用电、水、气、热力合同,赠与合同,借款合同,租赁合同,融资租赁合同,承揽合同,建设工程合同,运输合同,技术合同,保管合同,仓储合同,委托合同,行纪合同,居间合同。税法对收入的分类或列举超过合同法的分类或列举,超过部分有的是无名合同支撑下的收入,有的不是合同支撑下的收入。一般而言,有名合同的税法评价比较容易确认。无名合同反映的收入只要在税法分类或列举之内,同样容易确认。

为什么一定要将收入进行有名划分,主要因为收入性质的不同关系到适用的流转税不同、纳税义务发生时间的不同、减免税待遇不同、适用税率不同等重要问题。

税法征税范围与合同的划分并不存在必然的关联性。税法征税范围包含有名合同与无名合同,到目前为止合同法上有名合同全部被纳入税法调整范围,但是无名合同中部分被纳入税法评价范围,部分不在税法调整范围之内。税法对收入种类划分采用列举法,前 8 种收入与合同法上有名合同重叠,只有最后一种,其他收入其涵盖的范围很广,从逻辑上涵盖了所有有偿类合同,包括无名有偿合同;就其本质上如何判断,税法对其他收入也采取列举法,没有回答“有名”与“无名”之间本质相似性在何处;这里的列举收入之间也缺乏内在本质一致性规定,更像一个收集残余品的筐子。

无名合同在司法实践中存在法律适用的难度较大情况,当事人之间的权利与义务关系不易平衡,裁判结果难以统一。针对无名合同的税法适用,同样存在较大难度,在分析思路上注意以下几个方面:

(1) 对纯无名合同,税法应当优先考虑合同法的一般规定,在此基础上,进行适当调整。

(2) 对准无名合同,税法应当考虑国家行政法规、规章、条例对其合同名称、调整范围、实体处理规则等具体规定与合同法的一般规定两个因素,不能仅仅考虑前者,因为前者的规定更多侧重于行政管理角度和特殊背景条件下的规定,所以更应该参考合同法的一般规定。在此基础上,进行税法调整。

(3) 税法反对吸收原则。吸收原则以合同主要内容为主,吸收次要内容,确定合同法律关系。对于合同当事人只要达到自己目的,放弃与牺牲次要目的是自由的。但是税法对合同的评价应该是全面的,对无名合同的各主体、各标的、各权利与义务关系、法律责任等应当事无巨细,全面评价,这是法定义务。

(4) 税法慎用分解原则。分解合同中所有要素分别适用合同法的规定,表面上看事无巨细，实现了全面评价。但是如果不通盘考虑联立合同和混同合同签订的整体商业目的和整体布局，不考虑安排步骤与依赖条件等之间的联系，就会只见树木、不见森林，很容易造成税法适用上的僵化。

（5）正确判断无名合同与会计处理及发票的关系。税法对无名合同法律特征的分析，首先应按照合同法上类推适用的规定进行，而不能依照会计对无名合同的确认与处理为标准，更不能简单按照无名合同交易所开具的发票进行判断。舍弃合同法上规定，参照会计、发票处理，是舍本求末，本末倒置的思考方式。

（6）税法对无名合同的沉默评价，是指税法采取排除法，将无名合同排除在不征税合同、免税合同之外，因此得出结论某无名合同属于应税合同，但到底属于何种性质，税法则置之不议，有意沉默。

5. 税法局部使用类推适用原则

对于纯无名合同、混合合同及部分有名合同与无名合同联立合同采用类推原则，比照有名合同法律法规处理案件，这是目前通用原则，实际上这是通过类推适用法律，来弥补立法上调整无名合同的法律空间。

在税法上使用类推适用原则受到一定的限制，主要表现在对应税合同的定性上。课税范围与有名合同、无名合同之间基本没有逻辑关系，根据现有税法一般规定看，有名合同已经被纳入了税法调整范围，但是对一些与有名合同很类似的无名合同，不能通过类推将无名合同推到课税范围内。这是税收法定主义原则的基本底线。此外，有名合同和无名合同都在课税范围之内的情况下，无名合同在适用税率、减免税、计征程序、计算方法和确定纳税义务发生时间等方面是否可以类推适用有名合同，本书主张在课税范围之内应该允许税法类推适用，因为通过这样在法律之内的类推适用，达到税法内部平等，也倒逼税法内部完善，堵住纳税筹划的漏洞。

第三节　类推适用在税法上的运用

税法学界主张类推适用的观点主要认为，类推适用并不与税法基本理念和价值追求相违背，而是完全融合于税法理论体系中，即税法类推适用是完全可能的。其主要理由是：第一，作为税法类推适用的前提，行政法并不禁止类推；第二，类推适用与税收法定主义并不违背，税收法定主义已经从早期的强调形式上的法安定性发展到现今强调课税公平；第三，税法和刑法在调整对象、基本理念、价值目标等方面存在根本区别，刑法上强调罪刑法定主义而禁止类推的思维方式并不能适用于税法；第四，税法有关税收规避的规定具有法律补充的性质而得以保证类推适用；第五，税收公平是税法重要价值，通过类推适用补充法律，可以更好地达到实质上的公平；第六，依据税法目的进行类推，不仅不违反民主原则，反而更符合民主原则；第七，税法类推与法安定性原则也并不矛盾，纳税人的法律信赖利益保护，并非基于“可能的文义”，而是纳税人透过税务机关及法院相关信息予以信赖，相信其依平等原则能予以相同待遇处理，类推适用对税法目的的完善，正是维持纳税义务人的此种法律信赖，亦即维护法安定性。以上分析表明，税法类推适用并不存在禁止的当然理由，类推适用与税法基本理念与价值追求是一致的。

类推适用的最根本原因，是税收也是债之一种。税收债法调整税收债务关系当事人之间的权利义务关系，具体而言，其重在规范人民与国家之间的税收法律关系，主要包括税收债务人的确定、税收债务的内容、税收债务的成立、变更及消灭等。其中课税要件为税收债法的核心部分，税收债法的其他部分皆围绕课税要件而展开。在税法的财政目的占有重要地位的我国税收债法中，平等原则和量能课税原则的贯彻，对于纳税人权利保障尤为重要，因为只有给付能力相同者课以相同税负，才可阻碍逃税、避税等脱法行为，才能维系市场的自由、公平竞争。这也就在税法上要求对在立法上尚未满足，而实质上已经构成课税要件，或者说，形式上尚未构成，而实质上的确满足了课税要件的经济生活事实赋予税法效果。这类行为主要为税收债法领域，其有债法柔性的一般特质，并不为法律类推适用的禁止领域。另从税法的财政目的和纳税人权利保障目的的应有内涵及平等课税、量能课税与实质课税的追求层面分析，税法应以课税要件的事实达成为基本标准，准予类推适用的运用。

税法学界反对类推适用的观点主要认为，税收法定原则要求税法适用必须严守税法规范“可能文义的范围”，以此区分类推适用，类推禁止可以保障民主原则、保证税法的安定性，并以刑法因强调罪刑法定而明确禁止类推适用为例予以说明。

本书认为类推适用在税法上的具体运用必须区别不同的领域进行分析，在税法立法与解释领域推崇类推适用，而在税法处罚领域、税务机关执法领域和纳税人遵从领域应该禁止类推适用。

一、征税范围的类推适用动摇税收处罚及刑法领域法定原则

类推适用的禁止体现在税收处罚法上。税收处罚法，主要针对纳税人违反税法规定而设。我国税法处罚法涉及补缴、追缴、限期改正、责令改正、滞纳金、罚款的一般处罚措施及刑事处罚的特殊措施。尽管税收处罚法的一般处罚措施更接近于行政制裁的属性，远没有税收刑罚强烈，但一般处罚措施对纳税人人身和财产的侵害不言而喻，这与税法的纳税人保障目的形成鲜明反差，故从利于人民和法无明文不为“罪”的理念出发，税收处罚法的一般处罚措施不宜类推适用，皆应以法律明

文规定为限。税收刑罚，与刑法之刑罚一致，则应归税收法定主义的约束。刑事处罚具有最大的人身侵害性，原则上税收处罚法之刑事处罚不应类推适用。如果类推适用有利于纳税人，则属例外，自无禁止类推适用的必要。

《税收征收管理法》规定的处罚情形主要有两种：一是未造成税款流失的行为类违法；二是造成税款流失的违法情形。从种类上我国税法处罚法涉及停供发票、停止出口退税、没收所得和罚款等处罚措施。税收处罚主要针对纳税人违反税法规定而设。如果授权税务机关在税款征收上类推适用，导致税收行政处罚、税收刑法的适用基础扩大，从而动摇行政处罚法与刑法领域法定主义原则。如果允许税务机关对税法进行类推适用，导致的法律效果不仅停留在税款数额的多少或减免等税收债务方面，还将延伸到税务行政处罚领域，有的甚至延伸到税务刑法领域。因为《税收征收管理法》第 63 条、第 64 条、第 65 条、第 66 条、第 67 条、第 68 条与第 69 条规定的行政处罚全部建立在税款少缴基础之上，如果税务机关通过对税法进行类推适用导致纳税人、扣缴义务人应该补缴税款的情形，这时税务机关就必须进一步探讨纳税人、扣缴义务人为什么少缴税款或采取什么手段少缴税款，必须对该行为进行法律定性处理处罚，不可能仅仅要求纳税人、扣缴义务人补税。比如，纳税人签订的合同内容不符合正常合同内容，纳税人判断不应该申报缴税，税务机关通过类推适用要求纳税人补税，并对此行为定性为偷税、骗税或少申报税等性质，紧接就是税务处罚。如果偷税和骗税涉及金额较大，必须移交司法机关继续处理。

《中华人民共和国行政处罚法》（以下简称《行政处罚法》）第 4 条行政处罚遵循公正、公开的原则。设定和实施行政处罚必须以事实为依据，与违法行为的事实、性质、情节以及社会危害程度相当。对违法行为给予行政处罚的规定必须公布；未经公布的，不得作为行政处罚的依据。

如果对彼事实按照此事实进行类推补税后，能否以被类推事实作为行政处罚法上规定的“行政处罚必须以事实为依据”的事实？类推能否成为行政处罚的事实依据？回答应该是彻底否定的。根据《行政处罚法》规定，行政处罚最核心的原则是处罚法定原则。其具体要求有四：第一，对公民和组织实施行政处罚必须有法定依据，法无明文规定不得处罚。第二，行政处罚必须由有权设定行政处罚的国家机关在行政处罚法规定的权限范围内设定，并以法定的程序制定、公布。第三，实施行政处罚应当由具有行政处罚权的行政机关在法定职权范围内实施；其他机关或者组织必须经法律、行政法规、地方性法规明确的授权或者经法律法规、规章规定的委托才有权实施行政处罚。第四，行政机关实施行政处罚必须严格依法定程序进行。税务机关通过事实类推进行税务处罚违背了行政处罚“法无明文规定不得处罚”的法定主义；如果税务机关对此不进行税务处罚又违背了类推结论的法律效果，既然税务机关将被类推的事实归入应该处罚的事实之内，就无权放弃处罚。这导致税务机关处于两难困境。

除税款涉及处罚外，《税收征收管理法》还对许多行为类违法行为设定处罚。实际工作中总会发生许多事实行为让税务机关判断此种行为应该处罚，但在《税收征收管理法》及细则中找不到依据。比如，《税收征收管理法》第 60 条规定纳税人有下列行为之一的，由税务机关责令限期改正，可以处 2 000 元以下的罚款；情节严重的，处 2 000 元以上 10 000 元以下的罚款：未按照规定的期限申报办理税务登记、变更或者注销登记的；纳税人不办理税务登记的，由税务机关责令限期改正；逾期不改正的，经税务机关提请，由工商行政管理机关吊销其营业执照。纳税人未按照规定使用税务登记证件，或者转借、涂改、损毁、买卖、伪造税务登记证件的，处 2 000元以上10 000元以下的罚款；情节严重的，处 10 000 元以上 50 000 元以下的罚款。《税收征收管理法实施细则》第 90 条规定，纳税人未按照规定办理税务登记证件验证或者换证手续的，由税务机关责令限期改正，可以处 2 000 元以下的罚款；情节严重的，处 2 000 元以上 10 000 元以下的罚款。以上规定对税务登记类违法行为进行行政处罚，其主要出发点是要求纳税人主动办理税务登记和合法使用税务登记证，但是现实中发生有的纳税人“过分积极主动”通过提供虚假的证明资料等手段，骗取税务登记证的，此时，税务机关是否可以类推该行为就是未办理税务登记证，适用上述处罚？处 2 000 元以下的罚款；情节严重的，处 2 000 元以上 10 000元以下的罚款。显然根据行政处罚“法无明文规定不得处罚”的法定主义，税务机关无权将骗取税务登记证的行为类推为违法办理税务登记证行为。根据《行政处罚法》第 12 条规定，国务院部、委员会制定的规章可以在法律、行政法规规定的给予行政处罚的行为、种类和幅度的范围内作出具体规定。尚未制定法律、行政法规的，前款规定的国务院部、委员会制定的规章对违反行政管理秩序的行为，可以设定警告或者一定数量罚款的行政处罚。罚款的限额由国务院规定。国务院可以授权具有行政处罚权的直属机构依照本条第 1 款、第 2 款的规定，规定行政处罚，显然税务机关只能通过规章立法对此类行为设定行政处罚，在未进行立法完善之前，税务机关面对骗证行为只能望洋兴叹。直到 2003 年 11 月 20 日《税务登记管理办法》公布，该办法才对骗证行为规定税务处罚，离 1992 年 9 月 4 日通过的《中华人民共和国税收征管法》迟了 11 年。

综上所述，对税收行为类处罚是严格禁止类推适用的，因为一种行为是否接受处罚应当由法律法规、规章明确规定的。对税款类处罚应该同样严格禁止类推适用，但是税款类处罚类推适用具有一定欺骗性，它是首先建立在税款类推适用上，然后根据纳税人少缴税款再进行处罚，处罚本身呈现出“事实依据和法律依据”俱全的外部特征，但仔细考量这里的事实只是被类推的事实，而不是直接违法事实，因此税法应该明文规定类推税款不得实施税务处罚。

二、类推适用的禁止体现在税务机关执法上

税务机关在发现某些个人的经济生活事实已实质上达成课税要件事实，而税法尚未规定时，不应该首先担负起填补此项漏洞的任务。理由为：其一，法律并没有授权税务机关进行填补税法漏洞的权力，税法仅仅规定税务机关在已有的立法范围内实现税法之平等赋税、量能课税及实质课税追求的必然要求；其二，行政执行权的应有内涵并不包涵立法权力；一旦税法漏洞出现、税法自身无法明确时，税务机关不能在模糊的空间享有执行权，此种模糊空间属于法律规定禁止税务机关准入的空间，而不是鼓励通过类推大胆进入的空间。

但是要分清税务机关反避税权力与类推适用的关系。税务机关发现某些纳税人的经济生活事实已实质上达成课税要件事实，即需分析经济生活的法律形式是如何形成的，其存在的目的是正常合理的商业目的，还是仅以少缴纳或不缴纳或延迟缴纳税款为主要目的，如果属于后者，税务机关应当担负起反避税的执法任务，而不是按照类推适用去找对应的税法。如果属于前者，税务机关根据课税要件判断经济生活进行应该征税即可，而不存在法律漏洞问题需要类推适用去弥补。

如果税务机关在发现某些单位或个人的经济生活事实与其他已经达成课税要件或已经达成免税要件的经济生活事实具有相似性，同时税法尚未对此明确规定时，税务机关启动的不是类推适用的程序，而是担负起税收政策调查研究与报告的工作责任。比如，税法规定溢价发行股票形成的资本公积转增实收资本，免征个人所得税；但是对于非上市公司资本溢价转增股本的经济事实是否同样免征个人所得税，税法没有明确规定。无论在形式与实质上非上市公司资本溢价转增股本与上市公司资本溢价转增股本具有惊人的相似性，该资本溢价转增股本过程中是否发生个人所得税缴纳的问题，税法没有规定，税务机关只能启动反映政策存在的漏洞或不公平问题，以供税务总局和其他立法机关研究，而不能以类推适用方法为标准判断非上市公司资本溢价转增股本免征个人所得税。

类推适用存在权利暗箱，从学术上的原则跳跃到具体执法类推上，存在巨大的权力运行空间。税收立法上类推适用的大量出现，是有效利用立法资源的立法技术处理，不能因为税收立法上类推适用的大量出现从而影响到税收执法，甚至税收司法，最终突破原有法定主义之税法适用理念。税收构成要件最终是要适用到具体的案件中去的，总是必须加以具体化的。构成要件明确化的意义在于由立法机关明确加以规定，避免行政机关或法院对立法权的僭越，尤其防止税务机关（其代表政府）的越权行为。

在税法执法领域严禁税务机关采用类推适用方法执行税法。主要原因是税法

本身没有明确条文授权税务机关可以类推执法，也就是说，税务机关类推执法没有法律依据，典型例子如关于税收个案批复问题。税收个案是指税务机关针对特定税务行政相对人的特定事项如何适用税收法律法规、规章或规范性文件所做的批复。凡税收法律法规规定的对税务行政相对人的许可、审批事项，不属于本规程适用范围。税收个案拟明确的事项需要普遍适用的，应当按照《税收规范性文件制定管理办法》制定税收规范性文件。办理税收个案批复，应当符合法律规定，注重内部分工制约，坚持公开、公平、公正、统一的原则。有下列情形之一的，不得作出税收个案批复：①超越本机关法定权限的；②与上位法相抵触的；③对其他类似情形的税务行政相对人显失公平的。

税收个案拟明确的事项需要普遍适用的，应当按照《税收规范性文件制定管理办法》制定税收规范性文件。根据这条规定，税务机关不能根据税收个案类推其他个案，严禁采取从特殊到特殊的法律方法。另外，从税务总局关于某些问题的答复中也明确规定，针对一些个别行为在总局未制定税收规范性文件之前不得按照类似文件处理。比如，非上市公司资本溢价转增股本是否免征个人所得税不能比照上市公司资本溢价转增股本进行税务处理，需要等待税务总局明确政策。

三、类推适用的禁止也体现在纳税人税法遵从上

反对类推适用的一个重要理由是：如果允许税务机关在执行税法上进行类推，就必然存在允许纳税人在遵从税法上进行类推，因为税务机关与纳税人都在按照同一部税法行使各自的职责与义务，在税法适用目前是平等的。如果允许两者同时适用类推，可能产生不同的结果，导致无法适用税法。

我国立法现状（行政授权）有利于类推立法，不利于类推执法。类推适用在税务机关与纳税人之间适用的不平等性，很少见到类推有利于纳税人的执法行为；纳税人是否有权启动类推执法。比如，根据《中华人民共和国耕地占用税暂行条例》（以下简称《耕地税暂行条例》）第 8 条第 2 项规定，学校占用耕地免征耕地占用税。其中，免税的学校具体范围包括县级以上人民政府教育行政部门批准成立的大学、中学、小学、学历性职业教育学校以及特殊教育学校。现实中存在多种学校审批成立机关，如教育部门或劳动部门或其他部门，如由国务院人力资源社会保障行政部门，省、自治区、直辖市人民政府或其人力资源社会保障行政部门批准成立的技工院校。按照类推适用原则，技工院校与教育部门批准的学校在性质与特征上具有非常相似性，那么人力资源社会保障行政部门批准成立的技工院校是否可以享有免征耕地占用税资格？技工院校提出减免税要求后，税务机关根据《耕地占用税暂行条例》规定不予批准。因为税务机关不能通过类推适用将人力资源社会保障行政部门批准成立的技工院校比照教育行政部门批准成立的学校进行税款免征。税

法条例是否包含其他部门批准的学校，税务机关无权解释。对于此类情况，在有权机关进行税法解释之前，纳税人只有依法缴税。财政部、国家税务总局（财税[2012]22 号）《关于技工院校占用耕地免征耕地占用税的通知》规定，经研究，现将技工院校占用耕地的耕地占用税政策明确如下，人力资源社会保障行政部门批准成立的技工院校免征耕地占用税。纳税人只能在财税[2012]22 号文件下发后才可以免征耕地占用税，而不能在税法没有明确解释之前要求税务机关通过类推享受免税资格。

如果允许税务机关在行政执法过程中采用类推适用进行征税，就必须允许纳税人在依法缴税过程中采用类推适用进行纳税申报。合同类推适用的主体对双方都是公平的，但是在税法实践中税务机关往往类推纳税人应该征税，而不类推纳税人应该减免税；同时也不允许纳税人、扣缴义务人比照其他类似事实进行申报缴税。因此类推适用在税法执行与遵从领域存在不平等问题。

四、税法上类推适用存在价值上评价性矛盾

法学上的类推运用无论如何都是一种评价性的思考过程，而非仅形式逻辑的思考操作。法定构成要件中，哪些因素对于法定评价具有重要性，其原因何在，要答复这些问题就必须回归到该法律规整的目的、基本思想，质言之，法律的理由上来探讨①。

类推适用应该符合税法目的宗旨，但是税法目的宗旨本身存在分歧难以判断方向。税法立法目的与意旨内部存在价值博弈问题。税法征税范围在法律表达上是确定的，但是不征税范围的表达却有两种可能：一种是税法本身即规定了不征税范围，如土地增值税明确规定土地出让不属于征税范围；如企业所得税规定了不征税收入范围；另一种是税法本身意图是将有些经济事实纳入征税范围，但由于税法不可能涵盖社会生活的各个方面，如在税目列举、应税行为定义、经济事实认定等方面存在缺陷、矛盾、模糊与落后等立法原因，导致税法漏洞的产生。不征税范围存在是客观的，但是产生的原因需要仔细探讨。比如，1994 年《企业所得税实施条例》将视同销售的标的范围仅局限在货物，2008 年新《企业所得税法》将视同销售的标的范围扩大到财产、劳务、货物；从法律修改完善过程分析，显然 1994 年《企业所得税实施条例》将视同销售的标的范围仅局限在货物是一种立法漏洞，企业所得税关于视同销售的标的范围原意是应该涵盖企业经营的各个方面，包括财产、产品、半成品、劳务等各方面。如工厂用产品赠送他人按照视同销售处理，那么宾馆

① 卡尔·拉伦茨著：《法学方法论》，2013 年商务印书馆，第 258 页。

无偿招待他人也应该按照视同销售处理，根据税法的目的和视同销售的客观标准可比性分析，应该允许类推适用，但是在2008年企业所得税法将销售的标的范围扩大之前，任何税务机关与纳税人都不能将劳务视同销售，因为税务机关与纳税人无法探究立法者究竟是有意将劳务排除在视同销售征税范围之外，还是由于立法语言的疏漏导致将劳务排除在视同销售征税范围之外。

我国税法立法呈现“从特殊到一般再到特殊”的断链特征，导致在执法环节不能存在“从特殊到一般再到特殊”的类推链条。比如我国实体税法立法并没有将一些税法原则进行书面概括，而是采取具体列举课税要件的方法，存在“从特殊到一般”与“从一般到特殊”的逻辑进路，而不存在“从特殊到一般再到特殊”。但是我国实体税法在局部领域也出现了一些税法原则。比如，《企业所得税法》关于收入、成本、费用的确认规定原则上采用权责发生制，就是税法领域关于“一般”的规定，有了这条规定，对于税法没有明确规定如何处理的特殊收入、成本、费用等，纳税人与税务机关都可以引用权责发生制进行适用，相当于“从特殊到一般再到特殊”的类推适用。

法内平等与法外平等的职责分工不同，类推适用不能干预法外平等。税务机关根据法律规定具有依法行政的职责，不是依法立法的职责，因此税务机关应该关注的法律平等是法内平等，即执行法律平等，不是法外平等；法外平等是立法机关的职责。税收法定主义原则的适用范围其重点与目的是制约税务机关执法行为，而不是赋予税务机关通过自己的执法行为完善法律漏洞与不足。比如《车船税暂行条例》规定，车船税征税范围是依法应当在车船管理部门登记的车船。不需登记的单位内部作业车船不征税。从车船税财产属性和公平税负的角度出发，不论车船是否登记，都是财产，都要消耗社会资源，都应该纳入征税范围。但是根据《车船税暂行条例》规定，税务机关不能从公平角度对不需登记的单位内部作业车船征税，法律赋予税务机关仅仅是保障在征税范围内的公平、平等，而不是超越征税范围之外实现公平、平等。

而征税范围的条件是由税法明确规定的，税务机关不能提供类推将原来不在征税范围的经济生活类推到属于征税范围之内。法外是否公平、正义、平等，不是税务机关的关注对象，而是法律立法机关的关注对象。《车船税法》，将不需登记的单位内部作业车船纳入征税范围，从法律上实现了两种车船（登记和不登记）在税法上的公平、正义、平等。因此税务机关不能通过类推对与征税范围类似特征的经济事实进行征税。无法进行实证的空洞的平等原则应该从税法公平原则中删除。税务机关单方面的所谓平等，对于纳税人可能永远不知道是否真正平等。在实践中纳税人根本无权依据平等原则进行复议与起诉等。

本章小结

本章通过类推在合同法上的适用分析，借鉴到税法领域，在税法立法领域主张类推适用原则，这是一种立法技术效率原则与平等原则的要求。但在税法执法、遵从、处罚、司法、刑法领域禁止类推。我国税法立法条文缺少一般性原则规定，导致税法类推适用的逻辑形式出现断链，无法实现从特殊到一般再到特殊的过程；我国税法立法主旨内部具有一定矛盾性，税法类推适用主体的局限性及偏向征税的立场导致平等原则无法在纳税人与国家之间实现平衡，这些问题的存在使类推适用缺少相应的法理；征税范围的类推适用间接动摇税收处罚及刑法领域法定原则。

第十一章　合同管理对税法遵从的意义

第一节　企业合同涉税管理概述[①]

一、合同管理概述

合同管理是指合同当事人为实现合同目的，根据自身具体情况，依照合同法等法律法规，在合同准备、谈判、签署、生效、变更、解除与解决纠纷、救济权利的整个过程中所进行的一系列民商事法律行为及管理行为。

企业的经济往来主要通过合同这个法律形式完成，同时合同本身包含经济管理信息、财务信息、市场信息等大量的至关重要的信息内容；从合同的法律属性和信息容量上看，合同管理在企业管理中处于重要地位。在西方发达国家对合同管理从研究到实践方面都取得比较完备的发展，在行业协会中有专门的行业合同管理研究协会，如石油天然气企业合同管理风险研讨会；国际咨询工程师联合会制定的《土木工程施工合同条件》；美国《得克萨斯州合同管理指南》以政府文件形式全面细致地阐述了合同管理内容，通过对合同管理的关键点的理解和认识，形成系列研究成果和理论。我国对合同管理的研究与实务虽然落后于西方，但近年来也取得了部分成果，如《企业内部控制应用指引第 16 号——合同管理》；国资委领导在央企工作会议上强调合同作为企业法律风险防范管理机制，将合同管理深入风险控制、项目管理、信息系统建设等领域。

合同管理对现代企业的生存与发展影响是巨大的。从内部管理作用分析，合同明确公司与员工之间权利与义务关系；明确投资者之间权利与义务关系；合同管理对于企业内部财务管理、资产管理、生产管理、运营管理具有重要作用，有助于提高企业发展的可控制性。从外部管理作用分析，合同对经济往来各方主体的权利义务关系进行规定、协调、指导和震慑，维护自身权利，是现代企业制度运行的法律

① 本章第一节、第二节、第四节关于企业合同管理的论述，主要参考和引用了陈丽洁主编：《企业合同管理操作实务》一书中有关内容，法律出版社 2010 年版。该书指出合同管理在现代企业治理中的重要作用，其价值尚未引起企业和理论界的足够重视。

载体，是参与国际市场竞争的必然需要，是社会主义市场经济的客观要求。

二、合同在企业税务管理中的定位

企业税务管理是企业财务管理的重要组成部分，企业税务管理的目的主要有三个：维护纳税人权利、防范税法风险和筹划税收利益。

为什么要跳出财务管理的范畴谈论企业税务管理？目前，因为企业税务管理人员往往是由企业财务人员担任的，企业税务管理部门也设立在企业财务部门里，这些现状导致目前认识上以为企业税务管理就是财务事项，甚至认为做做账务就可以管理好税务问题。但是，从本质上看企业税务管理是企业法务管理的重要组成部分，税务问题固然同财务问题关系紧密，但税务并不是由财务产生和决定的，财务仅仅在税法授权范围内才可能对税务问题产生影响，如核算方法工具的选择等，税务是由企业采购、生产、销售、分配、投资、研发、管理、融资等各种业务产生和决定的，税务不是财务做账做出来的，而是企业业务干出来的。前面论述了合同在企业参与市场经济中重要地位和作用，合同管理参透到企业运营流程的各个环节，构建了企业全程管理、全方位管理、多层次管理、高效率管理等管理体系。因此与其说税务与财务密不可分，不如说税务与合同密不可分。合同到哪里，税务就到哪里，接着才是财务到哪里进行记录和核算。企业业务通过合同的签订与履行决定与影响企业税务问题的产生与解决。

合同的税务管理才是企业税务管理的核心与关键。合同涉税管理是指合同当事人以合同为载体，在合同准备、谈判、签署、生效、变更、解除、救济的整个过程中，税法根据对合同签订的组成要素和运行每个环节进行考量和评价，达到维护税务权利、防范税法风险和筹划税收利益的系列管理行为。

三、企业合同涉税管理的基本理念

（一）企业合同涉税管理是企业税务管理的根基

企业合同涉税管理实际上是企业纳税人权利管理、企业法律风险管理和企业财务效益管理，对企业财务管理与税务管理起到最基础的作用。

(1) 企业合同涉税管理是对纳税人权利的管理。根据我国税法规定，税收的开征、停征以及减税、免税、退税、补税，依照法律的规定执行；法律授权国务院规定的，依照国务院制定的行政法规的规定执行。任何机关、单位和个人不得违反法律、行政法规的规定，擅自作出税收开征、停征以及减税、免税、退税、补税和其他同税收法律、行政法规相抵触的决定。法律、行政法规规定负有纳税义务的单位和个人为纳税人。任何部门、单位和个人作出的与税收法律、行政法规相抵触的决定一律无效，税务机关不得执行，并应当向上级税务机关报告。纳税人应当依照税收法律、行政法规的规定履行纳税义务；其签订的合同、协议等与税收法律、行政法规相抵触的，一律无效。这些税法规定首先决定企业在合同签订是否具有可税性，是否纳入国家税法调整范围之内，其次才能考量是否享有减税、免税、退税权利。合同作为企业纳税权利存在的重要依据，是企业行使陈述权、申辩权、行政复议权、行政诉讼权、请求国家赔偿权和控告检举权的法律证据。

（2）企业合同涉税管理是纳税人法律风险管理。税法风险管理是合同涉税管理的动力根源，加强合同涉税管理可以有效预防和减少税法遵从风险。随着税务风险管理理念的发展，合同涉税管理出现从财务部门逐渐向税务法务独立管理部门转移的趋势。一般来说，合同税务风险管理防范的目标有：一是合同与税法是否抵触。我国税法规定，纳税人签订的合同、协议等与税收法律、行政法规相抵触的，一律无效。防止合同无效的法律风险。二是避免重大分歧风险。合同法对业务的定性与税法对业务的定性出现分歧，因为事前没有考量税法评价因素，导致合同最后履行结果没有产生原来设想的经济效果。三是故意签订虚假合同达到偷税、骗税、逃税等违法目的。四是签订关联合同达到减税、免税、退税和避税等目的，由于合理筹划不到位产生被调整的税法风险。

（3）企业合同涉税管理是纳税人经济效益筹划管理。合同签订与履行贯穿于企业生产经营各个环节，其根本目的是实现企业资产的增值。合同管理的宗旨同样是成为企业实现自身效益的必要保障。合同涉税管理应该是紧随合同管理过程中的重要一环。借助税法对合同签订、履行、变更与救济进行考量、设计与应对，回避不利自身的税法因素，积极利用有利的税法因素，在市场成本一定、利润空间一定的情况下，合法合理地降低税负，是纳税人利用合同进行筹划的根本动力。

（二）企业合同涉税管理是纳税人运营的一种流程管理

企业合同涉税管理包含在企业流程管理之中，抓住合同涉税管理，对于企业税务管理、财务管理具有重要的作用，便于企业流程设计、优化和管理。合同涉税管理应该是全过程管理，贯穿于合同立项、谈判、起草、审查、签订、履行、变更与纠纷处理全部过程中，同时对财务资金、资产的系列核算、发票开具与取得、申报应税收入与扣除成本费用等起到关键的影响作用。

合同涉税管理不仅仅是关心合同记载的数字金额，对合同技术条款、经济条款与法律条款同样实行必要的审查管理。以往税务管理、财务管理没有关注合同管理时，可能产生企业签订一项技术服务合同，付款后财务凭借主观分析入账处理，但是到底应该增加无形资产还是管理费用，是由合同技术条款决定的，合同涉及的技术标准、参数、合同标的数量、规格、技术专利等导致财务核算科目不同。如果合同从立项、谈判、起草、审查、签订、履行流程中嵌入税务审查管理，财务人员对此就能够准确进行税务处理。财务会计应该通过合同理解业务性质、商业经营模式与分期收付款，然后才能决定税务处理；与其事后进行被动理解，不如事前嵌入税务管理环节。

第二节 合同涉税管理的架构与制度

一、企业合同涉税管理的组织架构的设计考虑两个因素

（1）企业现有管理体制对业务的适应性。企业应当考虑行业性质、企业规模、市场环境、内部机构等各种管理因素设置企业合同涉税管理部门，企业的业务环境决定应该由与之相应的税务管理体制。主要有两种模式：集中管理和授权管理。对于规模小、业务单一、管理层次少的企业，一般采用集中管理方式；对于规模大、业务复杂、管理层次多的企业，一般采用授权管理方式；对一些性质重要和标的重大的合同进行税务审查应该由公司总部管理。

（2）企业合同涉税管理部门功能必须健全。除了基本的提供税务处理意见外，更需要与业务部门磋商有关商务条款，与技术部门沟通有关技术问题，与财务部门沟通账务处理、发票、收付款等，这些沟通结果都会体现在合同的具体条款中。

二、总法律顾问制度

总法律顾问制度在我国的确立，推动了我国企业法律顾问制度的进一步发展。总法律顾问是全部负责公司法律事务的高级管理人员，是企业负责人在法律方面的高级参谋。从理论上推断企业总法律顾问应该全面负责包含税法在内的所有法律事务工作，但是通常做法是，税务管理工作由企业财务会计部门负责。我们提出由总法律顾问制度负责税务管理，并不是要求税务管理具体事务由企业法务部门处理，而是要求在企业法律管理的规章制度里、法律管理流程设计中、法务人员素养与知识架构体系中嵌入合同涉税管理制度、流程和理念。

总法律顾问在合同涉税管理中的职责：建立合同涉税管理的规章制度、参与重大合同税务论证、指导公司各部门合同涉税管理、制定年度税务管理计划、考核法务、税务部门人员工作等。

三、企业法务部门

现代企业管理的一个明显趋势是管理模式的法制化和正规化，集中表现为企

业法务部门的成立。企业法务部门在公司整个机构体系当中处在基础的必要的把关地位,法律不是企业业务的中心,但所有中心工作都要符合法律才能安全运行,法务部门构成企业常设机构之一,其功能主要是通过对合同的管理处理企业法律事务。但是在实践中通常做法是,税法工作由企业财务会计部门负责,不是由企业法务部门负责,形成税务与法务“两张皮”局面,各顾各事,彼此业务不能兼容和互相补充,严重浪费企业管理资源。这也是和我国法务人员对税法掌握不精有着很大关系。

四、财务部门下设税务管理部门的地位与职责

财务部门下设税务管理部门是实际工作中最常见的税务管理架构,区别在于有的企业独立设计税务管理部门,和会计部、财务部、成本中心、预算部平行,都隶属于财务总监,有的企业未独立设计税务管理部门,让财务人员兼职办税人员。

企业是否独立设置税务管理部门,主要取决于企业规模大小和业务复杂程度。如果企业规模大、业务复杂、机构层级多,务必需要设置税务管理部门,隶属于财务总监或法务总监并不重要,关键在于其专职范围和工作要求是否到位。当前企业税务管理人员在企业中处于很被动的到位,主要表现在两个方面:一是事后办事,企业所有业务都做完,财务会计核算完毕,办税人员才能根据账务处理结果进行申报;或跑税务机关购买发票;或开具证明;或根据税务机关要求填报有关资料;完全是事后被动性的工作。二是平常企业负责人不会过问税务问题,等到企业出现税务风险,企业负责人总是抱怨办税人员未处理好税务业务。

因此无论是否单独设置税务管理部门,关键在于定位,在于企业赋予管理中的权力与责任。税务管理部门对于企业合同的管理应该是最基本的职能,具体表现为:

(1) 参与合同的谈判、起草、审查和审批,规范合同文本中涉税条款的制定,主要从交易对象、交易标的、结算方式、品质保证、发票开具、合同担保、争议解决等各方面与企业税务问题挂钩论证。

(2) 为业务、财务、法务等人员培训税法,讲解合同与税务的关系,提高企业合同涉税管理意识,真正理解合同有关条款与税法之间的利害关系,如何趋利避害,维护企业权利,避免违反税法导致企业承担不利后果。

(3) 定期对合同履行、变更、解除、纠纷处理等情况进行跟踪检查,合同履行、变更、解除、纠纷处理等情况是否引起税务处理的变化,这种变化是否有利企业,是否需要通知财务进行账务调整,发票是否需要停开、退回,是否存在需要报告税务机关事项,是否需要对方积极配合处理有关税务问题。

(4) 合同涉税业务培训和经验总结。

(5) 聘任税务顾问,并负责相关对接工作。

(6) 制定合同涉税管理制度。

(7) 注意证据的留存和收集工作。

(8) 分析提炼合同涉税业务风险点、管理策略和危机处理方案的拟订。

(9) 收集合同涉税管理的基础信息。

(10) 撰写合同涉税管理年度报告。合同是企业经营情况的集中体现,以合同为税务分析的切入点,能够全面地将企业业务与税务互相影响产生的诸多问题暴露出来,为企业财务、业务等部门提供建言。

五、合同涉税管理工作运行的基本模式

合同涉税管理工作运行的基本模式有两种:一是以合同文本为中心,主要关注合同文本中的税法、财务等问题,其工作性质与律师、税务师、会计师角色类似;二是以企业管理为中心,企业办税人员与部门以合同管理相关制度的设计、流程、考核等管理工作为主。从效果上看,管理型税务管理模式更能起到主动防御合同涉税风险的作用,将合同作为税务管理的抓手,作为企业财务与法务合一的职能部门,通过系统重构,应该逐步摆脱"消防队"的角色,凸显税务对企业"增值服务"功能。

(1) 企业办税人员深度介入合同义务。

(2) 将合同涉税管理工作标准化。

(3) 将合同涉税管理工作制度化。

(4) 嵌入整个企业内部的合同管理平台。

(5) 主动与税务机关沟通,反映企业合理诉求。

(6) 建立税务管理费用预算制度。聘请税务师事务所、资产评估机构等独立审计费用、专业咨询服务费用、高校科研部门教育培训费、书籍报刊费用、沟通应酬费用、出差费用、复议诉讼费用等。

(7) 税务部门与业务、财务的合作机制。现代企业制度下,企业税务管理工作与财务、业务应该高度融合,税务管理工作是推动和保持财务、业务健康发展及有效竞争力的手段。企业业务发展到哪里,税务管理就延伸到哪里,税务与业务、财务在任何时候和任何地方都是同在的。

(8) 税务、法务与财务人员相互轮岗与交叉安排锻炼。

六、企业内部其他主要合同涉税管理人员与部门

(1) 企业负责人。

(2) 业务部门(如采购、生产、研发、销售、基建、融投资等)。

(3) 财务部门与法务部门。

七、外聘税务咨询顾问与企业合同涉税管理的关系

（1）外聘税务咨询顾问与企业合同涉税管理的关系。
（2）外聘税务咨询顾问与企业合同涉税管理的分工与合作。
（3）外聘税务咨询顾问的选择与管理。

八、合同涉税管理人员的人力资源管理

（1）合同涉税管理人员的人力资源风险。
（2）合同涉税管理人员的聘任、配备和薪酬。
（3）合同涉税管理人员的培训、奖惩和考核。

九、合同涉税管理的主要制度建设

合同涉税管理的制度建设指导思路与设计原则；合同涉税管理嵌入整个企业合同管理系统平台中；合同涉税文本条款制度；合同涉税审查审批制度；合同涉税履行跟踪制度；合同涉税变更纠纷制度等。

第三节　合同涉税管理的筹划空间

一、纳税筹划的概念和方法

纳税筹划是指从纳税人的角度出发，在不违反税法的前提下，充分利用税法中关于税制要素与征管程序等规定对纳税人的所有经营活动和非经营活动进行预先的筹划安排，在不影响纳税人财务目标前提下以达到实现减免税、不缴税、少缴税、迟缴税等税收目的。纳税筹划的主要功用体现在对社会经济发展和财税管理具有一系列功用，这些功用主要是：降低纳税人的纳税成本；提升国家税法立法水平；增强纳税人纳税意识；提高国家宏观调控效率。

在实践中主要注意纳税筹划与其他概念的区别问题。

其一，纳税筹划与风险控制的区别。纳税筹划的目的性是非常突出的，其根本目的就是减轻税收负担、获取资金时间价值等，由此将降低其纳税成本，增加其经济收益，增强其竞争能力。从这个角度看纳税筹划与风险控制是有着明显区别的，纳税风险控制希望达成的主要目标是实现涉税零风险。因此有人认为纳税人只有能够直接获得税收上好处的筹划才是成功的筹划，不能直接获取税收上好处的筹划是不成功的筹划。从目的性角度看此种观点有一定道理。

其二,纳税筹划与避税的区别。由于避税和纳税筹划在区别上有难度,因此世界各国对避税和纳税筹划的法律界定存在较大分歧。有的国家认为税收不能以道德名义提出额外要求,应根据税法要求负担其法定的税收义务,只要不违法都应当允许,不必划分什么是避税,什么是纳税筹划。有的国家把避税分为正当避税和不正当避税两种,将其中的正当避税称为纳税筹划,在法律上不予反对。我国对避税的概念在法律上未作表述,只散见于税收的政策文件和人们的理论研讨文章之中,普遍的看法是反对恶意避税和默认一般避税。纳税筹划与避税相比,主要的区别在于,前者是完全合法的,甚至是税收政策应予以引导和鼓励的;而后者虽不违法,但有悖于国家税收政策导向和税法立法意图。

其三,纳税筹划与偷税的区别。纳税筹划与偷税有着本质的区别。纳税筹划是纳税人在研究、依据、遵从和尊重税法前提下用足用好税收法律资源追求利益最大化的自由权利行为,这并不损害国家利益,在一定条件下通过节税安排同时满足国家宏观调控的需要,促进社会与经济发展,增强纳税人的发展后劲,从而使税收能够找到新的增长点。偷税则是纳税人采取伪造、变造、隐匿、擅自销毁账簿或记账凭证,在账簿上多列支出或不列、少列收入,或进行虚假的纳税申报,故意少缴或不缴应纳税款的行为。对偷税行为我国《税收征收管理法》制定了相应的处罚办法。因此,应正确理解纳税筹划与偷税的区别,对纳税项目进行合理的税收筹划,以提高纳税人的经济效益,同时又不真正损害国家利益。

选择纳税筹划的方法,从过程看,贯穿于纳税人自设立到生产经营的全过程。在不同的阶段,进行税收筹划可以采取不同的方法。

(一) 企业投资过程中的纳税筹划

1. 组织形式的选择

企业在设立时都会涉及组织形式的选择问题,而在高度发达的市场经济条件下,可供企业选择的企业组织形式很多,不同的组织形式税收负担不同。企业可以通过纳税筹划,选择税收负担较轻的组织形式。

2. 投资行业的选择

在我国,税法对不同的行业给予不同的税收优惠,企业在进行投资时,要予以充分的考虑,结合实际情况,精心筹划投资行业。

3. 投资地区的选择

由于地区发展的不平衡,我国税法对投资者在不同的地区进行投资时,也给予了不同的税收优惠,如经济特区、经济技术开发区、高新技术产业开发区、沿海开放城市、西部地区等的税收政策比较优惠。因此,投资者要根据需要,向这些地区进行投资,可以减轻税收负担。

（二）企业筹资过程中的纳税筹划

不论是新设立企业还是企业扩大经营规模，都需要一定量的资金。可以说，筹资是企业进行一系列经济活动的前提和基础。在市场经济条件下，企业可以通过多种渠道进行筹资，如企业内部积累、企业职工投资入股、向银行借款、企业间相互拆借、向社会发行债券和股票等，而不同筹资渠道的税收负担也不一样。因此，企业在进行筹资决策时，应对不同的筹资组合进行比较、分析，在提高经济效益，确定一个能达到减少税收目的筹资组合。

（三）企业经营过程中的纳税筹划

利润不仅是反映一个企业一定时期经营成果的重要指标，也是计算应纳税所得额、应纳所得税额的主要依据。

二、合同在纳税筹划中的地位和意义

合同筹划的基础性地位。纳税筹划的最基本手段与方法不是通过财务会计操作来实现的，而是首先必须选择合同的签订与变更作为最基础最前提的技术手段与方法。离开这个前提，现实中大部分纳税筹划就转变成偷税、逃税与骗税。纳税筹划的最大特点是预先性，即在纳税人发生应税行为之前对应税行为进行了规划安排，在多种可选择路径情况下选择了对自身最有利的方案。财务会计处理技术方法是根据纳税人已经发生的应税行为进行选择安排的，其纳税筹划的空间已经受到既成事实的拘束。纳税人面对既成事实的拘束，通过所谓筹划往往不能改变客观事实，多数情况下是伪造、变造、隐匿既成事实的书面材料和舞弊财务会计处理达到偷税、逃税和骗税目的。

纳税人大部分应税行为不是自身能够产生的，必须与外部环境进行交换，才能让资产保值增值，才能产生利润。在现代市场经济下交换的法律形式就是合同契约，因此纳税人大部分应税行为的法律资料就是合同契约，纳税筹划也就是对合同契约的筹划。而合同不是纳税人一方能够自由修改的，一旦合同成立生效，合同主体各方都要受到合同约束，一方若达到变更目的，往往要在对方同意条件下或法律容许情况下才能够实现。因此纳税人对合同的纳税筹划一般来说应该发生在合同签订生效之前，即合同谈判与磋商阶段。在这个阶段，纳税人应税行为尚未发生，因此进行税收合理合法安排完全是纳税人一项合同权利。

合同筹划覆盖范围极其广泛：企业筹资的纳税筹划，如借款合同筹划；企业投资的税务筹划，投资合同（如方式、规模、时间、结构等）的纳税筹划；企业清算协议的纳税筹划；企业经营中的合同筹划包括企业采购合同的纳税筹划、企业销售合同的纳税筹划；企业收益分配的纳税筹划，用工合同、劳务合同、特殊收益分配合同的纳税筹划；企业重组合同的纳税筹划；股权收购合同的纳税筹划；资产收购合同的纳税筹划；企业合并分立合同的纳税筹划；债务重组合同的纳税筹划；国际纳税筹划主要集中在转让定价合同筹划等其他相关内容。

与合同筹划相比较，财务会计筹划具有一定的局限性。会计处理必须根据业务性质与会计法规规则进行处理，选择的空间受到局限。会计系列法规导致必须按照准则与制度依法核算与反映经营情况。

从会计角度分析纳税筹划的几种方法。企业可以根据《企业会计准则》的有关规定，选择适当的会计处理方法，对一定时期的利润进行控制，达到减少税收负担的目的。

1. 存货计价方法的选择

企业存货计价的方法有先进先出法、后进先出法、加权平均法、移动加权平均法等。企业采取不同的计价方法，直接影响企业期末存货的价值以及利润总额，从而影响企业的税收负担。企业应根据当年的物价水平选择计价方法来减轻税收负担。

2. 固定资产折旧方法的选择

固定资产的折旧额是产品成本的组成部分，而折旧额的大小与企业采取的折旧方法有关。根据现行制度的规定，固定资产折旧的方法主要有平均年限法、工作量法、加速折旧法等。企业可以根据税率的类型、税收优惠政策等因素选择合适的折旧方法。

3. 费用分摊方法的选择

企业在生产经营过程中，必然发生如管理费、福利费等费用支出，而这些费用大多要分摊到各期的产品成本中，费用的分摊可以采取实际发生分摊法、平均分摊法、不规则分摊法等，而不同的分摊方法直接影响各期的利润、税收负担。因此，企业要对费用分摊方法认真筹划。除此之外，企业还可以对销售收入的实现时间、固定资产的折旧年限、无形资产的分摊年限等内容进行筹划。

4. 会计核算准确、归集

一般是指适用不同税目税率、税收优惠政策要求会计核算达到的标准。

以上分析了会计处理在纳税筹划中的几种方法，发现其受制于税法规定，并不能像合同自由一样筹划财务核算与会计处理，因为会计本身也是一种法律法规。因此与合同筹划相比，其作用明显受到多重限制。

三、运用合同实现税务筹划的技术分析

（一）合同主体的筹划空间

（1）投资协议主体的选择空间。投资协议主体有自然人、法人、其他组织、境

外组织及外籍个人。投资协议主体身份的不同涉及将来股份分红、转让股份等适用不同税收政策。自然人投资获得股份分红或转让股份分别按照红利利息所得和转让财产所得征收个人所得税;法人、其他组织获得股份分红,在满足一定条件下免征企业所得税;境外组织满足一定条件下股份分红也可以免征企业所得税,或征收预提企业所得税;外籍个人股份分红免征个人所得税。

(2) 购销合同主体的选择。企业决定与什么身份主体签订合同,以及取得何种发票直接决定企业税收负担的高低。

从增值税进项取得角度分析,向小规模纳税人、一般纳税人采购原料、商品、机器设备导致抵扣税款有所不同。同样属于小规模纳税人,与个体户、自然人等发生采购业务,自然人不能代开增值税专用发票。从国内主体与国外主体发生进口业务,除考虑进项税的抵扣外关税也是成本的主要组成部分。

从消费税角度分析,如从工业企业与商业企业采购乙烯再销售涉及是否缴纳消费税问题。工业企业从工业企业采购乙烯免征消费税;商业企业从工业企业采购乙烯,工业企业不得免征消费税;那么商业企业可以作为中介代理商身份为两个工业企业之间业务搭建免税平台,而不是直接采购再销售。

从取得发票角度分析,与苗圃公司、园林绿化公司分别签订绿化合同,绿化合同决定取得发票不同。

从税前扣除角度分析,如中介代理合同主体资格不同导致中介代理费用在税前扣除产生不同结果,具有代理资格的公司出具发票才能扣除费用,不具有代理资格的公司虽然同样提供了代理服务出具了正规发票,但是不能在税前扣除;中介代理合同主体资格不同决定付款方式不同,向公司制代理企业支付中介代理费必须转账支付,现金支付不得税前扣除;个人代理业务可以采取现金结算方式收取中介费。

从出口退税角度分析。出口主体是工业企业,适用免抵退政策;出口主体是商业企业,适用免退政策;由于退税税率与征税税率之间存在差异,导致一般情况下外贸商业企业整体税负比工业企业轻。工业企业通过内销将出口业务转化到关联的外贸企业将产生整体税负减轻的效果。

(3) 建筑工程合同主体的选择空间。建筑工程合同主体必须具有资格,没有建筑资格的主体不得承揽建筑工程。总承包可以分包工程,但不得转包、再分包工程。营业税条例对于分包工程采取总包额扣除分包额作为计税依据,但是对于转包、再分包工程必须全额作为计税依据。

(4) 租赁合同主体的选择空间。企业取得租赁所得应当按照全额征收营业税,但是对物业公司代收房租可以扣除租金征税;对经过有权机关批准,从事融资租赁的合格主体可以差额征税。

(5) 借款合同主体的选择空间。借款合同主体可以是金融机构，也可以是其他企业、自然人等。与不同主体签订借款合同支付同样利息，带来不同税务处理结果。支付自然人利息要求扣缴个人所得税；支付其他企业借款利息不得作为土地增值税扣除项目；支付其他企业及自然人借款利息必须提供同期同类金融机构借款合同证明利息支付符合国家规定标准，另外还需要取得其他企业及自然人开具利息内容的正规发票，才能在企业所得税税前列支。

(6) 劳动合同主体的选择空间。劳动合同主体不同导致个人所得按照工资薪金所得或劳务所得两种标准计算个人所得税；企业支付工资或劳务费用在企业所得税税前扣除标准方面也不一致，支付工资按照据实扣除原则，支付劳务费用需要取得发票。

(二) 合同标的的筹划空间

合同标的是合同法律关系的客体，是合同主体权利义务共同指向的客观对象。合同标的的不同，直接导致合同适用不同的税种、税目、税率三个重大差异，直接导致纳税地点的不同，标的交付时间的不同直接导致纳税义务发生时间的不同。

(1) 股权转让、资产转让与整体资产转让的不同。股权转让、资产转让与整体资产转让对于企业来说都是财产转让，转让什么并不重要，重要的是取得多少收入；但是税法关心的是转让标的是什么，股权转让所得需要缴纳企业所得税；资产转让必须区分动产与不动产，动产征收增值税；不动产征收营业税；整体资产转让(含负债、劳动力等)不征营业税、增值税，如果取得的对价是股权，满足一定条件下企业所得税也可以暂不确认所得。

(2) 转让房屋合同或装修房屋合同的选择。房地产公司为客户提供精装修商品房，可以选择签订两份合同，本来只有标的一个，分解为转让房屋合同和装修房屋合同；转让房屋与装修房屋适用不同税率(转让房屋5%与装修房屋3%)；同时压低转让房屋销售价格直接导致土地增值税增值空间变小，税率降低；购买房屋个人契税也可能降低。

(3) 销售软件合同或提供软件安装维护服务合同。软件公司在销售软件产品并随同销售一并收取的安装费、维护费等收入，按照增值税一并征税，可以享受即征即退优惠政策；如果不在合同注明安装费、维护费，而是另外签订提供软件安装维护服务合同，取得的安装费、维护费就按照全额征收营业税，不享受优惠政策。

(4) 建筑合同关于设备是否包含在建筑劳务中；装修合同是否包含材料。建筑合同关于设备是否包含在建筑劳务中决定设备价款是否计入计税依据，如果建设方提供设备，建筑公司只就提供劳务缴纳营业税，如果合同包含设备价款，建筑公司就提供劳务和设备合计价款缴纳营业税。同样道理，装修合同中必须注明是否包含材料，如果建设方提供材料，装修公司只就提供劳务缴纳营业税，如果合同包含材料价款，装修公司就提供劳务和材料合计价款缴纳营业税。

(5) 房租与整体租赁、分别租赁的不同。企业将房屋租赁应该缴纳营业税、企业所得税与房产税，对于营业税、企业所得税都是一样的负担，但是对于房产税因为标的不同直接导致房产税负担不同。如果整体租赁合同中区分出场地租赁、设备租赁、办公家具租赁、物业管理费等，可以扣除这些非房产租赁所得，仅仅按照房屋租赁所得申报缴纳房产税。

(6) 赠与合同中的不同标的。房地产公司将房屋无偿赠与社区养老院，这里的房屋必须区别是开发产品或配套设施。如果是开发产品，必须按照视同销售申报企业所得税、营业税；如果是配套设施，就不必按照视同销售申报企业所得税、营业税，而且作为支出可以在企业所得税、土地增值税计算中享受扣除。建筑公司向地震灾区无偿赠与房屋就要视同销售申报企业所得税、营业税；如果无偿赠与建筑劳务，就不必按照视同销售申报营业税，而且作为支出可以在企业所得税税前扣除。

(7) 劳动合同标的不同报酬性质不同。普通劳动合同关系对应工资薪金，如果约定保密条款或限制竞争条款对应的报酬就不是工资，而是按照偶然所得申报缴纳个人所得税。

（三）合同价款的筹划空间

(1) 企业重组对价的选择空间。资产转让、股权收购、合并分立中其对价选择有两种方式：股份支付与非股份支付，只有在股份支付占交易总额的85%以上时，才可能享受免税重组。企业发生债务重组所产生的应纳税所得额占该企业当年应纳税所得额50%以上的，债务重组所得要求在5个纳税年度的期间内，均匀计入各年度应纳税所得额的。

(2) 股权转让合同价款的选择空间。企业在计算股权转让所得时，不得扣除被投资企业未分配利润等股东留存收益中按该项股权所可能分配的金额。在签订股权转让合同时对价款需要进行必要考虑，如果价款包含留存收益，在确认收入时就不能将应当分配的金额扣除；企业最佳选择是在签订股权转让合同之前，将该项股权所可能分配的金额分配完毕。

(3) 代收其他价款的选择空间。按照《营业税暂行条例》、《增值税暂行条例》、《消费税暂行条例》规定，随同价款一并收取的价外费用必须纳入计税依据；如果企业在提供应税劳务、应税行为、应税货物时，签订合同时代其他有关单位、个人收取款项，价外费用包括收取的手续费、补贴、基金、集资费、返还利润、奖励费、违约金、滞纳金、延期付款利息、赔偿金、代收款项、代垫款项、罚息及其他各种性质的价外收费，该代收款项要一并征收流转税。房地产企业代有关部门、单位和企业收取基金、费用和附加等，如果在销售合同中包含在售价之内并开具发票，就必须计入收入总额。

(4) 合同价款的货币形式。合同价款的货币形式主要是指合同结算价款是人民币还是外币。如果选择外币，必须按照税法规定的外币折算方法换算成人民币。纳税人以人民币以外的货币结算营业额的，其营业额的人民币折合率可以选择营业额发生的当天或者当月 1 日的人民币汇率中间价。纳税人应当在事先确定采用何种折合率，确定后 1 年内不得变更。企业所得以人民币以外的货币计算的，预缴企业所得税时，应当按照月度或者季度最后 1 日的人民币汇率中间价，折合成人民币计算应纳税所得额。年度终了汇算清缴时，对已经按照月度或者季度预缴税款的，不再重新折合计算，只就该纳税年度内未缴纳企业所得税的部分，按照纳税年度最后 1 日的人民币汇率中间价，折合成人民币计算应纳税所得额。

经税务机关检查确认，企业少计或者多计前款规定的所得的，应当按照检查确认补税或者退税时的上 1 个月最后 1 日的人民币汇率中间价，将少计或者多计的所得折合成人民币计算应纳税所得额，再计算应补缴或者应退的税款。

(5) 合同价款的非货币形式。企业所得税法所称企业取得收入的货币形式，包括现金、存款、应收账款、应收票据、准备持有至到期的债券投资以及债务的豁免等。企业所得税法所称企业取得收入的非货币形式，包括固定资产、生物资产、无形资产、股权投资、存货、不准备持有至到期的债券投资、劳务以及有关权益等。营业税、增值税条例所称有偿，是指取得货币、货物或者其他经济利益。显然税法规定了两种收入形式，即货币形式和非货币形式。对于非货币形式的收入确定，税法规定市场价格和同期同类价款等确认方法，对企业的应税收入金额的确认产生不同的效果。

(6) 企业以非货币交易方式取得土地使用权的成本确认。企业、单位以换取开发产品为目的，将土地使用权投资企业的，按下列规定进行处理：①换取的开发产品如为该项土地开发、建造的，接受投资的企业在接受土地使用权时暂不确认其成本，待首次分出开发产品时，再按应分出开发产品（包括首次分出的和以后应分出）的市场公允价值和土地使用权转移过程中应支付的相关税费计算确认该项土地使用权的成本。如涉及补价，土地使用权的取得成本还应加上应支付的补价款或减除应收到的补价款。②换取的开发产品如为其他土地开发、建造的，接受投资的企业在投资交易发生时，按应付出开发产品市场公允价值和土地使用权转移过程中应支付的相关税费计算确认该项土地使用权的成本。如涉及补价，土地使用权的取得成本还应加上应支付的补价款或减除应收到的补价款。③企业、单位以股权的形式，将土地使用权投资企业的，接受投资的企业应在投资交易发生时，按该项土地使用权的市场公允价值和土地使用权转移过程中应支付的相关税费计算确认该项土地使用权的取得成本。如涉及补价，土地使用权的取得成本还应加上应支付的补价款或减除应收到的补价款。

（四）合同变更的筹划空间

合同变更的范围比较广泛，引起税法评价相当复杂；修改合同条款，改变标的质量、数量、价款、交付时间、更换退还维修合同标的、合作方式改变、违约纠纷处理直接导致税法评价发生相应变动。以下提供一个案例说明合同变更的税法评价。

【案例 11-1】 揭秘超日太阳业绩大跳水——缘于合同条款变更①

超日太阳(002506.S2)为何半年内三次修正业绩？是与几个重要客户之间在订立合同时增加新内容所致。合同修改引发业绩下滑。超日太阳 2011 年 10 月曾预计，公司在 2011 年实现 3.3 亿元人民币及以上净利润，在经过三次修正之后，公司又公告称全年将亏损 5 853 万元。超日太阳管理层表示，业绩出现较大变化有很多原因，其中一个最重要的原因是缘起于 2011 年第四季度的两个合同。

“以往，我们与客户之间的交易方式是：对方有货物需求并下订单—我们开始生产—给对方开提货单—对方拿货—最终付款。这种流程下，我们一般会在开出提货单之后就记为公司的销售收入。而 2011 年第四季度，公司新签了两个客户，当时为了安全起见，在合同条款中加了一条，大致内容是：如果是仅开提货单而没有拿到货款的话，我们公司就不把这部分的销售额记为收入。”超日太阳管理层解释。

超日太阳方面指出，这就是公司此前公告中所说的“公司对已发出、因未全部收到货款而按合同未转移货物所有权的销售未确认收入，导致收入减少 3.65 亿元，营业利润减少 4 825 万元人民币”的直接原因。

相关税法规定，对“销售商品收入”的确认有几种方式：如果销出的商品需安装和检验的话，那么购买方在接受商品以及安装、检验完毕时才可确认收入；如果是以预收款形式来结算商品收入的话，那么发货方在发出商品时就可以确认收入了。对照税法规定，超日太阳公司通过修改合同条款人为改变收入确认条件，从而产生收入、利润的巨大变化，这种做法是企业管理中自我要求和约定，与税法关于收入确认条件存在一定差异，主要是对“风险”转移的理解上存在不同认识。

四、合同筹划应考虑的几个问题

不能盲目地进行合同筹划，要有效地进行纳税筹划，达到节税的目标，需要考虑以下几个问题。

① 来源：http://www.sina.com.cn，2012 年 04 月 19 日，王佑。

1. 纳税筹划要在合法的前提下进行

纳税筹划一个重要的特点就是合法性,即纳税筹划方案不能违反现行的税收制度,不能违背立法意图。但节税、避税与逃税在某些情况下可以相互转化,有时界限不明,或者一种方案在一个国家或一段时间内是合法的,而在另一个国家或另外一段时间可能是违法的。这就要求税收筹划人员在设计纳税筹划方案时,要充分了解本国的税收制度以及不同时期的税收制度,了解纳税人的权利和义务,使税收筹划在合法的前提下进行。否则,要付出一定的代价。

2. 纳税筹划必须遵循成本与效益匹配原则

纳税筹划是企业法务与财务管理的交集部分,它涉及企业法务、筹资、投资、生产经营等全部过程,应该服从企业管理的目标,即利润(税后利润)最大化。但是,在实际操作中,有许多纳税筹划方案在理论上虽然可以达到少缴税金,降低税收成本的目的,但是在实际运作中往往达不到预期的效果,其中方案不符合成本和效益匹配的原则是筹划失败的重要原因。也就是说,在筹划税收方案时,过分地强调税收成本的降低,而忽略了因该方案的实施会带来其他费用的增加或收益的减少,使纳税人的绝对收益减少。比如,某企业准备投资一个项目,在税收筹划时,只考虑区域性税收优惠政策,选择在某一个所得税税率较低的地区。但该项目所需原材料要从外地购入,使成本加大。该方案的实施可能使税收降低的数额小于其他费用增加的数额。显然,这种方案不是令人满意的筹划方案。采取以牺牲企业整体利益来换取税收负担降低的筹划方案是不可取的。可见,税收筹划必须遵循成本与效益匹配的原则。

3. 纳税筹划应考虑货币的时间价值和适用的边际税率

货币的时间价值和适用的边际税率是纳税筹划需要考虑的另一个因素。比如,我国企业所得税法定税率是25%,某纳税人有一笔10万元的所得(假设不考虑其他扣除因素)可以在2008年实现,也可以在2010年实现,该笔所得不论在哪一年实现,他都会不在乎,因为不管在哪一年实现,都要缴纳2.5万元的税款,税收成本不变。但若考虑货币的价值则不同。选择不同的纳税年份,应纳税款的现值将存在差异。假设折现率为10%,该笔所得推迟1年实现,差异额为2 272元[100 000×25%−100 000×25%÷(1+10%)],等于节税2 272元。又如,我国企业所得税法定税率为25%,除此之外还有15%和20%两档优惠税率。如果某纳税人签订一份销售合同时,将使其收益增加,若不考虑该份合同,其应纳税所得额为10万元,适用税率为15%,应纳税额为1.5万元,税后所得8.5万元;若考虑该份合同,将使其应纳税所得额增加到11万元,适用税率为25%,应纳税额为2.75万元,税后所得8.25万元。通过税收筹划,该企业可以考虑将签订这份合同的收入实现时间再滞后。

第四节　合同涉税管理的风险控制

一、合同涉税管理的风险描述

企业合理控制合同涉税风险，防范合同违反税法行为，依法对合同进行税收处理，保证合法履行纳税义务，避免因没有遵循税法可能遭受的法律制裁、财务损失或声誉损害。

重大合同涉税风险主要包括：企业战略规划包括全局性组织结构规划、产品和市场战略规划、竞争和发展战略规划等引发的合同签订、调整、变更与纠纷。企业重大经营决策包括重大对外投资、重大并购或重组、经营模式的改变等引发的合同签订、调整、变更与纠纷。参与关联交易合同的制定等引发的合同签订、调整、变更与纠纷。参与跨国经营业务引发的合同签订、调整、变更与纠纷。

二、合同涉税风险管理的主要目标

合同涉税风险管理的主要目标包括：合同目的具有合理的商业目的，不以偷、逃、骗、避税为目的，并符合税法规定；合同签订、履行与变动等过程中考虑税收因素的影响，按照税法规定履行纳税义务；对合同内容事项不能仅仅考虑如何会计处理，还必须考虑相关税法如何规定；合同对发票开具、取得、金额、时间、内容的影响，要求符合发票管理办法规定；合同涉税管理作为账簿凭证管理、税务档案管理以及税务资料的准备和报备等涉税事项管理的重要内容，必须符合税法规定。

企业结合自身经营情况、税务风险特征和已有的内部风险控制体系，建立相应的合同涉税风险管理制度。合同涉税风险管理制度主要包括：合同涉税风险管理组织机构、岗位和职责；合同涉税风险识别和评估的机制和方法；合同涉税风险控制和应对的机制和措施；合同涉税信息管理体系和沟通机制；合同涉税风险管理的监督和改进机制。

企业应倡导遵纪守法、诚信纳税的合同涉税风险管理理念，增强员工的税务风险管理意识，并将其作为企业文化建设的一个重要组成部分。合同涉税风险管理由企业董事会负责督导并参与决策。董事会和管理层应将防范和控制合同涉税风险作为企业经营的一项重要内容，促进企业内部管理与外部监管的有效互动。

企业应建立有效的激励约束机制，将合同涉税风险管理的工作成效与相关人员的业绩考核相结合。企业应把合同涉税风险管理制度与企业的其他内部风险控制和管理制度结合起来，形成全面有效的内部风险管理体系。

三、合同涉税风险管理组织的建设

企业可结合生产经营特点和内部税务风险管理的要求设立税务管理机构和岗位，明确岗位的职责和权限。组织结构复杂的企业，可根据需要设立税务管理部门或岗位，如总分机构在分支机构设立税务部门或者税务管理岗位；集团型企业在地区性总部、产品事业部或者下属企业内部分别设立税务部门或者税务管理岗位。

企业合同涉税管理机构主要履行以下职责：制定和完善企业合同涉税风险管理制度和其他涉税规章制度；参与企业战略规划和重大经营决策的相关合同涉税影响分析，提供税务风险管理建议；组织实施企业合同涉税风险的识别、评估，监测日常税务风险并采取应对措施；指导和监督有关职能部门、各业务单位以及全资、控股企业开展合同涉税风险管理工作；建立合同涉税风险管理的信息和沟通机制；组织税务培训，并向本企业其他部门提供税务咨询；承担或协助相关职能部门开展涉税合同资料的准备和保管工作；其他合同风险管理职责。

企业应建立科学有效的职责分工和制衡机制，确保税务管理的不相容岗位相互分离、制约和监督。税务管理的不相容职责包括：合同涉税规划的起草与审批；合同资料的准备与审查；纳税申报与合同的比对与审批；会计处理与合同的比对与分析；发票与合同的比对与分析；合同涉税风险事项的处置与事后检查；其他应分离的税务管理职责。企业涉税业务人员应具备必要的专业资质、良好的业务素质和职业操守，遵纪守法。企业应定期对涉税业务人员进行培训，不断提高其业务素质和职业道德水平。

四、合同涉税风险识别和评估

企业应全面、系统、持续地收集与合同有关的内部和外部相关信息，结合实际情况，通过风险识别、风险分析、风险评价等步骤，查找企业经营活动及其业务流程中的合同涉税风险，分析和描述风险发生的可能性和条件，评价风险对企业实现税务管理目标的影响程度，从而确定风险管理的优先顺序和策略。企业应结合自身税务风险管理机制和实际经营情况，重点识别下列合同涉税风险因素：

董事会、监事会等企业治理层以及管理层的税收遵从意识和对待合同涉税风险的态度；涉税员工与合同拟定人员的职业操守和专业胜任能力；组织机构、经营方式和业务流程与合同管理的对接情况；合同管理技术投入和信息技术的运用情况；财务状况、经营成果及现金流情况与合同的对接情况；合同内部控制制度的设计和执行；经济形势、产业政策、市场竞争及行业惯例对合同的影响；民法、合同法等法律法规的要求；其他有关风险因素。

企业应定期进行合同涉税的风险评估。税务风险评估由企业税务部门协同相关职能部门实施,也可聘请具有相关资质和专业能力的中介机构协助实施。企业应对合同涉税风险实行动态管理,及时识别和评估原有风险的变化情况以及新产生的税务风险。

合同涉税风险应对策略和内部控制。企业应根据合同涉税风险评估的结果,考虑风险管理的成本和效益,在整体管理控制体系内,制定税务风险应对策略,建立有效的内部控制机制,合理设计合同涉税管理的流程及控制方法,全面控制合同涉税风险。企业应根据合同涉税风险产生的原因和条件从组织机构、职权分配、业务流程、信息沟通和检查监督等多方面建立合同涉税风险控制点,根据风险的不同特征采取相应的人工控制机制或自动化控制机制,根据风险发生的规律和重大程度建立预防性控制和发现性控制机制。企业应针对重大合同涉税风险所涉及的管理职责和业务流程,制定覆盖各个环节的全流程控制措施;对其他级别的风险所涉及的业务流程,合理设置关键控制环节,采取相应的控制措施。企业因内部组织架构、经营模式或外部环境发生重大变化,以及受行业惯例和监管的约束而产生的重大合同涉税风险,可以及时向税务机关报告,以寻求税务机关的辅导和帮助。

企业税务部门应协同相关职能部门,管理日常经营活动中的合同涉税风险,具体如下:参与制定或审核企业日常经营业务中涉税合同有关政策和规范;制定各项会计事务与合同衔接的处理流程,明确各自的职责和权限,保证对合同事项的会计处理符合相关法律法规;完善纳税申报表与合同比对的复核和审批程序,明确相关的职责和权限,保证纳税申报、税款缴纳和合同内容一致并符合税法规定;按照税法规定,真实、完整、准确地准备和保存有关涉税合同资料,并按相关规定进行报备;完善发票管理与合同比对的复核和审批程序,明确相关的职责和权限,保证发票开具、取得、金额、时间、内容和合同一致并符合税法规定;应对发生频率较高的合同涉税风险建立监控机制,评估其累计影响,并采取相应的应对措施。

五、合同涉税管理的信息与沟通机制

企业应建立合同涉税风险管理的信息与沟通制度,明确合同涉税相关信息的收集、处理和传递程序,确保企业税务部门内部、企业税务部门与财务部门、法务部门、业务部门、董事会、监事会等企业治理层以及管理层的沟通和反馈,发现问题应及时报告并采取应对措施。企业应与税务机关和其他相关单位保持有效的沟通,及时收集和反馈合同涉税信息;建立和完善税法的收集和更新系统,及时汇编企业适用的税法并定期更新;建立和完善其他相关法律法规的收集和更新系统,确保企业合同涉税管理系统的设置和更改与法律法规的要求同步,合理保证合同涉税的输出能够反映法律法规的最新变化。

企业应根据业务特点、成本和效益原则，将信息技术应用于合同涉税风险管理的各项工作，建立涵盖风险管理基本流程和内部控制系统各环节的风险管理信息系统。利用计算机系统和网络技术，对具有重复性、规律性的涉税合同事项进行自动控制；将税务申报与合同内容纳入计算机系统管理，利用有关提高税务申报与合同内容比对的准确性；建立年度税务日历，自动提醒相关责任人完成涉税合同业务，并跟踪和监控工作完成情况；建立合同文档管理数据库，采用合理的流程和可靠的技术对涉税合同信息资料安全存储；利用信息管理系统，提高法律法规的收集、处理及传递的效率和效果，动态监控法律法规的执行。企业合同涉税风险管理信息系统数据的记录、收集、处理、传递和保存应符合税法和税务风险控制的要求。

合同涉税管理的监督和改进。企业税务部门应定期对企业合同涉税风险管理机制的有效性进行评估审核，不断改进和优化合同涉税风险管理制度和流程。企业内部控制评价机构应根据企业的整体控制目标，对合同涉税风险管理机制的有效性进行评价。企业可以委托符合资质要求的中介机构，对企业合同涉税风险管理相关的内部控制有效性进行评估，并向税务机关出具评估报告。

本章小结

本章揭示了长期以来纳税人将税务管理局限在财务会计领域，使得合同管理在税务管理中的重要地位被遮蔽。合同管理对现代企业的治理作用是巨大的，应将合同管理深入税法遵从、纳税筹划和风险控制等领域。合同涉税管理的架构与制度主要包括其运行的基本模式和制度建设。与合同相比，财务会计在纳税筹划中具有一定的局限性；从合同主体、标的、内容变更等不同方面运用合同进行纳税筹划的技术分析，注意纳税筹划应考虑的原则问题。企业通过合同管理识别、评估、应对和控制涉税风险，防范企业出现违反税法的行为。

第十二章　税务机关对合同管理的征管评价

第一节　税收征管中信息要素的应用情况

全面推进税收风险管理，就是要在全国税务系统初步建立以风险管控为导向，以一体化信息平台为依托，以提高纳税遵从度为目标，以风险管理战略规划、分析识别、等级排序、应对处理、监控评估为主要流程环节，总局、省局、市局、县局及分局各层级之间、各级部门之间，专业分工科学、资源配置合理、上下协调互动、运行有序高效的税收遵从风险控管体系。

管理与发展问题，归根到底是各种资源要素如何聚集与合理开发应用问题。在信息管税理念的带动下，我国税收信息系统建设取得了积极性进展，但与国外相比，各种信息作为资源要素如何聚集于税务机关同时税务机关又是如何应用开发这些资源要素的，我国税收信息系统建设与应用的水平还停留在初级阶段，当前税收风险管理中信息要素应用情况存在的问题主要有以下几方面。

一、目前信息系统内容传统、形式简单、概括性强、缺少对接、目标单一

税收信息系统来源有两块：一是从纳税人登记与申报环节获取的信息，可以概括为“一证两表两税月月税”，就是指税务登记信息、资产负债表与利润表、房产税与土地税资产信息、每月申报信息，现在增加了发票管理信息。二是地方保障信息平台，主要从地方政府各部门获取的土地、房产、工程、投资等信息。以上信息具有内容传统、形式简单、概括性强、缺少对接、目标单一等缺点。内容传统是指经过多年发展，税务机关仍然停留在对税务登记、财务报表与按月申报等传统信息收集阶段。我们不能说传统信息就是不好，因为每一种资源都有优点与缺点，但是我们可以说长期以来依靠单一资源进行风险管理本身就是一种风险。形式简单是指所有信息都是直接将原来“纸质信息”输入成“计算机信息”，没有更好从形式方面精简、高效设计。概括性强是指财务报表与按月申报数据都是数字，数字背后的文字内容、变化过程、商业模式等无法被税务机关解读。这些数字好像易经的卦象，仅显

示数字多少,难以分析数据背后是否隐藏税收风险。缺少对接是指地方政府信息资源无法有效衔接嵌入现有税收信息系统,形成两个平台各干各事;同时地方各部门信息交换积极性仍不高。目标单一是指税收信息系统开发主要目标是辨别真假发票问题,庞大的信息建设的出发点起源于打击增值税发票领域的违法行为。从一开始,税务机关信息系统对信息要素的提取与识别全部被局限在发票领域,就导致信息管税变成发票管税,限制了信息要素的开拓与发展。

二、现有信息资源开发面临枯竭与浅显问题

一是现有信息资源支撑风险加工作用弱化。目前信息系统内容传统、形式简单、概括性强,缺乏足够的内容支撑,信息质量较粗,可以精确加工的风险指标主要集中在房产税、土地使用税、印花税上面,就连房产税、土地使用税也是依靠税务机关登记的信息进行分析加工的,没有客观标准,缺少可信度,是"自说自话"。二是依托现有信息资源加工出"税收风险指标产品"缺少深度,浮于表面。风险等级小的没有全部网尽,涉税风险等级大的又全部漏网。国家税务总局副局长宋兰指出:"信息管税,就是充分利用现代信息技术手段,以解决征纳双方信息不对称问题为重点,以对涉税信息的采集、分析、利用为主线,树立税收风险管理理念,健全税源管理体系,加强业务与技术的融合,进而提高税收征管水平。"税收风险管理的基础是信息,而决定对涉税信息的采集、分析、利用程度的最关键因素是选择什么性质与种类的信息,这是由信息资源要素属性导致的,如制造核武器只能用铀,用铜铁稀土等是不可能替代铀的。以往我们一直没有重视对信息资源属性的研究,导致我们无论集中多少人财物都无法从基础信息数据中加工出高智能、高质量的税收风险产品,很大原因不在于开发能力(业务与技术的融合)的高低,而在于有限且浅显的信息资源本身不可能蕴藏丰富的税收信息量,通俗地说,现有的信息含金量不够。如果我们设计的指标不能防范与打击高级别风险,这些指标的价值就是浅显的、常规的。三是依靠目前信息资源进行风险分析缺乏精确度。风险加工的结果不能要求完全精确,但是必须做到基本准确。如果风险导向与目标锁定比较模糊,导致应对人员出工不出力,无法提高税法遵从度与执法效率。

第二节 合同在涉税信息中的基础地位

一、合同信息处于涉税信息体系中的基础地位

涉税信息在推动现代税收征管制度发展中起到基础作用的地位已经取得世界

各国共识，但是在海量的涉税信息中什么种类的信息具有基础的地位？目前没有一个国家在税收征管实践或理论界提出这个问题或回答这个问题。

在我国，长期以来税务机关认为发票是涉税信息中的关键信息，这是"以票控税"征管制度造成的片面认识。发票仅仅是涉税信息中的表层信息，仅仅是控制税款入库的有效手段，而不是涉税信息的全部，也不是基础，更不是与课税要素、课税事实相结合的信息。

税收征管对纳税人产生在金融机构间的资金流信息是梦寐以求的，但是资金流信息的监控仅仅起到制约纳税人减少偷逃税的作用，也不是一种基础的涉税信息。

只有合同才是涉税信息体系中的基础信息，市场经济决定合同是"税收信息资源的矿山"。

契约合同作为市场主体之间经济交流的法定形式，其自身属性决定合同信息是"税收信息资源的矿山"。市场经济的本质就是契约经济。契约合同是国家赋予纳税人交易的法律形式，受到法律保护。合同是一种重要的民事法律行为，特有的法律属性成为现代企业经济往来的桥梁。市场经济也是风险经济，没有风险就没有机会和利润。在企业经营过程中伴随多种风险，如投资风险、信用风险、法律风险、自然风险、安全风险等。因此风险防范是企业与政府管理中的系统工程之一。

合同作为风险识别与控制的载体，这是基于合同自身特点所决定的。企业合同具有确定性、交易双方权利义务制约性、经济活动可以预见性、数量金额清晰、交易形式法律保障性等特点，这些特点对于防范不确定性的风险，起到重要的控制作用。同时，作为纳税人对外交流的法律形式，合同里包含大量的经营管理信息、财务信息、市场信息，对纳税人和税务机关而言，事关企业经营和纳税义务确定的种种要素信息都在合同中有所体现。通过合同实现管理，可以发现和挖掘出税收管理资源是无穷无尽的。企业吸收与吐纳的核心渠道就是合同，可以说，合同一旦签订，立即决定企业物流、资金流、票据流、账务流、信息流的发展方向、广度和深度；贯穿于企业战略、投资、研发、采购、生产、销售的全部领域。纳税人涉税信息繁多，税务机关不可能全部采集、分析，但在海量的涉税信息里起到灵魂作用的信息只能是合同，合同起到纲举目张的作用，起到贯穿过程的线索作用，起到决定发展方向与程度的关键作用。

二、企业合同管理理论与实践发展决定可以选择合同作为税收信息开发的技术路径

企业合同管理理论发展日渐深入，从合同管理战略、流程、模式、管理系统等多方面提出了现代解决方案。比如，美国 1959 年成立的全国合同管理协会对合同内

容管理的研究帮助较大；2006 年《得克萨斯州合同管理指南》成为美国政府规范合同管理的指导文件。企业合同管理的实践范例是国际工程条例 FIDIC 条款（国际咨询工程师联合会），是世界公认的业主、监理、承包商三者之间互相联系、制约、监督的合同管理样本。同时网络技术发展，电子商务合同大量存在，信息传递、保存实现快捷功能。合同法比起税法发展先进，法律完备成熟，法律资源深厚，值得税法信赖与借鉴。这些理论与实践为我们选择合同作为税收信息开发载体提供了理论支持和技术支撑。

三、我国国情决定可以选择合同作为税收资源开发路径

与国外信息管税比较，我国税收信息资源贫乏，集中地表现在资金流的信息建立与监管上。由于我国政治、经济、文化传统国情与国外相比具有独特性，我们可以判断未来很长一段时期税务机关都不可能实现对纳税人资金流的信息监控。在这样漫长的时间段里，面对税收信息化建设，一方面税务机关存在信息饥渴症，另一方面资金流信息又被挡在门外，是否决定我们要么无所作为，要么即使作为也成效乏乏。我们认为选择合同作为税收信息开发的现实路径，是适合我国国情的战略选择，是具有中国特色的信息管税之路。实现在全国建立合同信息税收管理系统，是提升税务管理竞争力的有效途径，也是防范税收风险的强大屏障，是一颗日夜围绕在纳税人上空的税务 GPS，合同管理构成税收风险管理的战略接近点与纵深点。

四、税法呈现引进合同作为税种管理要素的趋势

1. 从税收管理系列法律法规解读合同管理应该是税收管理中重要一极

《税收征收管理法》第 6 条规定，加强税收征收管理信息系统的现代化建设，纳税人合同信息应该依法进入信息系统。第 25 条规定，纳税人必须如实办理纳税申报。合同作为纳税人报送的其他纳税资料必然包含在其。比如，纳税人有合并、分立情形的，应当向税务机关报告《合并、分立合同》；欠缴税款数额较大的纳税人在处分其不动产或者大额资产之前，应当向税务机关报告其《不动产或者大额资产处分合同》。

合同的税法合法性效力审查规定，《税收征收管理法实施细则》规定，任何部门、单位和个人作出的与税收法律、行政法规相抵触的决定一律无效，税务机关不得执行，并应当向上级税务机关报告。这条赋予税务机关对合同合法性审查决定的权力。

纳税人应当依照税收法律、行政法规的规定履行纳税义务；其签订的合同、协议等与税收法律、行政法规相抵触的，一律无效。这里强调契约自由受到税收法定

主义的限制。

《发票管理办法》规定,需要临时使用发票的单位和个人凭据的书面证明直接向经营地税务机关申请代开发票,这里所指凭据的书面证明是指有关业务合同、协议。

《大企业税务风险管理指引(试行)》引导大企业合理控制税务风险,防范税务违法行为,依法履行纳税义务,避免因没有遵循税法可能遭受的法律制裁、财务损失或声誉损害。税务风险管理制度主要包括企业合同管理的税务风险识别和评估的机制和方法;合同信息税务风险控制和应对的机制和措施;合同信息管理体系和沟通机制;企业应全面、系统、持续地收集内部和外部合同信息,结合实际情况,通过风险识别、风险分析、风险评价等步骤,查找企业经营活动及其业务流程中的税务风险,分析和描述风险发生的可能性和条件,评价风险对企业实现税务管理目标的影响程度,从而确定风险管理的优先顺序和策略。企业应结合自身税务风险管理机制和实际经营情况,重点识别下列税务风险因素:企业合同管理的相关内部控制制度的设计和执行;企业应针对重大合同税务风险所涉及的管理职责和业务流程,制定覆盖各个环节的全流程控制措施;对其他合同风险所涉及的业务流程,合理设置关键控制环节,采取相应的控制措施。企业重大经营决策包括重大对外投资、重大并购或重组、经营模式的改变以及重要合同或协议的签订等。上述规定无不体现出合同管理在大企业税务风险管理指引中的重要地位。

2. 合同在征税制度设计中的表现

实体税法立法技术开始引进合同作为税种管理要素的借鉴特征十分鲜明。合同成为税收制度设计中的价值工具。税法与合同法交付作用表现之一,税法自2008年修改以来,不断借鉴与依靠合同法完善自身的立法,税法之所以表现出一定的谦虚性,主要原因在于税法自身发展滞后,许多概念术语需要进行法律移植,更重要的原因在于不同的部门法律在法律一般价值的判断上是一致的,都受到宪法价值的指引。合同法强调契约自由、公平、正义,目的也是让财产在市场经济中安全、有序流转实现,并且合同法比起税法发展先进,法律完备成熟,法律资源深厚,值得税法信赖与借鉴;税法根本目的就是在参与财产流转过程中分配属于国家的那部分利益。因此税法完全有必要借助财产流转的形式工具即经济合同,达到自己的分配目的。如果放弃借助在财产流转中无处不在的经济合同,无疑是立法的浪费;同时加大彼此差异,增加市场主体遵从法律的社会成本。

合同在税收制度设计中具体表现为:因不同税法内容呈现不同角色。在税收实体法中,主要在确定纳税主体、征税对象、征税范围、减税、免税及退税、适用税率、计税依据、纳税环节、纳税期限、纳税地点以及税款征收方式等具体行政行为中成为税法指定的工具标准之一。纳税人签订不同的经济合同,造成征税对象的不同,产生税种、税目、税率的不同。借助合同确认应税收入的实现;借助合同确认税前扣除、抵扣税款;借助合同确认优惠待遇。2001年《税收征收管理法》最大亮点之一就是借鉴合同法建立税法的债权代位制度、撤销制度、担保制度。2008年《企业所得税法》关于收入的确认大量引用合同要素作为确认工具。2009年修订《营业税暂行条例》关于纳税义务发生时间的规定也引用合同要素作为确认标准。

合同处于税收征管中的基础作用还表现在依法征税与税收复议、税收司法中,因为合同是有关收入、成本等会计信息的客观依据,又是课税事实与课税要素相互映照的客观依据,查明是否发生应税行为往往就是判断合同行为是否是应税行为的过程。合同具有天然的第三方制约的客观性与真实性(不包含关联合同与虚假合同),正是判断应税事实成立的证据属性。与合同比较,申报信息、会计信息、资金信息、发票信息等都是一种间接信息,需要合同进行支持的信息。总之,合同信息包含了税法上对信息的所有要求,所以在依法征税、税收复议、税收司法中合同必然处于最基础、最关键的地位。

第三节 合同在税收征管中的操作设想

合同管理作为现代企业治理中的重要制度安排,其明显的功能在于采取法律形式保障企业正常生产经营的运转,规范与外界的法律关系,满足市场法治经济的基本要求。本文对合同管理的关注,主要旨在努力发掘该制度安排的潜在功能:其一,本书第十一章论述了合同管理在纳税人遵从税法、纳税筹划和风险控制中具有巨大的管理优势和自由空间,长期以来这项功能被财务管理所遮蔽。其二,本章节旨在将合同管理从传统法律意义上的民事行为与自治行为,纳入并转化到国家税务治理的征管秩序中,帮助税务机关改进和加强对纳税人的服务、管理和风险控制,实现民法和税法的良性互动。

一、在现有税务信息系统中建立合同子系统管理平台

目前税务机关对企业合同的管理往往局限在税务稽查环节,企业合同作为税务案件的证据被采用,与合同大量存在的事实及其包含丰富的信息容量相比,其应用范围相对狭窄。同时税务机关对纳税人合同的采集与分析方面,基本依靠手工作业与人为阅读,局限在对合同静止状态上进行分析,无法实现对合同的动态控制管理,统计分析效率低下,对各类合同未能建立风险评估机制,更难事前防范、识别与控制合同涉税风险。因此建立合同信息系统管理平台可以实现合同信息化规范管理,将极大地提高税务机关对企业合同的监管力度。建立合同税收风险特征指标库,形成合同税收风险信息、情报存储、交换、处理中心,按照风险管理的程序要求,对法

律制度性税收遵从风险开展分析识别和应对策略分析研究，及时提出建设性的解决方案。税务机关研究、总结合同风险分析识别、等级排序、风险应对的科学技术、方法。

建立合同信息系统管理平台的重要作用：一是架构起税务机关与纳税人之间沟通的信息公路、服务通道和监管机制。二是实现合同商业模式分析、数据统计、预测与控制合同涉税风险、合同与财务会计信息比较、合同信息库（全国、地区比较），支撑信息管税与风险管税战略决策。

合同信息系统的设计目标与方案：一是围绕合同管理的整个生命周期，针对不同类型合同的管理模式，将合同订立、合同履行、变更、纠纷等纳入信息系统里，建立严谨完善的合同管理业务流程控制系统。二是合同信息按照不限于税制要素采集各类要素信息，影响税种、税率、纳税义务时间、收入、成本、发票、与税收政策适用事实有关的其他因素按照规定统一进入管理系统。三是在整个区域或行业内，构筑一个基于同类合同可比的合同管理分析平台，方便税务机关在更广泛的范围内比较分析自己辖区内纳税人合同涉税信息客观性与合法性、合理性（两性的分析限于税法，税务机关无权根据其他法律进行审核分析）。四是合同信息覆盖纳税人生产经营各环节，包括基建、采购、生产、销售、服务、人力资源、科技研发、投资、重组等。五是从时间角度设计对重大合同、重要合同与关联合同限制税收风险审核期限，重大项目优先处理分析。

二、合同税收管理的基本制度建设

1. 合同信息形成申报制度

合同信息分为备案类与必报类。常规同类合同与经常发生合同为备案类申报合同，税务机关按月随机抽取要求纳税人自合同签订次月 15 日内申报；重大合同和重要合同为必报类申报合同，自合同签订次月 15 日内必须申报。另外，税务机关通过其他信息源获取的纳税人合同信息，一经确定，属于必报类申报合同，自税务机关确定之日起 15 日内必须申报。税务机关可以在纳税人拒绝申报后主动将信息采集进入系统。纳税人有权就未正式签订的模拟合同与税务机关磋商，要求提供咨询、评估服务。

2. 合同信息税收风险审核系列制度

合同税收风险主要来源：一是来源于合同本身包含的商业模式，商业模式的功能与税法发生冲突，侵犯税收利益；商业模式过于复杂或先进于现有的税收政策，导致税务机关与纳税人无法准确理解适用税收政策；二是纳税人利用合同作为避税、偷税的工具，通过合同签订主要达到税款少缴或不缴的目的；三是合同的动态发展过程对税制要素实现发生各种改变作用。

税务机关主要审核合同中与税制要素相关的因素：一是合同条款是否存在明显违反税法问题，或合同涉及税收的条款，其合同用语是否符合税法专业规范要求；二是重大合同和重要合同在签订之后15日内进行税收风险识别与评估；三是分析合同另一主体的税法资格，是否符合税法要求；四是分析合同价款、支付方式、支付时间、交付时间与应税收入或成本扣除的确认时间、确定金额、发票开具或接受进行比较，是否符合税法规定；五是分析合同业务性质与减免税资格要求、会计核算要求、税收管理要求是否一致；六是分析合同变动（主体变更、金额变更、合同终止、合同纠纷、情势变更、合同责任、合同效力改变）对纳税义务产生的影响；七是审核合同签订是否具有合理商业目的，合同是否成为避税、偷税的可能性工具；八是持续跟踪长期合同（3年以上或进入长期诉讼程序）履行情况对纳税义务产生的影响。

税务机关审核合同根据类别其侧重点和定位不同。备案类合同通过合同分析模型批量比对；必报类合同通过专家团队人工分析评估。税务审核系统自动产生“合同涉税审核评估单”。主要采取“分级分类审核制”，即按照合同金额、合同性质、合同标的、合同期限、支付时间等划分管理权限；借用“外脑制”，目前法律界将合同条款分为法律条款、商务条款和技术条款，税务机关对其中任何专业存在分析能力不足时，务必聘请社会专家顾问进行独立客观分析评估；构建审核的合理流程；承办人执法风险责任追究与奖罚制度。

建立“合同涉税审核评估单”文本制度。其特点有：重复使用、预先立定、规范标准、操作简单。注意事项：普遍适用、覆盖全面、及时更新、权威标准、说明透彻。

3. 合同信息税收保密制度

将合同信息纳入税务管理信息系统中，其最大妨碍不在于技术，也不在于增加税务机关征收成本与纳税人遵从成本，而在于其结果可能侵犯纳税人的商业信息隐私。因此在构建合同信息管税时必须首先解决纳税人商业信息保密问题。

根据《税收征收管理法》关于保护纳税人商业秘密法律要求，信息管理系统将合同及其条款划分为五级：一般、保密、秘密、机密与绝密。纳税人根据其商业模式与交易程度自行确定与调整保密等级。税务机关分五类权限可以打开该合同及其条款，负责信息维护人员其职权对应一般、分局科长其职权对应保密、分局局长其职权对应秘密、风险评估中心其职权对应机密、市局局长其职权对应绝密。对于不便公开的合同或条款，由上级领导克隆一份“模拟合同”提交下一级别人员进行风险加工。

三、构建以合同审核为核心的税收风险管理指引体系

1. 合同税收风险的特征

合同税收风险的特征：一是合同税收风险分布广泛性，存在于内部合同中（如劳动合同）和外部合同中；在外部合同中，又覆盖企业活动的全部过程和所有方面。

如果纳税人规模大、架构复杂、业务范围广，合同税收风险分布更加广泛。二是合同税收风险可认知性。与自然风险、商业风险不同，合同税收风险可认知性，产生于税法对合同行为的评价，税法具有稳定性与明确性。三是专业性。认知与识别合同税收风险能力具有专业性，解决方案具有专业性。

2. 合同税收风险的分类

通过对合同税收风险的分类，可以更深入理解合同税收风险的表现形式，发现合同涉税风险变化规律，认清风险特征，从而有助于建立科学的合同涉税风险评估机制和模型方案，有助于构建防范、控制、解决体系。

合同涉税风险根据不利结果产生的影响，可以分为显性合同涉税风险和隐形合同涉税风险。显性合同涉税风险常常是纳税人自身能够认识的税法风险，无需税务机关通过专业手段分析。我们建立纳税人合同申报制度，从根本上消除了显性合同涉税风险发生的可能性，因为纳税人在明知合同违法情况下不可能仍将合同信息向税务机关申报。隐形合同涉税风险的存在只有两种原因：一是纳税人隐瞒与改变合同申报信息；二是纳税人由于税法认知程度导致对风险认识不足。

合同涉税风险根据外部条件是否变化的影响，可以分为静态合同涉税风险和动态合同涉税风险。静态合同涉税风险是指税法在没有变化情况下，因为纳税人合同行为的不当、不合税法而产生的税法风险。当纳税人签订合同完毕后税法风险与之同行，通过评估系统的建立避免下一步税收风险的发生。动态合同涉税风险是指税法发生变化情况下，对纳税人合同行为进行新的税法评价风险。法理上认为税法具有不可追溯性，但税法解释的变化，其效力应当从被解释的税法颁布之日起发生效力；税法空白的填补，特别是合同行为具有长期性情况下，税法发生改变，而合同行为本身无法相应改变；税法实践的变化，特定主管机关与管理人员在不同阶段对税收管理采取不同的管理办法。

合同涉税风险根据因素来源，可以分为外部合同涉税风险和内部合同涉税风险。外部合同涉税风险由于纳税人之外的社会环境、法律环境、政策环境等因素导致企业无法调整合同行为而引发的税法遵从风险。内部合同涉税风险是指纳税人内部管理、经营行为、决策行为等自我因素引发的税法遵从风险。

四、合同税收风险的评估方法

建立“合同涉税审核评估单”文本制度。操作要点之一是按图索骥。将合同业务涉及的税法风险点全部总结出来，控制这些风险点，整个合同评估识别工作就能基本完成。根据企业类型、合同类型、税收业务类型进行研究、整理，建立统一的风险控制平台，找出合同风险点，并制定排序方法。操作要点之二是锁定重点区域，合同涉税风险分布图集中密集出现的领域就是重点防范的领域。操作要点之三是利用合同相对性原理收集第三方信息进行比对分析。操作要点之四是采取“分级分类审核制”，即按照合同金额、合同性质、合同标的、合同期限、支付时间等划分管理权限。操作要点之五是借用“外脑制”，税务机关对其中任何专业存在分析能力不足时，务必聘请社会专家顾问进行独立客观分析评估。

第四节 合同在风险管理中的实证运用

以建筑业为例证，分析以票控税管理模式对税收法治精神造成的冲击与影响，继而提出合同控税管理模式，并简要建立建筑合同税收风险的评估模型，探索合同控税管理模式在实践应用中的操作途径。

一、建筑业以票控税管理模式下税收法治精神的缺失

（一）建筑业以票控税管理模式的政策背景和实务操作

建筑业、房地产业是营业税的重点税源行业，为加强两个行业营业税征收管理，总局下发了《国家税务总局关于印发〈不动产、建筑业营业税项目管理及发票使用管理暂行办法〉的通知》（国税发[2006]128 号），并按照“以票控税、网络比对、税源监控、综合管理”的要求，统一开发了建筑业、房地产业营业税项目管理软件。

国税发[2006]128 号文件关于以票控税的发票规定共三条：第 9 条建筑业纳税人区别不同情况分为自开票纳税人和代开票纳税人；第 10 条税务机关应积极创造条件，逐步实现纳税人通过电子信息网络联通方式在主管税务机关的实时监控和授权下自行开票；第 11 条建筑业发票的样式和内容由国家税务总局统一制定。建筑业发票的印制、领购、开具、取得、保管、缴销均由税务机关管理和监督。税务机关对代开的建筑业发票应按建筑工程项目逐户建立收入台账，逐笔登记代开发票数量、发票号码、开具金额。

长期以来，税务机关在贯彻与实践以票控税的管理模式时，其核心操作思路是由税务机关自己控制发票或监控发票，纳税人开具发票前必须申报缴纳相应税款，凭税票开具发票。“以票控税”是建筑业税收征管工作的重要手段，其主要作用就是控制税源、稳固税基。

（二）建筑业以票控税管理模式对税收法治精神的冲击

以票控税管理模式对税收法定主义原则的弱化和冲击，主要表现在以下方面：

（1）以票控税模糊了实体法关于纳税义务发生时间的规定。纳税义务发生时间是构成税法要素的重要一环，决定了纳税人与税务机关如何适用税收政策、纳税

人何时承担法律责任、税收收入的时间进度等。税收实体法与程序法中关于时间规定往往与纳税义务发生时间有着必然的联系。以票控税管理模式纳税义务发生时间即是开票时间。

（2）以票控税模糊了实体法关于计税依据构成的规定。实体法关于计税依据构成的规定对税务机关如何适用税收政策、纳税人承担多少税额具有更大的决定作用，与发票记载金额无必然的法定联系。以票控税管理模式申请开票的金额构成本次开票人计税依据金额。

（3）以票控税模糊了《发票管理办法》关于发票开具时间的规定。《发票管理办法细则》第 26 条规定，填开发票的单位和个人必须在发生经营业务确认营业收入时开具发票。以票控税管理模式填开发票的时间是由开票人根据实际情况自主决定的。

（4）以票控税模糊了《税收征收管理法》关于纳税申报的规定。《发票管理办法》第 16 条规定，需要临时使用发票的单位和个人，可以凭购销商品、提供或者接受服务以及从事其他经营活动的书面证明、经办人身份证明，直接向经营地税务机关申请代开发票。依照税收法律、行政法规规定应当缴纳税款的，税务机关应当先征收税款，再开具发票。这里主要针对需要临时使用发票的单位和个人，而不是正常生产经营的单位和个人。

正常生产经营的单位和个人必须遵循《税收征收管理法》第 25 条规定，及时、完整地进行纳税申报，而不是等到使用发票时申报纳税，税务机关也不是坐等纳税人上门申请开票再征收税款。

（5）以票控税弱化了《税收征收管理法》关于税款优先权的规定。《税收征收管理法》第 45 条规定，税务机关征收税款，税收优先于无担保债权，法律另有规定的除外；纳税人欠缴的税款发生在纳税人以其财产设定抵押、质押或纳税人的财产被留置之前的，税收优先于抵押、质押、留置权执行。以票控税管理模式决定了纳税义务发生时间即是开票时间，从而决定税款的所属期，往往是推迟界定应征税款的所属期，税务机关人为将纳税人发生在以其财产设定抵押、质押或被留置之前的欠缴的税款变成发生在担保权之后税款，造成税款优先权无法落实。

（6）以票控税弱化了《税收征收管理法》关于税款追征权的规定。《税收征收管理法》第 52 条规定，因税务机关的责任，致使纳税人、扣缴义务人未缴或者少缴税款的，税务机关在 3 年内可以要求纳税人、扣缴义务人补缴税款，但是不得加收滞纳金。以票控税管理模式对纳税义务发生时间、发票开具时间、纳税申报、计税依据构成产生与法律相悖的影响，实质就是税务机关适用法律法规不当或者执法行为违法的表现。

（7）以票控税混淆了关于应纳税额计算口径的规定。新《刑法》规定纳税人采取欺骗、隐瞒手段进行虚假纳税申报或者不申报，逃避缴纳税款数额较大并且占应纳税额10%以上的，处3年以下有期徒刑或者拘役，并处罚金；数额巨大并且占应纳税额30%以上的，处3年以上7年以下有期徒刑，并处罚金。应纳税额作为分析基数，应该以税法纳税义务发生时间为界定标准。以票控税管理模式将纳税义务发生时间界定为开票时间，混淆了关于应纳税额计算口径，对追究逃避缴纳税款法律责任产生不利影响。

我们以《营业税暂行条例》有关法定课税要素为标准，分析建筑业以票控税管理模式下征纳行为，发现以票控税管理模式与税法精神的具体相背之处：

其一，存在发票管理与营业税规定脱节现象。前文国税发[2006]128号文件关于发票的三条规定，其精神仅停留在以票控税思路上，没有与《营业税暂行条例》有关法定课税要素有关要求相结合。

其二，确认纳税义务发生时间差异。以票控税管理模式规定营业税纳税义务发生时间为纳税人开票日的当天；而《营业税暂行条例》第12条规定营业税纳税义务发生时间为纳税人提供应税劳务、转让无形资产或者销售不动产并收讫营业收入款项或者取得索取营业收入款项凭据的当天。《营业税暂行条例实施细则》第24条规定称收讫营业收入款项，是指纳税人应税行为发生过程中或者完成后收取的款项。所称取得索取营业收入款项凭据的当天，为书面合同确定的付款日期的当天；未签订书面合同或者书面合同未确定付款日期的，为应税行为完成的当天。营业税规定提供应税劳务并收讫营业收入款项或者取得索取营业收入款项凭据的当天。

其三，确认计税依据差异。以票控税管理模式确认计税依据为纳税人申请开票金额；没有将工程所用原材料、设备及其他物资和动力价款包括在内；没有将价外费用包括在内；没有将其所发生的自建行为包括在内。而营业税关于计税依据构成的规定是：《营业税暂行条例实施细则》第13条规定，条例第5条所称价外费用，包括收取的手续费、补贴、基金、集资费、返还利润、奖励费、违约金、滞纳金、延期付款利息、赔偿金、代收款项、代垫款项、罚息及其他各种性质的价外收费。《营业税暂行条例实施细则》第16条规定，除本细则第7条规定外，纳税人提供建筑业劳务（不含装饰劳务）的，其营业额应当包括工程所用原材料、设备及其他物资和动力价款在内，但不包括建设方提供的设备的价款。

其四，以票控税管理模式没有将结算方式作为确认收入的因素之一，而营业税对提供建筑业的纳税人，将采取预收款方式作为确认收入条件。《营业税暂行条例实施细则》第25条规定，纳税人提供建筑业，采取预收款方式的，其纳税义务发生时间为收到预收款的当天。

（三）探索创新征收管理模式注意事项

本书从操作层面考察了建筑业以票控税管理模式运行情况，并深入分析了以票控税管理行为背后的动机、方式和法律后果。通过对建筑业以票控税管理模式研究，发现税务机关根据一定的形势要求决定采取某种征收管理模式时，更多强调税收管控的手段性质，从税源监控角度看，一是减少了税务机关管理难度；二是强化发票监控的作用；但从税收法治角度看，这种管理模式经常突破法律的内在精神而进行目的性扩张或目的性收缩，从而实质是变相进行立法和执法，与税收法治精神相悖，导致的明显后果是，在有效提高税源监控效率的同时，降低税源监控的法治质量和依法治税水平。

税收法治精神的核心原则就是税收法定主义。税款本质是国家所有权，征收是运用公权力对私人财产所有权的一种剥夺，为了保障私权、规范公权，防止行政权的滥用，税收必须实行法定主义原则，主要体现在课税要件法定、课税要件明确、合法性原则、程序性法定四个方面。通过分析以票控税管理行为的操作过程和结果，发现这种行为与税收法定主义原则四个方面都有冲突表现。

以票控税管理模式对提高纳税人遵循税法产生不良影响，严重弱化了税收合作信赖原则。纳税人对税务机关管理过程中已经实施并长期形成的征收管理模式的稳定性与常态性赋予合理的信赖，并且基于这种信赖长期实施了重复固定的申报缴税行为。纳税人认为需要开具发票才到税务机关申请开具，开具金额由纳税人根据需要决定，开具发票同时申报缴税。税务机关对此没有表示反对，没有从税收法定主义原则管理纳税人申报缴纳行为，而是对这种行为明确表示肯定。当税务机关变革原有的模式，要求变更、撤销、废止已经实施并长期形成的征收管理模式，或追究违法纳税人法律责任时，双方就会产生难以平衡的矛盾，导致税务机关违背税收合作信赖原则。

综上所述，税务机关在探索创新征收管理模式时，不能仅满足于管理模式的操作层面，不能以手段工具论的态度和功利性精神管理税源，要消除“以票控税”旧观念，树立“以税控票”新理念，严格按税收法定主义原则对以票控税管理模式进行专业化完善提升，同时不断评估以票控税管理模式对税收合作信赖原则的影响程度，将管理模式的手段与工具论限定在税收法治精神之内。

二、建筑合同控税管理模式体现税收法治精神

前文论述了以票控税管理模式对税收法治精神的冲击与不良影响，与之相反，本书提出以建筑合同控税管理模式正是建立在税收法治原则之上，将税制要素与合同要素进行完美结合的管理实践。所谓“建筑合同控税”，实际上是将《营业税暂行条例》与建筑业税收管理相结合的一个构想，即税务机关在进行项目登记时，对合同中约定各种与营业税、所得税相关的合同内容进行“翻译”登记到税务机关信息系统里，根据合同约定的劳务内容、完工进度、分包情况、付款时间、金额确定、材

料设备等提供的内容，加工出“合同估计的计税依据与纳税时间”，勾勒纳税路线图，建立以建筑合同为应用要素的税收风险识别模型。届时，如果纳税人申报金额小于纳税时间表金额，或申报时间滞后，信息分析模型则自动预警，从而有效防止纳税人任意迟延纳税或减少计税依据，突破建筑业营业税征管瓶颈。

三、建筑合同风险识别模型简要概述

风险识别在于运用“合同控税”原理，分别就建筑业纳税人发票开具、财务报表、申报数据等与合同内容进行比对，发现风险。

(1) 授权开票金额与实际开票金额差异风险指标（见表 12-1）。项目登记中竣工日期超过 30 日的工程视同已完工工程，逻辑推理通常纳税义务全部实现，发票也应基本开完。取其实际开票情况与之比对，开票比例≤80％的可作为疑点户，（授权开票金额－实际开票金额）×3％，产生《竣工工程与开票比例不一致清单》，比对分析建筑业主税种营业税，差额越大，风险越高。

表 12-1　风险指标一：授权开票金额与实际开票金额差异风险指标

<table>
<tr><td>指标名称</td><td>授权开票金额与实际开票金额差异风险指标</td><td>适用税种</td><td>营业税及其附加（建筑业）、核定征收建筑安装工程合同印花税、附征个人所得税、附征企业所得税</td></tr>
<tr><td rowspan="3">指标对应的风险种类</td><td colspan="3">□ 行为类</td></tr>
<tr><td colspan="3">■ 税收类（■ 基本型税收风险　□ 特定型税收风险　□ 发票类风险）</td></tr>
<tr><td colspan="3">□ 其　他</td></tr>
<tr><td>指标公式</td><td colspan="3">竣工日期超 30 日 ＝风险加工之日－项目登记工程竣工日期＞30
开票比例＝已开票总金额/开票授权金额≤80％
开票差异额＝开票授权金额－已开票总金额
营业税差异额＝∑开票差异额×3％
城建税差异额＝营业税差异额×1％或 5％或 7％（根据工程地点确定：乡 1％；县城或建制镇 5％；市区 7％）
教育费附加差异额＝营业税差异额×3％
核定征收建筑安装工程合同印花税差异额＝∑开票差异额×0.03％
附征个人所得税或附征企业所得税差异额＝∑开票差异额×附征率（取自纳税鉴定）</td></tr>
<tr><td>指标公式描述</td><td colspan="3">第一步：数据整备。按期（月）取大集中系统“项目管理/项目查询/施工项目开票比例查询”查询结果信息（输入竣工日期等）作为“外部信息”备用（实战技巧）。
第二步：根据系统已清算标记剔除状态为“清算”及注销的项目，以及前次已产生过风险点并应对处理过的工程。
第三步：在前两步信息基础上，增加“开票差异额”、“营业税差异额”字段，形成《竣工工程与开票比例不一致清单》，作为风险，风险计算公式如上。
注：鉴于目前施工项目开票比例查询中开票情况不包括自开票纳税人情况（实际应用时暂时可过滤掉自开票纳税人）。</td></tr>
</table>

（续表）

数据来源	■ 税务部门掌握的数据　□ 第三方数据　□ 国际情报交换数据
数据内容	省大集中系统营业税申报表数据；大集中系统"项目管理/项目查询/施工项目开票比例查询"，查询结果转换导入风险管理平台的相关"外部信息"。包括税务管理码（施工方）、纳税人名称（施工方）、施工项目编码、施工项目名称、开票授权金额、已开票总金额、比例、开工时间、竣工时间等字段内容。
加工周期	[√]月　[√]季　[√]半年　[√]年
预警参考值	>0（指营业税差异额）
预警参考值维护级别	[√]省　[ ]市　[ ]县（市、区）　[ ]科所（农村分局）
风险描述	竣工日期超30日＝风险加工之日－项目登记工程竣工日期>30，开票比例＝已开票总金额/开票授权金额≤80%的工程项目存在少缴、迟缴税款风险，推送纳税评估等。
备注	(1) 合同登记数据质量、开票金额情况与项目的关联是该指标关键； (2) 实际应用时，竣工日期超30日可具体选在某月月底，且超过时间更长一点。

(2) 合同约定收款额申报异常（备用）（见表12-2）。施工企业按照《工程合同书》上的约定收款日期及付款金额来确定营业税应税收入，通过与企业申报收入进行比较产生风险。

(3) "甲供材"不申报风险指标（见表12-3）。抽取发包形式为"甲供材"的工程产生《"甲供材"工程清单》进行分析，申报金额小于等于授权开票金额，即产生风险。

表12-2　风险指标二：合同约定收款额申报异常

指标名称	合同约定收款额申报异常	适用税种	营业税及其附加（建筑业）、核定征收建筑安装工程合同印花税、附征个人所得税、附征企业所得税
指标对应的风险种类	□ 行为类		
	■ 税收类（■ 基本型税收风险　□ 特定型税收风险　□ 发票类风险）		
	□ 其　他		
指标公式	当期合同约定收款金额－当期营业税申报收入		
指标公式描述	施工企业应按照《工程合同书》上的约定收款日期及付款金额来确定营业税应税收入，通过与企业申报收入进行比较，如为正数，则可能存在应申报未申报税款。		
数据来源	■ 征管数据　■ 纳税人数据　□ 外部数据（第三方数据）		
数据内容	约定收款日期、约定收款金额：《工程合同书》中内容； 营业税申报收入：3.0大集中系统中当期申报税款的收入额。		
指标适用范围	[√]省　[√]市　[ ]县（市、区）　[ ]科所（农村分局）		
扫描周期	[√]月　[√]季　[√]半年　[√]年		

（续表）

预警参考值	＞0
预警参考值维护级别	[ ]省　[√]市　[ ]县(市、区)　[ ]科所(农村分局)
风险描述	正常情况下，约定收款金额应小于等于当期营业税申报收入，如出现正数，说明企业未将部分达到收款期限的金额并入预收工程款进行申报纳税。正数值越大，风险越大。
指标权重	■ 关键指标　□ 非关键指标　□ 纳税人防控指标
备注	《营业税暂行条例》第 4 条：纳税人提供应税劳务、转让无形资产或者销售不动产，按照营业额和规定的税率计算应纳税额。 《营业税暂行条例》第 12 条：营业税纳税义务发生时间为纳税人提供应税劳务、转让无形资产或者销售不动产并收讫营业收入款项或者取得索取营业收入款项凭据的当天。 《营业税暂行条例实施细则》第 24 条：条例第 12 条所称收讫营业收入款项，是指纳税人应税行为发生过程中或者完成后收取的款项。条例第 12 条所称取得索取营业收入款项凭据的当天，为书面合同确定的付款日期的当天；未签订书面合同或者书面合同未确定付款日期的，为应税行为完成的当天。 《营业税暂行条例实施细则》第 25 条第 2 款：纳税人提供建筑业或者租赁业劳务，采取预收款方式的，其纳税义务发生时间为收到预收款的当天。

表 12-3　风险指标三："甲供材"不申报风险指标

指标名称	"甲供材"不申报风险指标	适用税种	建筑业营业税等
指标对应的风险种类	■ 行为类 ■ 税收类(■ 基本型税收风险　□ 特定型税收风险　□ 发票类风险) □ 其　他		
指标公式	发包形式为＝"甲供材"		
指标公式描述	发包形式为"甲供材"，即视为风险		
数据来源	■ 征管数据　■ 纳税人数据　□ 外部数据(第三方数据)		
数据内容	从大集中系统信息系统项目登记信息中抽取发包形式为"甲供材"的工程，产生"甲供材"工程清单。包含工程名称、施工单位、工程地点、建设单位、开工日期、竣工日期等字段内容。		
指标适用范围	[√]省　[ ]市　[ ]县(市、区)　[ ]科所(农村分局)		
扫描周期	[√]月　[√]季　[√]半年　[√]年		
预警参考值			
预警参考值维护级别	[ ]省　[ ]市　[ ]县(市、区)　[ ]科所(农村分局)		
风险描述	发包形式为"甲供材"，即视为风险，推送巡查核查。		
指标权重	■ 关键指标　□ 非关键指标　□ 纳税人防控指标		
备注	"甲供材"是否在工程合同中反映并在项目登记中进行登记是该风险指标的关键。		

本章小结

本章主旨在于将纳税人传统民事法律行为和自治行为的典型代表合同行为，纳入并转化到税务管理的征管秩序中，转化成国家治理行为。对目前税收管理中应用元素的调查分析，指出现行各种信息在支持税收风险管理方面存在的问题和不足，提出充分运用合同管理提升征管模式竞争力的思路。国内外税务界由于缺乏理论认识和规划实践，使得合同在税收风险管理应用中还处于探索阶段。从税收风险防范、发现与控制的角度，对合同在税收风险管理中的应用理论和操作方法进行初步探讨，致力于构建覆盖企业全部经营活动的税收管理系统，进而帮助税务机关提高和改善纳税服务、税源管理、风险监控和依法处理行政复议及诉讼等税务治理水平。

参考文献

[1] 杨小强,叶金育.合同的税法考量[M].济南:山东人民出版社,2007.

[2] 刘剑文,熊伟.税法基础理论[M].北京:北京大学出版社,2004.

[3] 黄茂荣.法学方法与现代税法[M].北京:北京大学出版社,2011.

[4] 郭明瑞,房绍坤.合同法学[M].上海:复旦大学出版社,2009.

[5] 刘剑文,熊伟,翟继光,汤洁茵.财税法成案研究[M].北京:北京大学出版社,2012.

[6] 滕祥志.税法实务与理论研究[M].北京:法律出版社,2008.

[7] 黄茂荣.法学方法与现代民法[M].北京:法律出版社,2007.

[8] 徐蓉.所得税征税客体研究[M].北京:法律出版社,2010.

[9] 孙健波.税法解释研究[M].北京:法律出版社,2007.

[10] 葛克昌.税法基本问题[M].北京:北京大学出版社,2004.

[11] 葛克昌.所得税与宪法[M].北京:北京大学出版社,2004.

[12] 施正文.税法要论[M].北京:中国税务出版社,2007.

[13] 陈丽洁.企业合同管理操作实务[M].北京:法律出版社,2010.

[14] 熊伟.税法解释与判例评注(1~4卷)[M].北京:法律出版社,2010—2013.

[15] 盖地.企业税务筹划理论与实务[M].大连:东北财经大学出版社,2005.

[16] 王东山.税收与民商法[M].北京:中国市场出版社,2009.

[17] 何海波.法学论文写作[M].北京:北京大学出版社,2014.

[18] 卡尔拉伦茨.法学方法论[M].陈爱娥,译.北京:商务印书馆,2003.

后 记

在本书出版之际，我感到如释重负，又感到诚惶诚恐，觉得有必要交代一些书外之事。

我是否有能力完成本书，这是一直存在我心中的疑问。

二十几年前，我毕业于财经学校，学的税务专业知识在今天早已过时。从事税务基层工作，在循环往复的收税中一晃十余年。我忽然觉得应该做点事情，于是我选择了研究税法。我买的第一本书是刘剑文和熊伟合著的《税法基础理论》，接着购买该书附注中提示的各种著作，如此枝枝蔓蔓，不断扩大阅读范围。这个阶段的结果是，所学的理论无法与自己的实践相融合。

我在形而上与形而下之间又摸索了近十年，直到遇见杨小强和叶金育合著的《合同的税法考量》，好像进了桃花源的洞口，之前的迷惑豁然开朗。该书的视角正适合我对税法的认知与把握，过去的所有积累都被这个视角贯穿，于是我产生了强烈的写作欲望。然而，我毕竟还在机关工作，坐在 6 人一间的大办公室里，纳税人来来往往，电话断断续续，公务、开会、学习、组织活动等无穷无尽，我无法保持一种思考与写作的状态。

直到 2011 年 3 月的一天，我痛下决心，开始了本书的写作之旅。这时我感到自己内存知识的单薄，接着又开始恶补法学系列知识。

就这样，一路踉踉跄跄、曲曲折折，克服了许多自己不愿意再回顾的艰辛，用了 3 年时间才完成初稿。临近出版，才发现自己不具备最简单的学术素养，不知道文献的检索与引注，不谙熟论证的各种方法，于是又买了何海波教授著的《法学论文写作》，临阵磨枪，给本书化妆了一番，至于硬伤就无法弥补了。

本书属于应用型研究，考虑大部分读者是纳税人和税务人，其知识偏重于会计与税法，将合同法相关内容引到书中，可以避免读者在阅读时再去查找有关书籍而引起不必要的麻烦。本书大量引用了合同法有关概念、原则、性质、分类与意义等内容，其基本来自郭明瑞和房绍坤编著的《合同法学》，个别地方是直接从网上下载进行简单修改的；本书第十一章引用了陈丽洁编著的《企业合同管理操作实务》中部分内容。以上引用未一一标注出来，在此专门说明，对作者深表感谢！

写作的过程有时是非常痛苦的，因为有些论证连自己也搞得不太明白，仅仅是感到触摸了税法上的难题，而无法窥探其中奥妙。由于知识水平有限，本书虽探讨了合同的税法评价,但得出的结论是肤浅的,甚至还存在偏颇或错误的一面,恳请专家与实务界人士批评与指正。此外,本书对一些案例的分析,仅是学术上的讨论,不代表实务中任何一方观点,也不能作为解决税务纠纷问题的论证。然而我的愿望是美好的,即希望立法人、纳税人与税务人共同通过合同的治理,实现私法与税法的良性互动,以此推动我国依法治税的进程。

在本书写作过程中,因我提出了合同整体转让的税法评价问题,而结缘于武汉大学税法研究中心,且得到了熊伟教授的指点与鼓励,叶金育博士对本书也提出了有益的建议;国家税务总局科研所领导在百忙之中为本书写了序言,我深受鼓舞。此外,本书的写作得到了我的家人、朋友、领导和同事们的支持和鼓励,他们分别是胡军、魏志梅、李建东、张剑虹、张杰、万素林、周健、孙义行、章云婷、周瑞玉、相艳、刘妲等。本书在探讨如何将税务管理融合到企业财务、合同、经营等管理软件中,多次请教于北京安易天地软件有限公司总裁黄海燕,得到了无私的指点和帮助。本书的出版与立信会计出版社方士华副编审及其他编辑的辛勤劳动也是分不开的。在此之前,我与许多读者一样是感受不到编辑的辛苦的;经历本书的出版过程,我作为作者,一个不懂写作规范的人,便真切体会到了编辑的辛苦。

对此,我深怀感恩之心,致以深深的谢意!

魏高兵

2014年9月